W0179856

ROLF NEUHAUS

DIE LETZTEN TAGE DER WILDNIS

EINE REISE UM DIE IBERISCHE HALBINSEL

DUMONT

1. Auflage 2014
© 2014 DuMont Reiseverlag, Ostfildern
Alle Rechte vorbehalten
Gestaltung: Herburg Weiland, München
Umschlagfoto: laif, Frank Tophoven
Karten: Gerald Konopik, DuMont Reisekartografie, Fürstenfeldbruck
Printed in Spain
ISBN 978-3-7701-8255-8

www. dumontreise.de

DIE LETZTEN TAGE DER WILDNIS

EINE REISE UM DIE IBERISCHE HALBINSEL

INHALT

Kentern im Golf von Vizcaya – Urdaibai

Gegen fünf Uhr nachmittags erreichte ich die Playa de Laida. Der Parkplatz oberhalb des Strandes war voller Autos und Stimmen. Am Geländer standen Grüppchen von Leuten, die in die Ría de Guernica hinunterschauten, diese fjordähnliche Mischung aus Flussmündung und Meeresbucht. Der Strand war eine große Sandbank, die schön geschwungen im Wasser lag und beinahe bis zur anderen Seite der Ría reichte. Auf der Treppe zum Strand herrschte Betrieb, ebenso auf dem Strand. Klar, es war Sonntag, die Sonne schien, und es war warm *a las cinco de la tarde,* am Nachmittag um fünf Uhr.

Ich ging zur Bar am Parkplatz und prallte gegen eine Schallwand. Mir schlug ein Lärm entgegen, der mir die Sprache nahm. Die aufgekratzten Stimmen, das Zischen und Heulen der Kaffeemaschine und die abgehackte Musik vermischten sich zu einer amorphen Klangmasse und hoben mich auf eine Wolke, auf der ich über dem Abfall am Boden hinüber zum Tresen schwebte. Meine Stimmbänder weigerten sich, der spanischen Gepflogenheit zu folgen, umso mehr zu schreien, je lauter die anderen waren. Lautlos, doch mit deutlichen Lippenbewegungen bestellte ich einen Kaffee. Als ich ihn bekommen und bezahlt hatte, suchte ich das Weite. Draußen auf dem Bürgersteig zwischen dem parkenden Blech und dem Geländer zur Ría wurde gerade ein Tisch frei. Ich lehnte mich im Stuhl zurück und blickte über das Wasser auf das Ufer gegenüber, die dunkelgrünen Wälder, die hellgrünen Wiesen, auf die alten, robusten baskischen Steinhäuser und die weniger schönen Neubauten und auf die Leute unten am gelben Strand von Laida. Einige drehten eine Runde am Rand der Sandbank entlang, andere spielten Strandtennis, die meisten gingen ganz im Glück der horizontalen Untätigkeit auf. Was man so macht am Strand. Der Blick von meinem ›Balkon‹ über der Ría entspannte, und die Brise verwehte die Worte und das Rauschen der Motoren und Reifen. Doch dann fuhr ein Möchtegernsportwagen vor und blieb auf dem Fahrstreifen des Parkplatzes stehen, der Fahrer, ein *chulo*-Typ mit fettglattem schwarzen Haar und tätowiertem Arm, ließ Motor und Anlage laufen und verschwand in der Bar. Breiter, großmäuliger spanischer *chulo*-Rock strömte über den Platz und schwappte in die Ría, und niemand protestierte.

Wieder suchte ich das Weite. Eigentlich suchte ich Ruhe, Stille, Einsamkeit, pure Natur. Das gab es sonntags wohl nicht. Zumindest nicht bei schönem Wetter an der Küste. Ich ging zu dem Bootsverleih, der ganz in der Nähe an einer Seitenbucht der Ría lag. Er nannte sich wie der Naturpark, der die Ría umschloss: Urdaibai. Es handelte sich um eine Abenteuersportfirma, die nicht nur Kajakkurse und Gruppenfahrten in der Ría veranstaltete, sondern auch Kanutouren vor den spanischen Küsten sowie Wildwasserfahrten auf Flüssen der Pyrenäen, der Alpen, des Atlas, des Himalaya und Patagoniens organisierte. Ich wollte wissen, ob sie ein Boot samt Ausrüstung auch Einzelgängern wie mir überließen, um die Ría, die Küste vor der Mündung und die Insel Ízaro auf eigene Faust zu erkunden. Der Chef war nicht da, erst morgen würde er wieder auftauchen, seine junge Helferin konnte sich aber vorstellen, dass ich mit meinem Anliegen auf offene Ohren stieße. Ich bat sie um einen Tipp zum Übernachten, ihr fiel ein Hotel ein, ganz in der Nähe, oben auf dem Berg, und sie suchte die Telefonnummer heraus und rief an, um sich zu vergewissern, dass es auch geöffnet war. Und sie beschrieb mir den Weg.

Das Hotel war nicht klein, aber auch nicht zu groß, neu, aber im alten baskischen Stil gehalten, Alpenhäusern nicht unähnlich. Autos standen nicht davor, Gäste sah ich nicht. Die Küche sei leider geschlossen, sagte die Rezeptionistin, sie sei allein, doch könne sie mir Pizza oder Lasagne in der Mikrowelle warm machen. Es schmeckte scheußlich. Ich ging hinaus in den Garten, schlenderte über die Wege, blieb am Hang zur Ría stehen und blickte auf die Mündung und aufs Meer und die Insel Ízaro, die wie eine längs halbierte Reuse auf dem ruhigen Wasser lag. Im Westen leuchtete der Himmel noch stahlblau an diesem langen Juniabend, die Sonne stand noch auf ein paar Wolken über den Bergen und färbte sie rosa, Bermeo hatte die Lichter seines Hafens angedreht, hinter dem Städtchen lag die Küstenlinie bereits im Dunkeln und dachte an morgen, und Ízaro schlief schon fest und träumte von Fischen.

ARKAITZ

Der frische Morgen eines schönen Schöpfungstages. Die Welt war neu und unbewohnt, nichts bewegte sich, kein Laut ließ sich vernehmen. Die Zeit war gerade erst erfunden. Der Schöpfer hatte Nachtschicht geschoben und der Sandbank Kinder gemacht. Sie sah verändert aus, vielleicht lag sie nur anders in der Mündung.

In ihrem Schutz räkelten sich die Kleinen im Wasser. Eine gelbe
Bärin mit ihren Jungen, ein sandgelbes Gewusel vor der grünen
Höhle der Ría. Der Río Oca, baskisch Oka, schlängelte sich an ihnen vorbei. Die Ría war jetzt ein Flusstal, nicht länger Meeresbucht. Es herrschte Ebbe. Und dann ging der erste Mensch über
den Sand und ließ seinen Hund von der Leine.

Ich fuhr zu Urdaibai. Arkaitz, der Bootsverleiher, war ein sym-
pathischer Zeitgenosse. Er sprach leise und ohne seine Worte mit
schmucken Gesten auszumalen oder mit protziger Körperlich-
keit zu untermauern. Seine unaufdringliche Erscheinung und zu-
rückhaltende Art legten nicht unbedingt die Vermutung nahe, er
sei großer sportlicher Leistungen fähig und willens. Doch der Baske hatte im Seekajak die Iberische Halbinsel umrundet, zusammen mit ein paar anderen Paddelprofis für die Sendereihe »Am
Rande des Unmöglichen« (»Al filo de lo imposible«) des spanischen Fernsehens (TVE). Fünfundneunzig Tage waren sie unterwegs gewesen, von April bis Juli, von Katalonien bis zum Baskenland. Man könne den Minikontinent auch in der entgegengesetzten
Richtung umrunden, meinte Arkaitz, weil die Winde wechselten,
in der Straße von Gibraltar unter Umständen täglich. Man solle es
jedoch vor August hinter sich bringen, da an der nordspanischen
Küste sich bereits im Hochsommer Unwetter bilden könnten,
mit Sturm und hohem Wellengang, besonders vor Galicien. Mal
hatten Arkaitz und Genossen nur vier Seemeilen am Tag geschafft, mal achtunddreißig gemacht, je nach Wetterverhältnissen. Und ihr Gepäck hatten sie selbst im Boot befördert, nicht
vom Begleitfahrzeug des Fernsehens transportieren lassen.

Ich wurde ganz kleinlaut und bescheiden, sagte, dass ich bloß
ein wenig in der Ría planschen und eine kurze Kaffeefahrt nach
Ízaro machen wolle. »Kein Problem«, meinte Arkaitz und klickte
im Internet die Wettervorhersage an. Das Wetter sollte in den
nächsten Tagen stabil bleiben. Bis Mittwoch waren Sonnenschein
und ab Mittag etwas Wind angesagt, für Donnerstag Bewölkung

und weniger Wind, wohl wegen der geringeren Lufterwärmung. Arkaitz riet, am Donnerstag bei flauerem Wind und niedrigerem Wellengang in den Golf von Vizcaya (baskisch: Bizkaia) hinauszufahren und am Dienstag oder Mittwoch mit der Flut die Ría hinaufzupaddeln und mit ablaufendem Wasser wieder herunter. Wir vereinbarten Dienstag und Donnerstag.

Ich holte mein Fahrrad aus dem Wagen und fuhr über die Straße am östlichen Rand der Ría entlang landeinwärts. Hier und da gaben die Laubbäume den Blick auf Sandbänke, Wasserrinnen, Marschen und Mäander des Río Oca frei. Über die Ría flogen hin und wieder ein paar Vögel, mal ein Schwarm, sonst tat sich nichts. Ich schaute in eine abgetrennte, eigenständige Welt hinunter, die offenbar den Vögeln gehörte. Sie flogen wie durch die Vorzeit, in der es nur Pflanzen und Tiere gab und der Mensch noch nicht geboren war. Diese Leere, dieses Gelassen-Sein war nicht von dieser Welt. Ich begann zu verstehen, warum die Ría de Guernica als bedeutendstes Feuchtgebiet des Baskenlandes und zusammen mit dem umliegenden Naturpark als eines der ursprünglichsten baskischen Küstengebiete gilt. So manche wilde skandinavische Gans legt auf ihrem Weg gen Süden in der Ría Rast ein. Und so manch mitteleuropäischer Reiher und Kormoran macht hier Pause. Gegen Ende Herbst und zu Beginn des Winters fallen die Zugvögel aus dem eisigen Norden über Guernica her. Die Ría ist ihre erste Station im gelobten Land des milden Klimas. Ornithologisch gesehen hatte Théophile Gautier wohl recht mit seiner Behauptung, dass Afrika hinter den Pyrenäen beginne, »Tra los montes«, wie der orthografisch nicht ganz korrekte Originaltitel seines großen Spanienbuches lautete.

Der Mensch war doch schon geboren. In der gegen Überfremdung sensiblen und auf Autarkie bedachten Franco-Ära hatte er der periodischen Zugvögel-Invasion die Grundlage entziehen wollen. Im Jahr 1970 hegte die Provinzverwaltung von Bizkaia den Plan, die Ría trockenzulegen, um sie wirtschaftlich zu nutzen.

In der Bevölkerung regte sich baskischer Widerstand, der die Ausführung des Plans verzögerte und vielleicht auch ein ganz klein wenig zum Fall des Regimes beitrug. Der Mensch erzog sich gerade. Schließlich beantragte die demokratisch gewählte baskische Landesregierung 1984 bei der UNESCO, den Wildschweinfjord des alten baskischen Stammes der Baseritarras zum Biosphärenreservat zu erklären, und das baskische Parlament ernannte ihn 1989 zum Naturpark.

Mein Weg mündete in eine Straße höherer Ordnung,und der Autoverkehr begann, die Biosphäre zu verpesten. Ich trat stärker in die Pedale und erreichte nach einer halben Stunde Guernica, baskisch Gernika. Das Städtchen am Ende der Ría war voller Leben. Es war Markttag, wie jeden Montag. Der Markt hatte – wie so vieles im Baskenland – eine lange Tradition, aber auf ihm boten nicht mehr nur die Bauern der Umgebung Obst und Gemüse, Wurst und Käse feil, sondern jedwede Klasse von Händlern alle möglichen Waren. Und so beschränkte sich der Markt nicht länger auf seinen Platz, überschwemmte vielmehr die angrenzenden Gassen mit seinen Ständen. Und die Bars und Cafeterías unter den Arkaden der restlichen Innenstadtstraßen waren voller Leute. Die ganze Stadt schien auf den Beinen zu sein.

DER DEUTSCHE TOD UND DIE BASKISCHE EICHE

Der Tod kam aus der Luft und fiel in Gestalt von Spreng- und Brandbomben auf das wehr- und ahnungslose Städtchen. Franco hatte bei der Legion Condor und der Aviazione Legionaria für Montag und Markttag, den 26. April 1937, die Junkers und Heinkel und Savoia und Fiat-Ansaldo bestellt. Drei Stunden lang säten die Bomber tonnenweise Tod und Feuer und Zerstörung, und die Jagdflugzeuge verfolgten die Menschen, die in die Berge oder an den Fluss hinunterflohen, und mähten sie mit ihren Bordgewehren nieder. Es war einer der ersten massiven Luftangriffe auf die

Zivilbevölkerung einer Stadt, ein Menetekel an die Wand Europas gemalt, ein Vorgeschmack auf das, was Europa im Zweiten Weltkrieg bevorstand. Gernika war nur eine Spielwiese, aber warum Gernika?

Weil in Spanien gerade Bürgerkrieg herrschte und Gernika das Symbol der baskischen Freiheiten war. Es ging nicht um Gernika, es ging um Bilbao und seine Industrie. Der Zweck des Bombardements bestand wahrscheinlich darin, das gegenüber der republikanischen Zentralregierung loyale Bilbao zu demoralisieren, den Widerstandswillen der Basken zu brechen und so den Sieg der aufständischen Franquisten an der Nordfront zu erleichtern. Tatsächlich fiel ihnen später Bilbao unbeschädigt in die Hände. Und sie verbreiteten das Gerücht, die Basken hätten Gernika auf dem Rückzug selbst angesteckt und in Schutt und Asche gelegt. Doch die Welt glaubte ihnen nicht, fiel vielmehr in den Aufschrei Picassos ein. Dies hielt Franco nicht davon ab, sich später zum Ehrenbürger des wiederaufgebauten Städtchens ernennen zu lassen – eine seiner zynischsten Gesten.

Beneidenswert, wie die Spanier vergessen können. Vergessen, nur nicht denken. Dann ist das Leben leichter. Leben und leben lassen. Ich genieße, ergo sum. Erstaunlich, wie weltzugewandt, lebensfroh, heiter Gernika wieder war. Obgleich eine Reproduktion von Picassos »Guernica« in einer Durchgangsstraße stand, eine Wand aus glasierten Kacheln im Format des Riesengemäldes, eine Klagemauer, ein ständiges Mahnmal. Nichts im Verhalten, in den Gesichtern der Guerniqueses deutete auf Erinnerung hin. Doch dieser Eindruck war sicherlich oberflächlich, Konsequenz einer plötzlichen Konfrontation mit der Vergangenheit, deren Gewicht auf einem deutschen Gemüt besonders lasten musste. Gernika hielt sehr wohl die Erinnerung aufrecht, aber vielleicht mehr die der positiven Art.

Francos fliegende Helfer hatten möglicherweise keinen blassen Schimmer davon, was sie da mit Bomben belegten. Darauf

deutet hin, dass ausgerechnet die alte Versammlungsstätte mit
dem heiligen Baum der Basken damals unbeschädigt blieb. Vielleicht existiert nichts Heiligeres im Baskenland als diese Eiche.
Von den Geschäftsstraßen des Zentrums sind es nur wenige
Schritte bis zum Gelände der Casa de Juntas, dem Sitz des Pro-
vinzparlaments von Bizkaia, mit dem – ganz jungen – Baum. Sein
Vorgänger erlag im Jahr 2004 dem Pilzbefall und Hitzestress. Sei-
nerseits hatte er 1860 den Baum abgelöst, dessen nackter, trockener Stammstumpf in einem neoklassizistischen Säulentempel ver-
ehrt wird. Dieser Baum war dreihundert Jahre alt geworden, aber
auch nicht der erste gewesen. Denn schon im Mittelalter hatten
sich die Abgesandten der Dörfer Bizkaias hier im Schatten einer
Eiche versammelt, um gemeinsame Angelegenheiten zu bespre-
chen. Und die Señores Bizkaias, spanische Könige inklusive,
mussten unter dieser Eiche schwören, die alten baskischen Gesetz-
ze zu achten, wie heutzutage der baskische Regierungschef seinen
Amtseid unter dem Baum von Gernika leistet.

Ich stand vor der jungen Eiche, und sie sah wie jede andere aus.
Dann stand ich in der Casa de Juntas unter dem großen bemalten
Glasdach, reckte die Augen zum Himmelslicht und wurde erleuchtet. Ein weißbärtiger, gottähnlicher Oberbaske stand an erhöhter Stelle vor dem Baum und hielt das aufgeschlagene Gesetz-
buch in Händen, unter ihm war das werktätige Volk versammelt,
Fischer mit Netzen und Rudern, Bauern mit Mistgabeln, auf der
untersten Stufe Berg- und Bau- und Industriearbeiter vor der Kulisse von Fördertürmen, Fabriken und Schloten. Pathetischer Re-
alismus aus dem baskischen Fischer- und Bauernstaat.

WALDBEMALUNG

Ich schwang mich aufs Rad und trampelte in die Berge, durch ein
Bachtal voller Laubbäume Richtung Osten. Östlich der Ría sollten die am besten erhaltenen Eichenwälder des baskischen Küs-

tengebiets liegen, hatte man mir im Tourismusbüro von Gernika
gesagt, Reste der tiefen Urwälder aus der Zeit, da die baskischen
Stämme gerade zur Viehzucht übergegangen waren, also aus der
Jungsteinzeit. Viele dieser Wälder wurden seit dem 15. Jahrhundert von den Werften gefressen, seit dem 17. Jahrhundert auch
von den Eisenschmieden, diesen Wegbereitern der Industrialisie-
rung, die in der zweiten Hälfte des 19. Jahrhunderts den baskischen Eichenwald definitiv in die Dekadenz trieb. Ich suchte einen ganz bestimmten Wald, den Bosque de Oma, Omako basoa,
in dem der baskische Baumkult seltsame Blüten getrieben hatte.
Bald fühlte ich mich verloren. Da war kein Hinweis, weder auf das
Dorf Oma noch auf das Oma-Tal noch den Oma-Wald. Da war
nur ein schmales Asphaltband, das von der Straße nach Norden
abzweigte und steil bergab schoss, in die richtige Richtung, aber
auch nach Oma?

Fast flog ich talwärts, durch dichten dunklen Wald aus riesigen Kiefern, einen uralten Wald wie aus jenen Tagen, da die Basken aus Ochsenhörnern von den Gipfeln zum Thing nach Gernika riefen. Der Wald war beinahe unheimlich, ebenso mysteriös
wie mythisch. Doch unten empfing mich ein liebliches Tal mit
Wiesen, durch die ein Bach zwitscherte, mit Mühlen, Kapellchen
und Kleinstweilern, die aus maximal einer Handvoll Häusern bestanden. Dort wohnte die alte baskische Seele, tief verwurzelt in
Wäldern und Traditionen, wohnte in großen soliden Naturstein-
häusern mit dicken Mauern und dunklem Holz. Aber es war niemand zu Hause, vielleicht fuhr der baskische Körper gerade zur
See oder verdiente sein Brot in den Industriebetrieben der Städte.
Eine baskische Märchenwelt.

Die hatte auch einen Märchenwald. Bei einem der Flecken
ohne Ortsschild führte ein Fußweg mit Hufabdrücken im ge-
trockneten Schlamm vierhundert Meter steil hinauf zum Oma-
Wald, wie ein Holzschild auswies. Den hatte der baskische Maler
und Bildhauer Agustín Ibarrola angestrichen. Fünfhundert Bäu-

me wie bunte Totempfähle. Fünfhundert Kiefernstämme mit Tieren, Menschen, Augen, Regenbögen, geometrischen Figuren in schreienden Farben. Manche Motive nahmen mehrere Stämme in Anspruch, andere brauchten nur einen Baum. Beim Waldspaziergang tauchten ständig neue Figuren auf und veränderten sich je nach Blickwinkel. Oder verhielt es sich so, dass die Bäume aus ihren magischen Augen den Eindringling beobachteten, ob er im Wald auch kein Unheil anrichtete? Ibarrola, der ganz in der Nähe in einem Weiler lebte, malte auch Felsen an wie seine prähistorischen Landsleute, die in der benachbarten Höhle von Santimamiñe Bären, Hirsche, Bisons und Strichmännchen an die Wände gemalt hatten.

Am Abend erlebte ich sie, die prähistorischen Basken, in einer Spelunke irgendeines Ortes irgendwo in den Bergen. Die verräucherte Kneipe war das einzige geöffnete Lokal, das ich fand, die paar Restaurants, die an der Ría lagen, hatten alle geschlossen. Eine Horde Basken füllte den Raum nahezu aus, korpulente, starke Männer vom Typ Holzfäller oder Ruderknecht, hungrige Basken, die Unmengen Fisch und Fleisch verschlangen und den Wein wasserglasweise in sich hineinschütteten. Dann spielten sie Karten und grölten Lieder. Rau, aber herzlich, sympathisch, aber laut. Dass sie wilde Tiere auf sich aufmerksam machen konnten, störte sie nicht.

TERRA INCOGNITA

Arkaitz hatte bereits die Seekarte des Hydrografischen Instituts der spanischen Marine für mich kopiert, einen Ausschnitt mit der Ría, den anderen von der Küste mit der Isla de Ízaro. Und er machte eine Zeichnung von der Insel, wie man sie umfahren, wo man landen und auf welchem Weg man sie erklimmen könne. Bei Wind und Wellengang sollte ich die Enden der gestreckten Insel weit umfahren. Und wegen der überall im Wasser liegenden Felsbrocken nicht zwischen den Eilanden vor der Nordseite hindurchfahren. Hinzu kam, dass der Wind in dieser Gegend normalerweise aus Nordwest weht und die Wellen einen daher schneller, als man denkt, gegen die Felsen werfen können. Auch sollte ich feste Schuhe mitnehmen, da auf der Insel alles loses Gestein sei. Und einen Helm, wegen der angriffslustigen Möwen. Vor allem in der Brutzeit versuchten sie, sich auf die Köpfe menschlicher Invasoren zu setzen und auf ihnen herumzuhacken.

Doch erst einmal ging ich auf kleine Fahrt durch die Ría. Um elf Uhr dreißig war die Flut so weit aufgelaufen, dass ich lospaddeln konnte. Trotzdem sollte ich dem Flussbett folgen und als Erstes auf die andere Seite der Ría wechseln. Der leichtgängige, spurtreue Wanderkajak kreuzte brav die Zone hinter der großen Sandbank, die die Ría gegen das Meer beinahe abriegelte. Ratsch, zu steil gekreuzt, auf Sand gelaufen. Auf der Karte sah alles so klar und einfach aus, doch aus fünfzig Zentimetern Entfernung sah ich nur Wasser, nicht die Flussrinne. Oder der Fluss befand sich nicht mehr dort, wo die Karte von 1991 ihn verzeichnete. Vielleicht änderte er ständig seinen Lauf. Erst bei einer kleinen Werft, die eher ein Kunsthandwerks- denn ein Industriebetrieb war, berührte der Fluss den westlichen Rand der Ría. Von da an blieb die Rinne deutlich erkennbar, wurde aber immer schmaler. Bald wand sie sich durch Marschland. Das Blickfeld war nicht länger von Wiesen und Wäldern begrenzt, sondern von Böschungen und Binsen. Ich lag auf dem Wasser und sah die Welt nicht mehr, verlor den Überblick und hatte das Gefühl, in unbekannte Gegenden vorzustoßen. Für mich waren sie ja auch Terra incognita. Abzweigende Wasserläufe verführten zur Entdeckung, verliefen sich aber im Rohrgestrüpp. Schwärme von Fischen hüpften vor dem Boot aus dem Wasser, Vögel flogen aus dem Ufergebüsch auf, mal ein Seidenreiher, mal ein Blesshuhn, mal eine Löffelente. Das Zischen des Wassers und das Klappern der Flügel waren die einzigen Geräusche.

Statt den auf seinem letzten Stück kanalisierten Río Oka bis Gernika hinaufzufahren, nahm ich einen Seitenarm; vielleicht war es auch ein anderer Fluss, besser gesagt Bach. Nach etwas mehr als einer halben Stunde wurde es eng. Die Vegetation überwucherte das Wasser, und es war kein Durchkommen mehr. Gegen Wind und Strömung paddelte ich zurück zu einem Steg, den ich gesehen hatte. Möglicherweise war das die Landungsstelle, die laut Karte pompös Puerto Napoleón hieß. Hier war Napoleon wohl schon gelandet. Nicht der Napoleon, der 1808 Spanien besetzte, sondern Napoleon III., dessen spanische Gemahlin Eugenia de Montijo das Castillo de Arteaga geerbt hatte. Die französische Kaiserin ließ das Schlösschen als neogotischen Turmbau wiedererrichten und machte mit ihrem Kaiser an der Ría ab und zu Ferien vom Regieren und Repräsentieren. Ich band das Boot fest und watschelte landeinwärts. Das Castillo war nun ein Hotel, und ich speiste im Patio der Burg, bis die Flut wieder ablief.

DIE GROSSE WELLE

Am nächsten Tag stieg ich auf das Fahrrad um und fuhr um die Ría herum. Mundaka lag bestimmt nur einen Kilometer Luftlinie von meinem Hotel entfernt, doch auf der anderen Seite der Ría. Mundaka, einst ein Fischerdorf, lebte nun nicht länger von den Fischen, sondern von einer Welle.

In Kalifornien oder Australien weiß man vielleicht nicht, wo das Baskenland liegt, aber Mundaka kennt man – unter Surfern. Es habe die beste Linkswelle Europas, versichern die Eingeweihten. Sie kann zwei Meter und höher sein, einen Kilometer weit laufen und auf vierhundert Metern eine Tube formen, von einer Seite der Mündung zur andern. Aber sie ist sehr launisch, kommt nicht so oft wie andere große Wellen, nicht mehr als hundertachtzigmal im Jahr, hauptsächlich im Herbst und Winter.

Mundaka entpuppte sich als ein Babylon der Sprachen und Akzente, voll junger Leute von allen Kontinenten: Wie belebt musste es erst im Oktober sein, wenn sich die internationale Surfergemeinde zur Weltmeisterschaftswertung traf. Es war ein Weltdorf, das Gegenteil von Oma, jenem in sich gekehrten baskischen Urdorf, und doch schienen die Mundaqueses geradeso Basken geblieben zu sein wie Basken aus dem tiefsten Tal in den Bergen. Die Tradition war lebendig, war stark wie die Natur, das Meer, eine Eiche, sie spendete Kraft, alle modischen Wellen zu überleben. Jenseits des von dicken Mauern geschützten Hafens stand eine der heiligen Katharina gewidmete Kapelle strategisch auf einem Felsvorsprung, die mal als Pulvermagazin einer verschwundenen Festung, mal als Versammlungslokal der Fischer, dann als Quarantänestation gedient hatte. Dort überblickte man die Mündung und die See, sah die Insel Ízaro und die Felsmasse des Kap Ogoño vor dem Nichts liegen. Das Meer war vollkommen ruhig, kein Surfer im Wasser, die Welle war eine Schimäre. Hoffentlich blieb sie auch am nächsten Tag fern!

Nächste Station: Bermeo. Von dem Städtchen aus waren weder die Welle noch die Ría zu sehen, jedoch Ízaro in neuer Perspektive. Die Insel glich jetzt einem auftauchenden Wal, der an Bermeo vorbeizog, es fehlten lediglich Schwanzflosse und Fontäne. Vielleicht kam mir dieses Bild bloß in den Sinn, weil ich im Fischereihafen unter all den roten und blauen Kuttern einen Dreimaster hatte liegen sehen, ein nach Plänen aus dem 17. Jahrhundert rekonstruiertes Walfängerschiff. Es gab keine Wale mehr vor der baskischen Küste, schon im 16. Jahrhundert waren sie ausgeblieben, und die Walfänger Bermeos hatten an die Küsten Asturiens und Galiciens ausweichen müssen, später waren sie mit großen Schiffen wie diesem Dreimaster nach Neufundland gefahren: Die Aita Guria war ein Museumsschiff, das aus der Geschichte des Walfangs plauderte, über die Fangmethoden berichtete, vom Leben an Bord erzählte und niemals auslief.

In Bermeo war Johannes der Täufer gelandet, um Spanien zu evangelisieren. Herodes hatte ihm zwar in Jerusalem den Kopf abschlagen lassen, aber das tat der Legende keinen Abbruch. In drei Schritten stapfte San Juan nach Gaztelugatxe, das bewiesen vier Fußabdrücke im Stein, die noch zu sehen waren. Ich brauchte schätzungsweise dreitausend Pedaltritte für die neun Kilometer. Gaztelugatxe war eines der Eilande, die hinter dem Kap Matxitxako, dem nördlichsten Punkt des spanischen Baskenlandes, dicht vor der Steilküste lagen. Dieser Küstenabschnitt war wild und schön, überall ragten abgespaltene Felsbrocken aus dem tiefblauen und türkisfarbenen Wasser. Eine schmale Brücke, die von Fels zu Fels hüpfte, verband Gaztelugatxe mit dem Festland. Und hinter der Brücke führte eine von Mauern eingefasste Treppe zu einer Kapelle auf den Gipfel der Insel.

Ich machte das Rad am Geländer des verwaisten Parkplatzes fest und stieg hinauf. Das Wasser klatschte gegen die Felsen, der Wind blies kräftig, die Möwen schwirrten durch die Luft und schrien. In der letzten der zweihunderteinunddreißig Stufen war Johannes' Fuß abgedrückt, an der Außenmauer der rustikalen Kapelle prangte sein Konterfei unter seinem Namenszug. Die schwere Tür des Kirchleins ließ sich öffnen. Schiffsmodelle hingen von der Decke, Rettungsringe, Ruder, ein Kompass, ein Steuerrad, eine Schiffsschraube und Gemälde von Schiffen in Seenot schmückten die Wände – Weihgeschenke geretteter Gläubiger. Das Kleinod der Kapelle aber war der Kopf San Juans als Galionsfigur eines Fischerboots, das aus der Wand der Apsis bis über den Altar ragte wie ein Bug aus dem Wellenberg.

Malerisch und magisch war der Ort, verloren wie am äußersten Rand des Planeten, schon im Ozean schwimmend und doch irdischen Bedürfnissen verbunden, den kleinen und großen Sorgen der Menschen. Der heilige Johannes von Gaztelugatxe soll bei Kinderwunsch und Kopfschmerzen, Schlaflosigkeit und Taubheit, gegen Hühneraugen und Frostbeulen helfen, und er verspricht reichhaltigen Fischfang und Rettung aus Seenot und die Befreiung der Seelen aus dem Fegefeuer. Und so war die Insel längst ein Wallfahrtsort geworden, der sogar über eine Herberge verfügte, die zwar nur drei Wände aufwies und ausgerechnet zur Wetterseite, zur Kapelle hin offen war, doch einen Kamin mit Feuerrost, Steinbänke und Steintische, sogar ein WC hatte und dem Pilger ein Dach über dem Kopf bot.

Ich setzte mich auf das kalte Gemäuer und hörte dem Wind, dem Meer und den Möwen zu. Da kam ein junger Mann die Treppe herauf, zog mehrmals an der Schnur, die vor der Kapellenwand hing, ließ so die Kirchenglocke erschallen und murmelte dabei vor sich hin. Als er damit fertig war, gesellte er sich zu mir. Er sei zu Fuß aus Bermeo gekommen, am nächsten Tag wolle er nach Bilbao fahren, Arbeit suchen, mal sehen, ob er auf einem größeren Schiff anheuern könne. Sicherlich helfe ihm San Juan bei der Suche und beschütze ihn auf See, meinte er. Man müsse dreizehn Mal bimmeln und dabei seine Wünsche aufsagen, dann gingen sie in Erfüllung. Bevor ich nach Bermeo und weiter um die Ría herum zu meinem Hotel zurückfuhr, zog auch ich an der Schnur und bimmelte dreizehn Mal, für alle Fälle.

WER DIE MÖWEN STÖRT ...

Donnerstag, der Tag, an dem ich ein wenig in den berüchtigten Golf von Vizcaya hinauspaddeln würde. Der Himmel war vollkommen bedeckt, die Wolken zogen ganz langsam nach Osten, wenn sie sich überhaupt vom Fleck bewegten, an Land war kein Luftzug zu spüren. Arkaitz' Jungs hatten bereits den Kajak startklar gemacht und voll ausgerüstet, mit Steuer, Handlenzpumpe, wasserdichtem Beutel, einem Tau zum Festmachen, einer Windjacke und einem Neoprenanzug. Das Boot sah gut aus, richtig hochseetauglich, sicherlich konnten ihm selbst meterhohe Wellen nichts anhaben, sofern man sich nicht allzu ungeschickt anstellte. Während ich Schwimmweste und Spritzdecke anlegte, erteilte Arkaitz letzte Ratschläge. An der Mündung herrschten meistens starke Strömungen und heftiger Wellengang, die Zeit des Gleichgewichts zwischen den Gezeiten sei der beste Augenblick, im Kajak hinauszufahren. Jetzt sei noch Ebbe, doch ich solle schon losfahren, der Fluss sei auf seinem letzten Stück auch bei Niedrigwasser befahrbar. An der Mündung werde dann die Zeit der Ruhe gekommen sein.

Um die große Sandbank herum ging es in weitem Bogen auf die westliche Seite der Ría, dann an Mundaka vorbei gerade voraus zum Treffpunkt von Fluss und Meer. Das Wasser war ganz zahm, seine Oberfläche nur leicht gekräuselt, es dachte nicht daran, die Große Welle aufzubauen. Doch je weiter ich in die offene See hinausfuhr, desto stärker wurde der Luftzug; Wind nannte man das im Baskenland wohl nicht. Schließlich wuchsen die Wellen so hoch, dass ich es vorzog, auf Nordnordwest zu halten, um sie halbwegs zu schneiden, im spitzen Winkel nach Ízaro zu paddeln und an der geschützten Südküste der Insel entlangzufahren. Der Luftzug heulte über die Felsen, das Wasser spritzte, und die Möwen kreischten um die Wette. Hunderte flatterten über dem Hochplateau des Eilands, als hätten sich alle gleichzeitig in die Luft erhoben, um sich gegenseitig vor mir zu warnen oder gegen meinen Annäherungsversuch zu protestieren. Ich umfuhr das Südostende und suchte eine passende Stelle in Lee, um zu landen. Ein großer schwarzer Vogel zischte wie eine Harpune mit dem Schnabel voran von dem Felsen, aber er hatte es nicht auf mich abgesehen, sondern auf einen Fisch. Sein Partner saß seelenruhig auf einem Felsbrocken im Meer, hatte die Flügel ausgebreitet und ließ sie trocknen: ein Kormoran. Ich fand eine Einbuchtung, wuchtete das Boot auf die Felsen und vertäute es; schließlich würde die Flut noch steigen. Da saß ich dann auf dem Fels und ruhte mich aus, ein freiwillig gestrandeter Robinson, der sich

nicht einsam fühlte in Gesellschaft der Möwen und Kormorane und sich nach keinem Freitag sehnte.

Ízaro, obschon die größte Insel vor der Küste Bizkaias, glich einem Trümmerhaufen – sie bröckelte ab und fiel portionsweise ins
Meer. Auf ihr hatte einmal ein Franziskanerkloster gestanden, Reste sollten noch auszumachen sein. Später war sie Verbannungsort
oder Asyl für Leprakranke gewesen, nun waren die Möwen ihre
einzigen Bewohner: Kolonien von Silbermöwen, Mittelmeermöwen und anderen Arten. Manchmal besuchten Kormorane, aber
auch Ornithologen die Insel, um die Vögel zu beringen. Und einmal im Jahr flog ein Schwarm Basken aus Bermeo ein, jeden Sommer, seit 1719. Damals hatten sowohl Mundaka als auch Bermeo die
Hoheit über den Felsen beansprucht, und um die Streitfrage auf alt-
baskische Art und Weise zu entscheiden, veranstalteten sie eine
Ruderregatta zu der Insel. Bermeo gewann. Seitdem pilgert Bermeo jeden 22. Juli in einer Meeresprozession nach Ízaro, und der
Bürgermeister wirft einen Dachziegel in die Gewässer der Insel,
um zu beweisen, dass die Dächer Bermeos bis Ízaro reichen.

Stiefel an und Helm auf zur Besteigung! Einen ausgetrampelten
Pfad gab es natürlich nicht, den Weg musste ich mir selber bahnen.
Es ging steil bergauf, unter meinen Tritten löste sich Gestein. Auf
dem Dach der Insel angelangt, begrüßte mich eine Wolke Möwen,
an dem Geflatter hätte ein Hitchcock Gefallen gehabt. Die Vögel
folgten mir, wohin ich mich auch wandte, ab und zu dröhnte der
Helm vom Aufprall eines Schnabels. Die Aussicht auf die Ría und
die Küste hätte ich länger genießen mögen, doch die Möwen ließen
mich nicht in Ruhe. Ich machte, dass ich wieder zu Wasser kam.

... KOMMT IN TEUFELS KÜCHE

Mit Wind und Wellen von achtern steuerte ich auf das Kap
Ogoño zu. Das Gefühl, alleine auf dem Ozean zu sein, wenn auch
in Sichtweite der Küste, war berauschend. Ich spürte, dass ich

über mich hinauswuchs, mich ausdehnte, weil meine Seele für diese Weite nicht groß genug war. Dazu trug sicherlich bei, dass ich so tief auf dem Wasser lag, so klein, so leicht zu übersehen war. Eine lebensbejahende Energie stieg in mir auf und machte mich größer, als ich war, hob mich über mich selbst hinaus. In einiger Entfernung passierte ich die Bucht von Laga und staunte, wie stark sich die Wellen am goldgelben Sandstrand brachen. Das dreihundert Meter hohe Felsmassiv des Kap Ogoño wurde umso größer und ehrfurchtgebietender, je mehr ich mich ihm näherte. Jetzt war ich wieder winzig und paddelte eingeschüchtert an den senkrechten, teilweise überhängenden Wänden entlang, doch nicht zu nah, für den Fall, dass eine dieser launischen Wellen auf den Gedanken kommen sollte, mit ihrer Kraft zu protzen und mich wie eine Fliege an die Wand zu klatschen. Nun wurde mir doch etwas mulmig zumute, die Geschichte war ernst zu nehmen. Man hatte mich gewarnt: Die Mündung der Ría im Paddelboot zu befahren sei schwierig, auf Ízaro zu landen nicht einfach und am Fuß des Kaps entlangzufahren besonders delikat, wegen der Strömungen und des Rückschlags der Wellen von den Felsen. Ogoño sei einer der imposantesten Punkte an der gesamten nordspanischen Küste, das Erlebnis einmalig, aber man solle nur bei optimalen Wetterverhältnissen wagen, am Kap entlangzufahren.

Arkaitz hatte das alles nicht so eng gesehen, außer einer Sache: dem engen Felsentunnel. Nur bei ganz ruhigem Wasser hindurchfahren, hatte er gesagt. Denn bei Seegang kämen die Wellen in der Röhre von allen Seiten, würden von den Felsen hin und her geworfen und drifteten das Boot nach Lust und Laune ab, spielten mit ihm wie mit Treibgut. Nach einigen Kurven, die das Kap beschrieb, tauchte der Felsbogen vor mir auf. Er stützte das Massiv wie ein Strebebogen eine Kathedrale und bildete einen nicht langen, aber auch nicht kurzen Tunnel. Ich blieb vor dem Bogen auf dem Wasser liegen und beobachtete, wie die Wellen an die Wände schlugen, zurückliefen und sich kreuzten. Ich konnte mir den

Helm aufziehen, doch mich in den Neoprenanzug zu zwängen war hier und jetzt unmöglich. Man konnte nirgendwo anlanden. Trotzdem entschloss ich mich zur Durchfahrt.

Eigentlich war es Unsinn. Man hatte nicht viel davon, war vielmehr einzig und allein mit Paddeln beschäftigt. Ich legte mich in die Riemen, was das Zeug hielt, nahm Anlauf, um schon mit Volldampf in die Tunneleinfahrt zu schießen, und legte in der Röhre noch einen Scheit drauf, um den Querschlägern von Wellen keine Chance zu lassen. Ich nahm nicht viel wahr in dem Hohlraum, registrierte nur unterbewusst den Höllenlärm, den das schwappende, gurgelnde, spritzende Wasser produzierte, starrte wie gebannt auf den Lichtbogen am Ende, um die Richtung zu halten, und stieß unwillkürlich einen entkrampfenden Schrei aus, als ich es endlich erreichte. Geschafft! Johannes und Petrus sei Dank! Das Wetter war – für baskische Verhältnisse – wirklich gut zum Paddeln.

In diesem Augenblick rollte eine zornige Welle heran, die mir die Ruhestörung übelnahm, erwischte mich breitseits, als ich schon keine Fahrt mehr hatte, und schickte mich zu den Fischen. In einem solchen Moment weiß man nicht, wie einem geschieht, doch die Reaktion erfolgt automatisch. Ich riss die Spritzdecke los, tauchte auf, griff nach Paddel und Boot, drehte den Kajak um und warf mich hinein, bevor mich eine weitere wütende Welle an die Felswand drücken konnte. Gegen Wind und Wellen paddelte ich zurück – das wärmte – und stauchte mit starkem Schwall auf den Strand von Laga. Da saß ich nun wie ein Kormoran auf seinem Felsen, ließ das Gefieder trocknen und dachte: Irgendwann musst du doch einmal die Eskimorolle lernen. Der Wind nahm zu, dunkle Wolken zogen auf, im Westen braute sich etwas zusammen, und ich begann zu frieren. Es war besser weiterzupaddeln. Ich kämpfte gegen die Strömung, dann in der Ría gegen die ablaufende Flut, die Sandbänke waren zum großen Teil überspült.

Am Abend fuhr ich am Strand von Laga vorbei nach Elantxobe und parkte den Wagen oberhalb des alten Fischerdorfes. Elantxobe lag versteckt in einer Bucht jenseits des Kaps Ogoño und lehnte sich an die Steilfelsen, seine Häuser schichteten sich pittoresk übereinander und gruppierten sich wie die Ränge eines römischen Theaters um die Bühne, die der Hafen darstellte. Ich stieg durch die engen Gassen hinab, sah keinen Menschen, hörte keinen Laut, kein Geschirr klappern, keinen Fernseher laufen. Die Atmosphäre war gespenstisch, vielleicht lag Zorn in der Luft, der sich nicht entlud, schweigsamer Groll, manchmal überdeckt die Schönheit ein abgrundtiefes Wesen wie Schminke ein unschönes Gesicht. Selbst unten am Hafen waren nur wenige Leute, niemand sprach ein Wort, obwohl sich hier alle kennen mussten, lediglich ein Müllwagen sang sein Abfalllied, und ein Hund heulte. Ich hatte diese gespannte Atmosphäre schon einmal in einem anderen Ort des Baskenlandes erlebt, ohne herauszufinden, was genau sie erzeugte. Als wäre der Ort in zwei Lager geteilt und niemand wüsste mit Sicherheit, wer welchem Lager zugehörte, keiner schien keinem zu trauen, alle hielten sich bedeckt. Ich kehrte in einer Hafenkneipe ein, die in Schweigen gehüllt war, und feierte meine Auferstehung aus dem Wasser mit mir allein. Zurück am Hotel schaute ich noch einmal über die Ría und das Meer. Die Küstenberge vor dem Kap Matxitxako waren vom schwarzen Himmel und Wasser schon nicht mehr zu unterscheiden, Bermeos Lichter flackerten nervös, Blitze strahlten die Wolkenberge an, Donner rollten durch die Luft, dann begann es zu stürmen und zu gießen, und Ízaro verschwand von der Bildfläche.

Der Sohn des Fischweibs –
Oyambre

Vielleicht war es ja eine spinnerte, sentimentale Idee, noch einmal die Iberische Halbinsel zu umrunden. Nichts würde mehr so sein, wie es vor Jahren gewesen war, als ich mit meinem selbst ausgebauten Bulli an den Küsten Iberiens entlanggefahren war. Es war inmitten der großen Zeitenwende gewesen. In Portugal war die Nelkenrevolution ausgebrochen, und in Spanien lag das Franco-Regime in den letzten Zügen. Eigentlich hielt ich nicht viel davon, eine Reise nach Jahren zu wiederholen, an die gleichen Orte zurückzukehren, die gleichen Eindrücke zu suchen. Man wird zu leicht enttäuscht, zu viel hat sich verändert, oder man erkennt nichts wieder, obwohl sich nichts verändert hat. Man sieht anders. Man selbst hat sich verändert. Reiseeindrücke sind äußerst zufällig, subjektiv, stimmungsbedingt, situationsgebunden, sogar wetterabhängig. Das Gedächtnis idealisiert zudem

das Erlebte, die Erinnerung ist so nett und malt ein geschöntes
Bild, auch mithilfe der alten Fotos, die ihrerseits schon eine Aus-
wahl darstellen und die schönsten Ansichten wiedergeben. Man
tappt in die Falle, die man sich selbst gestellt hat. Nein, man sollte und kann eine Reise nicht zweimal machen. Und doch will man
es. Immer gibt es noch so viel anderes zu sehen in der Welt, und
doch zieht es einen zurück. Möglicherweise sucht man in der
Wiederholung nicht erneut das Land, sondern die eigene Vergangenheit, will die Uhr zurückstellen und sich selbst noch einmal er-
leben. Aber vielleicht kann man das eigene Ich und seinen Hang
zur Verklärung auch überlisten, indem man zwar die gleiche Strecke fährt, doch nicht die gleichen Stationen macht. So erhält die
Erinnerung auch keine Kratzer, und das geschönte Bild lässt sich
bewahren.

Über die Autobahn fuhr ich an Bilbao und Santander vorbei.
Ich wollte keine großen Städte sehen, ich war des Betriebs müde,
vielleicht auch ein wenig des Lebens, sicherlich aber des Lärms,
der Abgase, der Staus in Straßenschluchten, der Parkplatzsuche.
Ich wollte auch keine neuen Protzbauten aus der leichtlebigen
Epoche des fröhlichen Schuldenmachens mit ihren Hightech-Fas-
saden sehen, hinter denen nicht viel steckte. Auf Städte hatte ich
keinen großen Hunger mehr. Damals und auch später noch hatte
ich Städte gesehen, hatte auf meiner Küstenfahrt Abstecher ins
Landesinnere gemacht, war in Pamplona, Logroño, Burgos gewesen, dann zurück an die Küste nach Santander gefahren. Ich erinnerte mich an ländliche Szenen, die in mir haften geblieben waren, an den Osborne-Stier in der freien Prärie vor Pamplona, wo
ich in der Nacht angehalten hatte, um ein wenig zu schlafen. Beim
Augenaufschlagen sah ich den mächtigen, vom Morgendunst ver-
schleierten Bullen auf einem Hügel stehen und hielt ihn für einen
lebenden Stier, der meinen Wagen fixierte. Ich erinnerte mich an
den Weinbauern mit Baskenmütze in der Rioja, der an einen
Baum gelehnt zwischen all seinen Weinstöcken saß und Brotzeit

hielt, mit dem Klappmesser Stücke vom Speck und vom Brotlaib schnitt, während sein Esel aus dem umgehängten Futtersack fraß. Möglich, dass solche Szenen, solch kleine, unbedeutende, aber unverhoffte Dinge das Salz in der Suppe des Reisens sind, dass man sie intensiver erlebt als Kathedralen oder auch Landschaften, die man zu sehen erwartete, weil sie im Reiseführer stehen. Ich erinnerte mich an das unaufhörliche Rauschen des Windes über die flache Höhe der Meseta und das dumpfe Dröhnen der langsamen, schwachbrüstigen Fernlaster auf der Überlandstraße. An den Zivilgardisten auf irgendeiner Passhöhe der Kantabrischen Kordillere, der in seiner Pelerine und dem lackierten Dreispitz allein im kalten Nebel stand, mich anhielt und ausfragte und nicht weiterfahren ließ, bis des Rätsels Lösung, der Schwertransport, vorbeigeschlichen war. An den Bauern auf seinem Pferdewagen, der mir einen guten Morgen wünschte, als er am Campingplatz von Santillana del Mar vorbeifuhr, einer simplen Wiese mit WC hinter einer Kneipe, ein Platz, der so früh im Jahr eigentlich noch gar nicht geöffnet war, im Unterschied zur Höhle von Altamira, die Besuchern noch nicht verschlossen war und in der ich allein mit einer Führerin unter der Felsendecke an den Original-Wisenten entlangkroch.

Am liebsten wollte ich diesmal grüne Inseln sehen, Inseln wie Ízaro, Coelleira, Sálvora, Ons, die Sisargas, Berlengas, Hormigas, Columbretes, die ich auf der Karte entdeckt hatte und die selbst Spaniern und Portugiesen kaum bekannt sind, obgleich sie so nah vor den Küsten der Halbinsel liegen, bewohnte Inseln und unbewohnte Eilande am Rande Iberiens. Und ich wollte Küstenabschnitte aufspüren, die vom iberischen Wirtschaftswunder und dem großen Bauboom übersehen und verschont worden waren, dünn besiedelte, menschenarme, unverbaute, unverkaufte, ursprünglich wirkende Landschaften, sich selbst überlassene oder geschützte Naturräume, grüne Inseln im Meer der Moderne, Oasen der Natur und des Gestern. »Da musst du aber große Sprünge machen«, hatte mir eine spanische Freundin gesagt. Mag sein, dass meine Suche nach Inseln einem Rückzug aus dem Leben gleichkam. Ich wusste, dass mich die Welt überholte und sich weiter und weiter von mir entfernte und ich der Gegenwart immer mehr hinterherhinkte. Mag sein, dass mein Bedürfnis nach Abgeschiedenheit, Weite, Leere eine Flucht aus der Welt war. Aber vielleicht fände ich, wenigstens auf Zeit, eine Welt, die so alt und so langsam war wie ich.

GESTIRN AUS SAND

Bei Liencres fuhr ich von der Autobahn ab und hielt auf den Parque Natural de las Dunas de Liencres zu. Der Naturpark sollte das größte Dünengebiet an der nordspanischen Küste sein. Ich kam durch einen ausgedehnten Wald hoher Seekiefern, deren Wurzeln den Asphalt wellten, und landete auf einem gut belegten Großparkplatz in den Dünen hinter dem Strand. Ich beschloss, durch den Pinienwald zum Ort Liencres zu laufen. Die Kiefern waren vor sechzig Jahren gepflanzt worden, um den Wanderdünen das Wandern auszutreiben. Die Ernennung des Gebiets zum Naturpark im Jahr 1986 trieb den Bauunternehmen das Abtragen des Sandes aus. Im Wald war kein Mensch, nur die Strände interessierten. Wo der Wald aufhörte, war auch der Naturpark schon zu Ende, und eine Piste führte durch Felder und Wiesen weiter nach Liencres. Der Ort schien mir eine wirre Ansammlung von Urbanisationen mit Apartmenthäusern und Chalets zu sein, sein Mittelpunkt lag an der Durchgangsstraße, wo Supermärkte, Bars, Restaurants und Immobilienfirmen sich aneinanderreihten. Alles war neu, bis auf die kleine Kirche und eine Handvoll Häuser. Ich wandte mich der Küste zu, um an ihr entlang zurückzukehren.

Über einer kleinen Felsenbucht standen luxuriöse Villen in ihren Gärten und genossen den Blick auf die aus dem Wasser ragenden Felsnadeln und -türme. Über der nächsten Bucht lagen an-

sehnliche Chalets auf ihrem Felsplateau ohne Aussicht auf den
Nacktbadestrand unter ihnen. Ich folgte der Steilküste, der hier
und da Inselchen vorgelagert waren, marschierte querfeldein über
hügeliges Gelände mit niedrigen Sträuchern und dankte es dem
Wind, dass er der Sonne die Kraft nahm. Auf Höhe des Großpark-
platzes wechselte ich auf den Strand und zog an Gruppen von
Surflehrlingen vorbei, die auf ihren Brettern in der Brandung lagen. Je mehr ich mich vom Parkplatz entfernte, desto dünner
wurde die Besiedlung des Sandes durch Badende. Nach etwa drei
Kilometern machte der Strand eine Kehrtwende, dort, wo er auf
die Mäander des Río Pas und der von ihm gebildeten Ría de Mo-
gro stieß. Zu beiden Seiten der Ría hatten Fluss, Meeresströmungen und Wind Dünen aufgetürmt, aber die auf der anderen Seite
standen nicht unter Naturschutz. Ich zog die Kleider aus und
stopfte sie in den Rucksack, dann watete ich durch das schenkel-
hohe Wasser ans andere Ufer und wandte mich dem Meeres-
strand zu. Dort sah es genauso aus, nur dass es keine Surfer, Badenden und Strandwanderer gab, wohl weil kein Parkplatz
existierte. Ich stakste zurück ans Naturparkufer, legte den Rucksack ab und nahm noch ein Bad in dem halbsüßen Wasser.

Durch den warmen Sand der Dünen lief ich zurück zum Parkplatz und kehrte in einer der Strandkneipen ein. Eine Gruppe gut
gelaunter Surflehrer aß lauthals zu Abend, und der Fernseher
sandte nichtige Signale aus der realen Welt. Es hatte einen Auto-
unfall mit Blechschaden gegeben, und der Bericht über den Her-
gang wurde viermal mit denselben Bildern von zerbeulten Wagen
unterlegt. Ein Ingenieur hatte eine revolutionäre Methode aus-
getüftelt, bei deren Anwendung der Herstellungsprozess von
Konservendosen um mehr als drei Prozent beschleunigt werden
konnte. Am Tor einer Schule wurden Mütter zur Sicherheit des
Schulwegs interviewt und antworteten gestikulierend alle auf einmal. Ein eloquenter Regionalpolitiker sagte mit ausgesuchten
Worten nichts. Die Spieler des Fußballklubs Racing de Santander

hatten am Vortag eines Ligaspiels trainiert und Ochsenkoteletts
zu Mittag gegessen ...

Ich holte Schlafmatte und Schlafsack aus dem Wagen, entfernte mich vom Parkplatz, auf dem nicht wenige Wohnmobile
die Nacht über bleiben zu wollen schienen, und suchte mir einen
ruhigen Platz unter den Sternen. Der Mensch ist ein Herdentier
und immer in Bewegung, dachte ich schon halb im Schlaf, und so
muss es wohl auch sein. Selbst die Sterne da oben sind eine Herde,
die sich ständig bewegt, auch wenn es nicht danach aussieht, ein
Haufen Perlmuscheln und Seeschnecken, die Perlmuttglanz ver-
sprühen. Am Ende war ich nicht ganz bei Trost, dass ich versuchte, wie ein Planet langsam um die iberische Sonne zu kreisen.

VÖLLEREI IN SAN VICENTE

Bis San Vicente de la Barquera war es gut eine Stunde. Das Städtchen lag vielversprechend in den Armen seiner Ría und spannte
zwei niedrige alte Steinbrücken über das zahme Wasser, als wollte es sich am umliegenden Hügelland festhalten. Als es noch keine Autobahn gegeben hatte, war aller Küstenverkehr der Nationalstraße durch diese Flaschenhälse von Brücken geströmt, so er
denn floss. Oft jedoch hatte er gestockt, hatten sich monumentale Staus gebildet, für die San Vicente bekannter war als für seinen
Charme. Nun gab es die Autobahn, doch die Staus gab es immer
noch oder schon wieder.

Über die lange, schmale, achtundzwanzigbögige Puente de la
Maza aus dem 18. Jahrhundert bewegte sich die Blechkarawane in
Trippelschritten, und am Ende der Brücke, im Kreisverkehr am
Ortseingang, drehte sich gar nichts mehr. Ich brauchte eine halbe
Stunde, bis ich den Wagen fünfzig Meter weiter auf dem Park-
platz am Kai abstellen konnte.

San Vicente war voller Wochenendbesucher. Sie schoben sich
durch die tiefen, düsteren Arkadengänge der Hauptstraße, die

immer noch an Franco hing und Avenida Generalísimo hieß, über
die begrünte Plaza José Antonio, die nach wie vor auf den Namen
des Falangeführers hörte, vorbei an einzelnen *casonas,* diesen nordspanischen, zwischen Navarra und Asturien beheimateten Klein-
adelshäusern, deren Größe nicht in ihren Dimensionen, sondern
ihrem eitlen Selbstverständnis besteht, das aus kolossalen, von
reicher heraldischer Fauna bevölkerten steinernen Wappen
spricht. Sie sprossen hier aus schlichten, ernsten, strengen, alters-
dunklen Steinfassaden wie prächtige Blüten aus Wüstenpflanzen.
Die Oberstadt lag auf ihrem Felsrücken wie ein schläfriges Kro-
kodil auf der Sandbank, dominierte mit ihrer mittelalterlichen
Burg und der wehrhaften Kirche und dem Palast des Inquisitors
die Neustadt extra muros sowie die Ría, die eine Schlamm- und
Schlangengrube war, durch die sich dünne, glänzende Wasserfä-
den schlängelten. Die Picos de Europa ließen sich nicht blicken,
die malerische Ansicht San Vicentes mit den verschneiten Zwei-
tausendern im nahen Hintergrund gab es wohl nur bei ganz kla-
rem Winterlicht und auf Postkarten.

San Vicente war ausgeufert, hatte sich über die grünen Hügel
verstreut, als hätte es befürchtet, die Verbindung zum Land, den
Kontakt zur Erde zu verlieren, und das Bedürfnis verspürt, neue
Wurzeln zu schlagen. Auf der Suche nach einer Bleibe streunte
ich durch die Ausläufer des Ortes, wo Stadt und Land sich vermischten, kam an neuen Reihenhäusern und Chalets und kleinen
Familienhotels und an Bauernhöfen vorbei, die allen modernen
Standards der Tierhaltung entsprechen zu wollen schienen. Dies
war das Kantabrien der landwirtschaftlichen Musterbetriebe und
der prämierten Milchkühe, des zivilisierten Viehs und rustikaler
Urbanität. Nordspanien ist eminent ländlich, dachte ich, die
nordspanischen Bauern wohnen nicht wie ihre kastilischen oder
andalusischen Kollegen konzentriert in kompakten Dörfern von
zwanzigtausend Einwohnern, kehren dem Land am Abend nicht
den Rücken und lassen es in seiner stummen Leere und Weite al-

lein, sondern leben auf dem Land, in ihm und nicht nur von ihm. Ihrerseits weist die Kleinstadt des Nordens zentrifugale Tendenzen auf, strebt aufs Land oder zumindest danach, dem Land verbunden zu bleiben.

Ich fand ein Hotel mit Bauernhof, chronologisch gesprochen einen Bauernhof mit Hotel auf der grünen Wiese, denn den Hof hatte es zuerst gegeben, und das Hotel war später hinzugekommen, als San Vicente nicht länger von der Landwirtschaft allein oder vom Fischfang leben konnte. Der männliche Teil der Großfamilie betrieb den Hof, der weibliche das Hotel. Vom Zimmerbalkon sah ich zur Ría und der Altstadt San Vicentes hinüber und auf die Wiesen hinunter, auf denen Kühe ihre Langeweile wiederkäuten oder grasrupfend zehn Meter pro Stunde vorwärts schritten, von hüpfenden Kuhreihern begleitet, die darauf warteten, dass die Kühe mit ihren Hufen die Erde aufwühlten. Ich ging in den Ort hinunter, um nach einem Bootsverleih Ausschau zu halten, und bog in die Avenida Generalísimo ein. Da saß sie, die Herde, an Hunderten von Tischen Dutzender Restaurants und auf Meeresfrüchte spezialisierter Marisquerías, die sich dicht an dicht aneinanderreihten, und wurde gefüttert – die Speisung der Fünftausend. Saß da an langer Tafel, über die Autos fuhren, und zelebrierte die Wollust des Nordens, die Freuden des Schlemmermahls. Es war eng im Tempel der Fresslust unter den Arkaden, Gruppen nachrückender Gäste warteten auf frei werdende Tische, nun staute sich auch der Fußgängerverkehr auf den Bürgersteigen, die ständig von Gästehirten im Kellnerdress gekreuzt wurden. Sie stießen Warnschreie aus, wenn es sein musste – und wenn es nicht sein musste.

DAS PADDELN FÄLLT (FAST) INS WASSER

Es war ein Unterschied wie Nacht und Tag: Sobald ich unter der Puente de la Maza hindurchgepaddelt war, lag der Betrieb der

Welt mit einem Schlag hinter mir, und es wurde licht. Mit ihren
nahezu auf dem Wasser liegenden Bögen war die Brücke wie eine
Kette, die den größten Teil der Ría de San Vicente de la Barquera
abriegelte. Nur Anglernussschalen und muskelgetriebene Frei-
zeitboote hatten Zugang, aber auch ihnen begegnete ich nicht.
An den Rändern der Ría lagen Wiesen, Wälder, selten einmal
eine Kate, ein Bauernhof. In der Ría schwammen binsenbestandene Inseln, die aus der Bootsperspektive gesehen auch Ufer hätten sein können, geradeso, wie binsenbestandene Landzungen
und Ufer ebenso gut hätten Inseln sein können, und ich fuhr ein
paar unnötige, aber schöne Schleifen durch das Idyll, bevor ich einen Wasserlauf entdeckte, der mich zum Fluss bringen konnte.
Die Ría war ein Labyrinth, und wenn man kein Vogel war, sah
man den Faden nicht auf Anhieb, der durch den Wasserpalast
führte, bis in die hintersten Gemächer hinein, wo das Ungeheuer
hauste. Zunächst sah ich es nicht, hörte nur ein entferntes Grol-
len. Allmählich kam das Fauchen näher, und plötzlich merkte ich,
dass das Ungeheuer hoch über mir schwebte, ein Drache aus Stahl
und Beton, der Gase ausstieß, ein Minotaurus mit Hörnern wie
Brückenpfeiler: die Autobahnbrücke, die jungfräuliche Natur gefressen hatte und aus den Mäulern ihrer Lastwagen brüllte.

Dort, wo Ría und Flusstal sich berührten, hatte man die Autobahn, die mitten durch den Jahre zuvor geschaffenen Naturpark
Oyambre führt, weit über das Wasser geschwungen. Doch das
war geradezu zärtlich gewesen im Vergleich zu dem, was man in
den Sechzigerjahren geplant, dann aber doch nicht ausgeführt
hatte: ein Atomkraftwerk an die Ría de San Vicente zu legen, an
die größte der Rías im westlichen Kantabrien, an die Ría mit dem
größten Vogelreichtum. Ich paddelte noch ein Stück weit flussaufwärts, durch das enge, dunkle, laubbaumbestandene Tal des
Río Escudo, bis zu dem Punkt, an dem eine merkwürdige Welle
auf mich zukam, die sich an der immer noch auflaufenden Flut
brach und den landeinwärts geschwemmten Naturmüll zurück in

die Ría warf. Ich hatte keine Lust, in dem mit Schlammbrei und Schlickschaum vermengten Blätter- und Binsenabfall baden zu gehen, und machte kurzerhand kehrt.

Eigentlich hatte ich vorgehabt, von San Vicente übers Meer am Kap Oyambre vorbei nach Comillas zu paddeln, an dieser Küste mit Steilfelsen, langen Stränden, Fjorden und der Theaterkulisse der Picos de Europa entlang, einem Küstenabschnitt, der in Kreisen der internationalen Kajakwandergemeinde als einer der attraktivsten Europas gilt. Man sollte ihn allerdings nur bei perfektem Wetter befahren, vorzugsweise im Winterhalbjahr, wenn die Zugvögel aus nördlicheren Breiten dort eine Rast einlegen oder sich niederlassen: Wildenten, Wildgänse, Fischreiher, Seidenreiher, Krähenscharben, Schwäne, Wanderfalken, der eine oder andere Fischadler. Doch beim ersten Bootsverleih, pardon: Multiabenteuerunternehmen, das ich in San Vicente angesteuert hatte, verweigerte man mir ein Boot sogar für die Ría; man unternahm nur Gruppenfahrten, das war lohnender. Und des zweiten Freizeitsportladens Ausrede war, über keine Fahrerlaubnis für die Küste und auch keinen Seekajak zu verfügen, man überließ mir aber wenigstens ein Boot für die Ría. Meine Küstentour fiel allerdings ins Wasser.

Ich nahm das Rad. Der laue Sonntagmorgen war friedlich gestimmt, an der Puente de la Maza kollabierte der Verkehr noch nicht, und das Meer hielt sich auch zurück. Bei Ebbe sind die Strände miteinander verbunden, und das nutzten einige Frühaufsteher zu ausgedehnten Strandwanderungen. Ich fuhr durch gewelltes Weideland, Wiesen, die bis an die Strände reichten, eine grüne, sanfte, liebenswürdige Landschaft, die das primitive, gewalttätige Meer gleichsam zivilisierte. Am Kap Oyambre saß eine Gruppe schwarzer Frühtaucher unbeweglich auf den Felsen, Kormorane, die sich nach dem ersten Frühstück trocknen ließen. Vor einer Kleinstdorfkneipe saß eine vielstimmige Großfamilie beim unendlichen Frühstück und übertönte das Geschrei der Musik,

die aus Außenlautsprechern auf die Terrasse sprang. Am Parkplatz der weit geschwungenen Playa de Oyambre trafen die ersten
Badewilligen ein. Auf diesem Strand war der ›Gelbe Vogel‹ notge-
landet, der eigentlich nach Paris hatte fliegen wollen. Es war der
erste erfolgreiche, wenn auch ungewollte Transatlantikflug zwischen den Vereinigten Staaten und Spanien gewesen, zwei Jahre
nach Lindberghs Atlantiküberquerung. Er war nur deshalb gelun-
gen, weil sich ein blinder Passagier eingeschlichen und im hinte-
ren Teil des Rumpfs versteckt hatte, ein junger amerikanischer
Reporter namens Schreiber, mit dessen Zugewicht die französischen Flieger bei knapp bemessenem Treibstoff nicht bis Frankreich kamen. Ein verwitterter Monolith erinnerte am Strand an
die Heldentat.

Zu Beginn des 20. Jahrhunderts hatte jene Gesellschaft die
Playa de Oyambre frequentiert, die in Comillas den Sommer zu
verbringen pflegte. Am östlichen Ende des Strandes hatte sie einen Golfplatz mit britisch inspiriertem Klubhaus anlegen lassen,
zum Teil in den Dünen. Als aber Anfang der Achtzigerjahre eine
Brigade Arbeiter damit begann, dort das Gelände für eine Feriensiedlung mit Apartments, Campingplatz und Diskothek einzufrie-
den, löste dies die Entstehung des Naturparks aus, der den Golfplatz integrierte und die Siedlung verhinderte. Nun galt die Parole,
die Dünen und die Vögel der angrenzenden Ría de la Rabia zu
schützen, von der man drei Jahrzehnte zuvor einen Arm trockengelegt hatte, um Eukalyptusbäume für die patriotisch-autarke Pa-
pierproduktion zu pflanzen. Der Deich, der den Arm der Ría ab-
getrennt hatte, wurde durchbrochen, nun zirkulierte erneut
Salzwasser durch den Arm, das die Eukalyptusbäume austrocknete. Es war ein gespenstischer Anblick: Die kahlen, weißen, abge-
storbenen, geknickten Stämme und Stümpfe standen wie leblose
Überlebende einer Katastrophe im spiegelglatten Wasser, wie zu
Salzsäulen erstarrt. Bei Mondlicht musste es noch unheimlicher
sein, wenn sich die schwarzen Silhouetten der Schattenwesen vom

Silberwasser und Silberhimmel abhoben, die Umrisse der Krähenscharben, die auf den Baumskeletten schliefen.

Ich zog mit der Ría de la Rabia landeinwärts, sie verwandelte
sich mehr und mehr in Marschland, und dort, wo der Río Turbio
sie zu speisen versuchte, folgte ich dem ärmlichen Bachlauf. Eine
breite Erdpiste führte durch Wald, nichts als Wald hinauf zum
Monte Corona, Wald, der einmal ein immenser Eichenwald mit
majestätischen, jahrhundertealten Bäumen gewesen war, wie ihn
Hirsche, Bären, Wölfe brauchten. Wald, der in der Franco-Ära
seiner stattlichsten Exemplare beraubt und teilweise gerodet worden war, um schnell wachsende Exoten wie den australischen Eu-
kalyptus, die Amerikanische Roteiche, die Monterey-Kiefer, die
Douglas-Tanne oder die Japanische Kastanie heranzuziehen. Es
gab noch weite Flächen autochthonen Waldes mit Eichen und
Buchen, aber auch große Eukalyptusinseln, und wo sie abgeholzt
worden waren, wuchsen junge Pflanzen nach, deren Blätter bläu-
lich schimmerten, als wollten sie sich tarnen. Von der Waldkapel-
le des heiligen Stephan aus überblickte ich den Wald, der früher
bis zur Küste gereicht hatte, und ich sah die majestätischen Gebäude von Comillas auf ihren Hügeln jenseits des Naturparks
thronen, die sich gewiss der Eichen des Monte Corona bedient
hatten.

MIT VIERZEHN NACH KUBA

Comillas war brechend voll. Ich band mein Rad an einen Baum im
Park eines Fünf-Sterne-Hotels und bahnte mir einen Weg durch
das Auto- und Menschengewimmel Richtung Zentrum. Ich schob
an einigen prachtvollen, maurisch und britisch angehauchten Villen vorbei und kämpfte mich mit der stumpfen Machete eisiger
Blicke durch den Menschendschungel der schönen, aber fast ver-
deckten Altstadt mit ihren *casonas,* Tavernen, Bars, Pubs, Cafeterías, Restaurants und Caféterrassen auf *corros* genannten Plät-

zen, auf denen die Comillanos einst Boule gespielt und gelegentlich zum Tamburin getanzt hatten. Mit der heroischen Miene selbstverleugnerischer Indifferenz ließ ich mich auf den Sobrellano-Hügel treiben, vorbei an dem neomudéjar-modernistischen Puppenhaus, Knusperhäuschen oder Hexenpalais, das offenbar einer Laune Gaudís entsprungen war, denn so hieß es: El Capricho de Gaudí. Vorbei auch an dem neugotisch-modernistischen Minimünster, Kapellchen und Pantheon der Markgrafen von Comillas, die nebenan, auf dem höchsten Punkt des Über-der-Ebene-Hügels, ihr Schloss errichtet hatten, den Palacio de Sobrellano, der sogar einen Thronsaal aufwies, aber gerade nicht zu besichtigen war, weil alle Führungen des Tages bereits ausgebucht waren.

Ich schlenderte zum gegenüberliegenden Hügel mit der neomudéjar-neugotisch-modernistischen Päpstlichen Universität, die sich der Großzügigkeit des ersten Marqués de Comillas verdankte. Er hatte den Jesuiten ein Priesterseminar gestiftet, das Papst Pius X. später in den Stand einer pontifikalen Alma Mater erhob. Der mächtige Backsteinbau stand nach dem Umzug der Universidad de Comillas nach Madrid jahrzehntelang leer, nun beherbergte er das Internationale Zentrum für Höhere Spanisch-Studien. Aus der Höhe blickte man zur einen Seite aufs Meer, zur anderen über das disperse, eklektizistische und extravagante Comillas, auf Sobrellano und andere Hügel mit prachtvollen Villen der Belle Époque im katalanischen Jugend-, britischen Landhaus- und spanischen Indiano-Stil der reichen Rückkehrer aus Hispanoamerika wie auf ein buntes Legodorf oder fantastisches Disneyland.

»Gefällt Ihnen Comillas?«, fragte mich der ältere, etwas beleibte Herr, der mir schräg gegenüber am Nebentisch saß, in einem Restaurant zwischen dem Hafen und dem Strand von Comillas, in dem ich eingekehrt war. Er hatte mit Sicherheit in mir den Fremden erkannt, den Ausländer zumal, und gewartet, bis ich die Speisekarte studiert hatte, währenddessen er eine opulente Fisch-Tapa verdrückte und sein Glas Wein leerte.

»Eine sehr elegante Stadt, sehr aristokratisch«, antwortete ich freundlich und hoffte, dass es glaubwürdig klang.

»Sí, aristokratisch. Reich an Namen, aber ohne viel Geld, sofern die Namensträger den Familienbesitz nicht bereits versilbert haben«, sagte der Herr und schmunzelte.

»Der Marqués muss aber doch reich gewesen sein.«

»¡Sí, el marqués, sí! Doch der war nicht von Familie, ganz im Gegenteil. Sie kennen die Geschichte nicht? Er hatte einen ganz ordinären Namen: Antonio López López, vulgärer geht's nicht. Seine Mutter war Fischverkäuferin, sein Vater starb, als er zwei Jahre alt war, die Mutter musste drei Kinder durchbringen und schickte Antonio mit zehn Jahren zu Verwandten nach Andalusien, wo er als Laufbursche, Handlanger und wer weiß was arbeitete, genauso wie auf Kuba, wohin er auswanderte, als er vierzehn war. Er sparte zehn Jahre lang, was er verdiente, dann machte er sein erstes Geschäft: Er charterte ein Schiff in Santander und verkaufte die Ladung Mehl in Santiago de Cuba. Mit dem Erlös eröffnete er dort einen Laden, in dem er so gut wie alles verkaufte, von Lebensmitteln über Haushaltswaren bis zu Kleidung, viel Ramsch. Und er heiratete eine reiche Kubanerin katalanischer Abstammung, Tochter eines Geschäftspartners, was seinen Geschäften Auftrieb gab. Er investierte in Tabakplantagen und engagierte sich wahrscheinlich im Sklavenhandel, womit er richtig Geld verdiente, wie manche meinen.«

»Wann war das?«, unterbrach ich.

»Gegen Mitte des 19. Jahrhunderts, der Sklavenhandel war schon verboten, deshalb war er auch so lukrativ. Als auf Kuba eine Choleraepidemie ausbrach, ließ sich López in Barcelona nieder, woher die Familie seiner Frau stammte. Er gründete eine Schifffahrtsgesellschaft, kaufte zwei Schiffe in Antwerpen und ersteigerte die staatliche Lizenz für den Posttransport zwischen Spanien und Kuba, später auch Puerto Rico und Santo Domingo. Am Ende hatte er vierzehn Schiffe laufen, darunter modernste Luxusliner der damaligen Zeit. Er stellte seine Schiffe der Regierung für den Transport von Truppen und Material nach Afrika zur Verfügung, wo Spanien ab und zu Krieg führte, und nach Kuba, wo es zehn Jahre lang gegen die Unabhängigkeitsbewegung kämpfte. Insgesamt stellte er dem Staat vierhunderttausend Passagen von und nach Kuba in Rechnung, erleichterte der Regierung aber deren Begleichung, indem er ihr eine vorteilhafte Ratenzahlung einräumte. Zugleich war der Patriot an Gesellschaften beteiligt, die junge Männer gegen den Militärdienst versicherten, denn man konnte sich freikaufen, sofern man das nötige Kleingeld hatte.«

Die Kellnerin kam und nahm meine Bestellung auf.

»Und für mich jetzt bitte einen Roten«, sagte mein Gegenüber.

»Sofort, Don Álvaro.«

»Im Übrigen finanzierte López den Krieg in Kuba über die von ihm gegründete und geleitete Bank Hispano Colonial. Seine Verdienste um das Vaterland brachten ihm nicht nur Zinsen und die Zollverwaltung auf Kuba ein, sondern auch den schmucken Titel Marqués de Comillas, den sein Freund und Helfer König Alfonso XII., der Urgroßvater des jetzigen Königs, aus dem Hut zauberte. Als Kuba nach dem Krieg nicht mehr so gut lief, engagierte López sich im Tabakgeschäft mit den Philippinen, die noch zu Spanien gehörten, im Bergbau von Asturien und in einer Eisenbahngesellschaft Nordspaniens. Sein größter Coup aber war – für Comillas –, den König und den Hof in seinen Geburtsort zu locken.«

AUCH GELEHRTE MÜSSEN ESSEN

Ich hatte das Gefühl, die Geschichte schon einmal gehört zu haben. In Wahrheit aber hatte ich solche und ähnliche Geschichten aus jüngster Vergangenheit gehört, und ich hegte den Verdacht, dass Spanien sich nicht verändert hatte, und zwar nicht erst seit dem 19. Jahrhundert, sondern mindestens seit dem Goldenen Zeitalter nicht, seit der Entdeckung und Kolonialisierung Amerikas.

Die Kellnerin brachte mir das Bier und Don Álvaro den Wein samt Tapa.

»Aber Mari Carmen«, protestierte er, »das ist doch nicht nötig.«

»Aber Don Álvaro«, erwiderte die Kellnerin im gleichen Ton, »auch Gelehrte müssen essen«, und zog lächelnd ab.

»Hier gibt es keine Tapas zum Getränk, mit mir machen sie eine Ausnahme. Das ist jetzt schon mein drittes Glas, und ich bin noch zum Essen verabredet«, erklärte Don Álvaro und schob den Teller in meine Reichweite. »Bedienen Sie sich, wenn Sie das mögen.«

»Vielen Dank. Sie sind Gelehrter? Von welchem Fach, wenn ich fragen darf?«, fragte ich und stach in ein Fleischstück.

»No no, das sagt sie nur so«, wehrte Don Álvaro ab. Und nach einer Pause: »Ich beschäftige mich ein wenig mit Alchemie, mal sehen, ob sich aus Kohle Gold machen lässt«, lachte er spitzbübisch.

»López verwirklichte den amerikanischen Traum«, fuhr er fort, »nicht den spanischen, der besteht darin, einen vergrabenen Maurenschatz zu finden, eine Gold- oder Silberader zu entdecken, den Haupttreffer in der Lotterie oder einen der hochdotierten Literaturpreise zu gewinnen, auch wenn man nicht schreiben kann und das Werk von einem ›Neger‹ verfassen lässt. López war ein Selfmademan, aus dem Nichts schuf er ein Imperium. In der zweiten Hälfte des 19. Jahrhunderts war er einer der größten Magnaten Spaniens und konnte es sich leisten, eine ganze Riege erstklassiger Architekten, Bildhauer, Maler und sonstiger Künstler aus Katalonien nach Comillas zu verfrachten und jahrelang für sich arbeiten zu lassen, um seine Markgrafschaft zu verschönern. Zuerst kaufte er die Casa Ocejo für seine Mutter, das Fischweib, ein großes Indiano-Haus, ich weiß nicht, ob Sie es schon gesehen haben. Dort quartierte er sich auch mit seiner Familie ein, wenn er Comillas besuchte. Und er quartierte dort ›Amigo‹ Alfonso ein,

nicht ohne den Palast vorher renoviert und vergrößert und Gaudí
mit einem chinesischen Gartenhaus beauftragt und einen Gene-
rator mit zwanzig Pferdestärken installiert zu haben, der die Gemächer des Königs erhellte, weswegen Comillas sich rühmt, die
erste Stadt Spaniens mit elektrischem Licht gewesen zu sein. Alfonso blieb im Sommer 1881 vierzig Tage in Comillas, zum Zeichen seines hoheitlichen Dankes für die Gastfreundschaft verlieh
er López López die Würde eines Granden von Spanien. Der König legte den Grundstein für den Palacio de Sobrellano und präsi-
dierte in der Casa Ocejo einer Sitzung seines Ministerrats, weswegen Comillas von sich behauptet, für einen Tag Hauptstadt des
Reiches gewesen zu sein. Und er brachte Comillas in Mode, das
war sein größtes Verdienst. Comillas war nun königliche Som-
merfrische, das zog Kreise, zur Image- und Beziehungspflege
konnte es nützlich sein, im Dunstkreis des Königs den Sommer in
Comillas zu verbringen, und so erlebte das Städtchen einen Zulauf und einen Bauboom wie erst hundert Jahre später wieder,
diesmal allerdings nicht ganz so aristokratischen Zuschnitts. Der
Glanz der Belle Époque ist natürlich verblasst, aber ich mag dieses
gepflegt dekadente Ambiente, diese Atmosphäre schlaffen, über-
lebten Dandytums, diesen müden Rhythmus der Routine, der das
tägliche Leben formt.«
    Don Álvaro nahm einen Schluck Wein, dann fuhr er fort:
    »Warum der Marqués allerdings das Priesterseminar finan-
zierte, noch dazu einen solch pompösen Bau an herausragender,
sein eigenes Schloss überragender Stelle, bleibt mir rätselhaft. Es
ist wahr, dass er sich mit dem Gedanken trug, Comillas eine höhere Schule für Kinder mittelloser Familien zu spendieren, nicht
aber eine Ausbildungsstätte für militante Seelenhirten. Es gibt
Stimmen, die versichern, dass er mit der Kirche nicht viel im Sinn
hatte und reichlich überrascht war, als einen Monat nach dem Besuch des Königs ein Jesuit mit dem Ansinnen an ihn herantrat, in
Comillas ein Priesterseminar zu gründen. Eigenartig. Vielleicht

war es eine Art Wiedergutmachung, vielleicht hatten die Soldaten Gottes mit dem Bajonett ihrer Machtsucht in seiner Vergangenheit gestochert und schwarze Seiten in seiner Biografie entdeckt. Erpressung? Ich weiß es nicht. Ich weiß nur, dass der
Marqués auf dem Höhepunkt seiner Selfmademan-Karriere stand
und viel zu verlieren hatte, seine Reputation, sein Lebenswerk,
seine Selbstrechtfertigung, seinen Stolz.«

Don Álvaro legte einen Schein auf den Tisch.

»So, jetzt muss ich aber gehen. Wie gesagt, ich werde zum Essen erwartet. Hat mich sehr gefreut, Sie kennenzulernen. Sie sind
Deutscher, nicht wahr?«

»Sieht man mir das an?«

»Ihr Akzent.«

»Aber ich habe ja kaum ein Wort gesagt.«

»Sagen Sie mir eins: Glauben Sie, der Sie ein blauäugiger Deutscher sind, dass man aus Kohle Gold machen kann? Aus Kriegen
Geld? Aus Markgrafen Immobilienbesitz?«

Ich wusste nicht, was ich antworten sollte.

»Ich schon«, sagte er, »ich wünsche einen guten Tag«, und er
schritt bedächtig ins Freie.

Später fragte ich die Kellnerin, wer der Herr sei, mit dem ich
das Vergnügen gehabt hatte.

»Don Álvaro? Der ist Arzt, aber er praktiziert nicht mehr.«

»Er ist Gelehrter?«

»Er interessiert sich für Geschichte, er weiß so viel über Comillas.«

DAS PARADIES, FÜR EINEN AUGENBLICK

Anderntags fuhr ich mit dem Rad von San Vicente de la Barquera
nach Westen, so nah wie möglich an der Felsküste entlang, die an
manchen Stellen nur über Stichsträßchen oder Pisten zu erreichen war. Das Meer gab hier bei Ebbe Strände frei, die sich aus

den zerklüfteten Felsen schälten, intime, von dunklem Gestein eingeschlossene Buchten und kleine verschwiegene Strände, hinter denen das Urwaldgrün des Efeus und der Farne und Büsche steil hinauf in die Berge kletterte. Ich konnte weit hinaus durchs seichte Wasser laufen und mich in einer vorgeschobenen Seitenbucht niederlassen, aber musste auch achtgeben, nicht abgeschnitten und von der Flut überspült zu werden, und mich rechtzeitig in die Tiefe des Haupteinschnitts zurückziehen. Andernorts tauchten bei Ebbe Felsbänke und flache Inselchen auf, die über eine Sandzunge zu erreichen waren und vom auflaufenden Wasser wieder verschluckt wurden. Die Gegend lag bereits außerhalb des Naturparks Oyambre, doch sie erschien mir reicher an Natur als der Naturpark, vielleicht, weil sie menschenleer war. Ich erreichte die Ría de Tina Menor, die trotz ihres Namens längere und breitere Schwester der Ría de Tina Mayor. *Tinas* heißen nicht die Rías, sondern die Tafelberge, von denen der kleinere an der größeren Ría und der höhere an der kleineren Ría liegt. Die Namensgebung war so verwirrend wie der Grund der Tina Menor wirr, mit Grasinseln und Binsentupfern und Wasserlachen bestreut und von Rinnsalen durchzogen. Eine schmale Straße führte am westlichen Steilhang entlang zum Meer, und an der Mündung zeigte sich mir das Paradies.

Die Stelle war ausgesprochen schön, wild und friedlich, sanft und rau, die Zeit hätte stehen bleiben können. Das Meer schickte seine ersten Wellen gegen die äußersten Felsen, rollte sie über den äußersten Strand, hinter einer Felszunge lag ein noch unbeleckter Strand, und eine nur so eben benetzte Sandbank wand sich Ría-einwärts. Ein göttlicher Maler spielte mit Sandweiß, Gelbgrün, Algengrün, mit dem Graubraun der Felsen, dem Mattgrün der Farne und dem Sattgrün der Kiefern, die bereits in geringer Höhe aus dem Berg wuchsen. Aus der Tiefe der Ría näherten sich zwei Punkte dem Paradies, ein Pärchen, Adam und Eva vielleicht. Sie staksten über die schon von Wellenlinien überzogene Sandbank, unbekümmert, wie es schien, sie waren ja im Paradies. Sie wateten durch tieferes Wasser, drangen zum äußersten Strand vor, von dem nicht mehr viel übrig war, und legten sich auf den Sand. Ich befürchtete schon, jetzt könnten sie die Menschheit zeugen wollen und darüber die Flut vergessen. Ich hätte sie nicht davon abhalten können, ich fand keinen Zugang zum weit unter mir liegenden Ufer, mir blieb das Paradies verschlossen. Die Schlangen von Wellen züngelten bereits an ihren Füßen, da erhoben sie sich und schwammen zurück in die Ría, womöglich, um den Schatten eines Apfelbaums zu suchen.

Die schwankende Sandbank –
Im Rausch der Apfelwein-Ría

Tazones lag bunt am Berg und schrie zum Himmel. Roch nach Fisch und Meeresfrüchten und Apfelwein und rief nach Gästen. Grell und glänzend stachen seine grün, blau oder rot lackierten Fenster, Türen und Holzbalkone aus dem Fassadenweiß heraus und schauten aufs Meer hinaus, als müssten die Gäste auf Schiffen kommen. Dabei befand sich oberhalb des kleinen, zum Meer abfallenden Ortes eigens ein Besucherparkplatz. Er war ebenso leer wie die Restaurants, die aus den ein- bis zweistöckigen Fischerhäusern auf die Gassen quollen.

Wochentags lebte Tazones wie in der Vergangenheit, Auge in Auge mit dem Meer. Es widmete sich allerdings nur noch dem Küstenfischfang, nicht mehr dem Handel mit Holland, Frankreich, England, Irland wie noch im 16. Jahrhundert. Damals waren die Gäste übers Meer gekommen – und was für Gäste! Am 19. Sep-

tember des Jahres 1517 staunten die Bewohner von Tazones nicht
schlecht, als sie eine große Anzahl Schiffe sichteten, die Kurs auf
den Ort hielten. Sie befürchteten schon die Invasion einer fremden Macht oder einen Piratenüberfall und die Plünderung ihres
Dorfes. Doch dann erkannten sie die königlichen Insignien und
beruhigten sich. Es waren drei Geschwader, ein holländisches, ein
seeländisches und ein spanisches, zusammen mehr als fünfzig
Schiffe, eine ganze Armada. Sie warfen Anker in der Bucht von
Tazones und sandten in einem Beiboot Emissäre aus, die den Leuten die Ankunft des neuen Königs meldeten. Carlos I., im Jahr
1500 in Gent geborener Sohn Philipps des Schönen und Johannas
der Wahnsinnigen, Erbe des spanischen Thrones, 1516 in Brüssel
zum König von Kastilien und Aragonien proklamiert, kam von
Flandern, um seine Herrschaft anzutreten. Vor elf Tagen hatten
sie ihre Reise angetreten, ihr Ziel war eigentlich Santander gewesen, dort warteten sicherlich bereits seit Tagen die Autoritäten,
um dem jungen König, der kein Spanisch sprach und verstand, einen gebührenden Empfang zu bereiten. Doch die Flottille war in
Unwetter und Stürme geraten und vom Kurs abgekommen. Die
Seeleute und Fischer von Tazones halfen Carlos und seinem Ge-
folge, spanischen Boden zu betreten, und verköstigten die Gesellschaft, so gut es ging. Da aber Tazones dem König, der später in
Aachen als Karl V. zum Kaiser des Heiligen Römischen Reiches
deutscher Nation gekrönt werden sollte, keine angemessene Unterkunft zu bieten vermochte, brachten sie ihn samt Hofstaat
noch am selben Abend in Ruderbooten durch die Ría nach Villaviciosa, wo er im Stadtpalais derer von Hevia Aufnahme und für
einige Tage Ruhe fand, bevor er über Land nach San Vicente de la
Barquera und weiter nach Santander zog.

Ich traf den weißbärtigen Carlos in El Puntal an der Ría de
Villaviciosa. Er arbeitete an einem alten, auf der Straße vor sei-
nem Haus aufgebockten Boot, das er generalüberholte und als
Hausboot vermieten wollte. Er stammte aus Palencia tief im Lan-

desinnern, dessen Flüsse er von frühester Jugend an im Kajak befahren hatte. Mit siebzehn Jahren hatte er begonnen, an Wett-
kämpfen teilzunehmen, doch nach einem Unfall in Venezuela
damit aufgehört. Gleichwohl paddelte er weiter, unternahm
Bootswanderungen auf den Flüssen Iguazú, Paraná und Orinoco,
an den Küsten der Iberischen Halbinsel und der Kanaren und Balearen oder in der Meerenge von Gibraltar, die er sechzehnmal
kreuzte. Er gründete mehrere Kanuklubs, wurde Vorstandsmit-
glied des spanischen Kanuverbandes und leitete neun Jahre lang
die Nationale Kanuschule. Dann gab er während fünfzehn Jahren
Paddelkurse auf dem Stausee von Burguillo und organisierte
Wildwasserfahrten auf dem Río Alberche in der zentralspani-
schen Sierra de Gredos. Darüber hinaus verfasste er Kanuhandbü-
cher, entwarf und patentierte technische Neuerungen und fertig-
te die ersten in Spanien edierten nautischen Karten mehrerer
spanischer Flüsse an. Seit fünf Jahren stand sein Bootsschuppen
nun an der Ría de Villaviciosa in Asturien.

»Du willst in der Ría paddeln?«, fragte er mich.

»Wenn möglich auch an der Küste.«

»Kannst du eskimotieren?«

»Nein. Ist das Voraussetzung?«

»Wie schwimmen können für das Paddeln auf einem See. Wer
die Eskimorolle beherrscht, kann überall fahren. Komm morgen
früh um zehn, dann sehen wir weiter«, entschied Carlos und emp-
fahl mir ein kleines Landhotel ganz in der Nähe.

Zwei Stunden später fand ich mich auf der Terrasse des ver-
schachtelt angelegten, weinrot gestrichenen und geschmackvoll
eingerichteten Hotels wieder, das Luis und Jenny zugleich Zuhause war, und schaute über den großen, hauptsächlich mit Apfelbäumen bestandenen Obst- und Gemüsegarten in die hügelige, vor
Grün trunkene Wald- und Wiesenlandschaft der Ría. Luis hatte
eine Flasche hausgemachten Apfelweins, Sidra, aus dem Kühl-
schrank geholt, entkorkte sie, nahm eines dieser hohen, breiten,

aber feinen Sidra-Gläser in die Hand, reckte den anderen Arm
hoch über den Kopf und kippte die Flasche sachte, bis ein dünner
Strahl aus ihrem Hals floss, den er am inneren Rand des weit unten
gehaltenen Glases aufzufangen trachtete. Es spritzte, und es plät-
scherte auch einiges daneben, aber so musste es sein, damit die Natur-Sidra ein wenig schäumte und ihr Aroma entfaltete. Und diese
rituelle Übung wiederholte Luis alle naselang, da jeder Schluck
frisch kredenzt werden musste. Das große Glas wurde nur mit einem Schlückchen gefüllt, und man hatte es ex zu trinken, aber
doch nicht ganz zu leeren, musste vielmehr einen kleinen Rest zurücklassen, den man auf den Boden schüttete, nachdem man das
Glas mit ihm ausgespült hatte. Das war ein Tribut an die Tradition; früher wurde das Glas im Kreis der Trinker weitergereicht.

Luis kam kaum dazu, sich zu setzen. Er brachte ein Tablett mit
Tellern voller Schlackwurst-, Käse-, Pasteten- und Tortilla-Stücke
aus der Küche, und als Mundschenk oblag es ihm, zu jedem Häpp-
chen ein Schlückchen zu dekantieren. Gut, dass ich der einzige
Gast war, dachte ich, bei vollem Haus würde man wahrscheinlich
verdursten. Oder man käme erst gar nicht in den Genuss dieser ze-
remoniellen Gastfreundschaft, weil der Hausherr Besseres zu tun
hätte. Gefährlich war nur, dass man schnell den Überblick verlor,
wie viel von diesem erfrischenden, süffigen fermentierten Most
man bereits intus hatte. Die Flaschen auf dem Tisch zu zählen war
auch keine zuverlässige Methode; Luis hatte bestimmt schon einige abgeräumt oder im Gebüsch verschwinden lassen. Zu allem
Überfluss kam er auch noch auf die Idee, mir den Sidra-Wurf bei-
zubringen. Er stellte sich hinter mich, führte meine linke Hand mit
dem Glas fast auf Kniehöhe, die rechte mit der Flasche hoch in die
Luft und drehte sie Richtung Glas. Es klatschte nur so auf den Boden. Nach mehreren vergeblichen Versuchen nahmen wir jeder
eine Flasche zur Hand, setzten uns in die Sessel und füllten unsere
Gläser auf kürzestem, sicherem Wege. Ich hörte Luis noch erzählen, dass er bei den letzten Gemeindewahlen für das Amt des Bür-

germeisters kandidiert und seinen Freund Carlos, den Kanuten, für das Tourimusressort vorgesehen habe. Dass er aber ganz froh sei, kaum Stimmen bekommen zu haben, denn so könne er sich ganz seinen Apfelbäumen und ihrem Saft und dem Haus und seinen Gästen widmen. Sein Haus und das Stück Land drum herum waren für ihn wie eine Insel, isoliert vom Rest der Welt, eine Zuflucht, ein Hafen, der Sicherheit und zugleich die Möglichkeit bot, Besuch zu empfangen. My Home is my island, dachte ich noch, dann wurde es dunkel vor dem Auge meines Gedächtnisses.

ZUR STADT DER LASTER

Im Eukalyptushain hinter dem kleinen Hafen von El Puntal begann Carlos mit den Instruktionen. Er setzte sich ins Boot, ließ sich seitwärts auf den Sandboden fallen, versuchte, den Oberkörper vorzubeugen, was auf dem Trockenen nicht funktionierte, stattdessen drehte sich das Boot an ihn heran. Dabei erklärte er aus seiner Seitenlage auf dem Boden, dass man das Paddel zuerst seitlich längs halten, dann im Neunzig-Grad-Winkel zum Boot ausrichten, einen kräftigen Schlag tun und gleichzeitig mit einem Hüftschwung sich aufrichten müsse. Er stemmte das Paddel gegen den Boden und schnellte wie ein Stehaufmännchen zurück in Ausgangsposition. Dann war ich dran. Ich schlug mit der Schulter unsanft auf den Boden, lag auf der Seite wie eine Fliege auf dem Rücken, fuchtelte mit dem Paddel in der Luft herum und kam mit meinen steifen Knochen keine zehn Zentimeter hoch. Nach mehreren Versuchen gelangte Carlos wohl zu dem Schluss, dass mit mir unflexiblem teutonischen Dickschädel oder Quadratkopf, wie die Spanier sagen, auf die Schnelle kein Blumentopf zu gewinnen sei, dass es vielmehr eines mehrstündigen Komplettkurses im Wasser bedürfe, bis ich den Dreh heraushätte, dass das feuchte Element sich bis dahin aber zurückgezogen haben würde, sodass ich nicht einmal mehr in der Ría würde paddeln können.

»Besser, du fährst jetzt mit der Flut die Ría hinauf«, meinte er. »Keinesfalls aufs Meer hinaus! Und pass auf, wenn du zurückkommst. Bei Ebbe kann das ablaufende Wasser eine Geschwindigkeit von neun Knoten erreichen, mehr als viele Flüsse aufzuweisen haben. Wo das Wasser auf die Brandung stößt, bilden sich tiefe Wellentäler und bis zu zweieinhalb Meter hohe Kämme in kurzer Folge. Es ist schwierig hinauszufahren. Man kann es versuchen, doch man muss es auch können.« Er zeigte mir noch seine kraftsparende Paddeltechnik, bei der die Armbewegungen durch Mitschwingen des Oberkörpers unterstützt werden, dann ließen wir das Boot zu Wasser.

Die Flut trug mich auf Händen ins Land, und der Kajak fand von alleine den Weg. Die kurzen Bäche aus den Küstenbergen, die die Ría ernährten, hatten dem Meer nicht viel entgegenzusetzen. Es machte Spaß, die Paddelblätter leicht ins Wasser zu tauchen und am Ufer entlangzurauschen, nahezu ohne Kraftanstrengung übers Wasser zu gleiten und dabei in die Berge zu sehen, auf Wiesen und Felder und Wälder, die neidisch hinter mir herschauten, grün vor Neid auf meine Leichtigkeit. Bald ging es mir sogar zu schnell, ich mochte lieber meine Schwerelosigkeit genießen, schließlich erwartete mich in Villaviciosa ja kein Empfangskomitee. Auch mochte ich die Vögel nicht erschrecken, die am Ufer, auf Inseln und Poldern hockten. Ich ging also in Gleitflug über, ließ mich lautlos treiben, so aber schreckte ich die Vögel erst recht auf, weil mein unangekündigtes Auftauchen sie überraschte. Viele waren es nicht, es hatte sich wohl noch nicht genügend herumgepiepst, dass die Ría neuerdings Schutzzone nach der Ramsar-Konvention war. Was aber die Reiher, Wildenten, Möwen, Kormorane seit Längerem wissen mussten, war, dass der Mensch die Ría ihretwegen zur Reserva Natural erklärt hatte und weil sie das am besten erhaltene Marschgebiet Asturiens darstellt. Schwerer von Begriff als jeder Vogel, hatte der Mensch ein spätes Einsehen gehabt. Mehr als ein Jahrhundert, nachdem er Schilf und Binsen zum großen Teil ausgerissen und Polder aus den Marschen gemacht hatte, dämmerte es ihm, dass die Trockenlegung den Wasservögeln nicht besonders bekam.

Auch sonst hatte der Mensch Hand an die Ría gelegt, weil sie mit der Zeit verlandete, die Schiffe nicht mehr bis Villaviciosa kamen und ihre Fracht in Tazones oder El Puntal auf Barkassen umgeladen werden musste. Er hatte Wellenbrecher und einen Kanal in die Mündung gelegt, weil sie versandete, in El Puntal das Hafenbecken und in Villaviciosa eine Anlegestelle mit so geringer Wassertiefe gebaut, dass sie schon bald nicht mehr angelaufen werden konnte. Schlanke Paddelboote gelangten jedoch nach wie vor bis Villaviciosa, diese üppige, fruchtbare oder lasterhafte Stadt, wie ihr Name suggeriert, wenigstens an ihren Rand. Ich zog den Kajak an Land und band ihn an einen Baum. Bis zum kleinen historischen Stadtkern hatte ich nicht allzu weit zu laufen. Mich überraschte die Vielzahl schöner alter Palais wie dem der Señores von Hevia, in dem der siebzehnjährige deutsche Kaiser in spe abgestiegen war, weswegen Villaviciosa bis heute den deutschen Doppeladler im Wappen führt. Mehr noch überraschte mich die Vielzahl von Müßiggängern, die Straßencafés, Bars, Restaurants und Sidrerías wie jene Sidra-Kneipe füllten, in der ich abstieg, um eine *fabada* zu essen, den asturischen Nationaleintopf mit weißen Riesenbohnen, Speck, Paprika- und Blutwurst. Die Luft war vom verspritzten Apfelwein geschwängert, der Boden klebte, der Tisch klebte, ich klebte, selbst ein Kaiser hätte geklebt. Auch die *fabada* klebte, wie eine *fabada* kleben muss, die Zunge gegen den Gaumen und die Lippen aufeinander, sie war ausgezeichnet, *muy trabada,* gut durchgezogen, *fabada trabada,* mir fiel es schon schwer, diese beiden Wörter fehlerfrei auszusprechen, ein *trabalenguas,* Zungenbrecher, dieser Zungenkleber. Ich zählte die *culines* nicht, die Popöchen, Sidra-Schlucke, die mein persönlicher Mundschenk mir verabreichte, auch nicht die Flaschen.

IM RAUSCH DER ÄPFEL

Zum Glück klebte ich nicht fest, denn die Ebbe rief nach mir. Ich kehrte mehr oder weniger geradlinig zum Wasser zurück, landete irgendwie im Boot und ließ mich vom Meer aus der Ría saugen, wobei ich lediglich die Nase vorn zu halten brauchte. Doch das war schon schwierig genug, und an der Kaimauer einer alten Fabrik, die ich bereits auf der Hinfahrt gesehen, aber links liegen gelassen hatte, legte ich eine Verschnaufpause ein, um meinen Gleichgewichtssinn zu stabilisieren. Ich ahnte nicht, dass ich vom Regen in die Traufe kam.

Die verrosteten Verladevorrichtungen am Kai hatten offensichtlich schon vor langer Zeit ausgedient. Doch in der Lagerhalle dahinter fuhr ein Gabelstapler herum. Ich hatte an einer Sidra-Kellerei angelegt. Das Verwaltungsgebäude mit der Aufschrift »El Gaitero« und dem auf Kacheln gebrannten Dudelsackpfeifer als Markenzeichen stand auf der anderen Seite, zur Straße hin. Ich lief einem Angestellten über den Weg, der ganz erstaunt war, dass der Wachmann mich nicht gemeldet hatte. Trotzdem war er bereit, mich durch die Kellerei zu führen, und zwar ad hoc und privatissime; zu dieser Jahreszeit waren Gruppen selten. Er führte mich zur Entladestelle, wo im Herbst Tausende Tonnen Äpfel angeliefert werden. Die Sidra-Gemarkung um Villaviciosa ist das größte Anbaugebiet Asturiens, in der Nähe von Villaviciosa gibt es eine Pflanzung mit fünfundzwanzigtausend in Reih und Glied gezogenen Apfelbäumen, jede Kellerei mischt die Sorten anders. Wir kamen zu den Fruchtpressen und wanderten durch Riesen-Bodegas mit gigantischen Stahlbehältern und alten, dunklen Holzfässern, die Namen wie Costa Rica, Cuba, Brasil, Panamá trugen.

El Gaitero war 1890 gegründet worden und hatte sein Werksgelände zuerst in der Stadt gehabt, war sechs Jahre später jedoch an die Ría gezogen, nicht zuletzt, um die Sidra verschiffen zu können. Das werkseigene Dampfschiff México und später das Motorschiff La Gaitinera konnten bei Flut am Kai beladen werden und brachten das asturische Nationalgetränk in die Häfen von Gijón, Santander oder Pasaia (span. Pasajes) bei San Sebastián, von wo es auf größeren Frachtern den Weg nach Übersee und in die Gurgeln der vielen durstigen asturischen Auswanderer fand. Um die Natur-Sidra seetüchtig und haltbar zu machen, wurde sie mit Kohlensäure aus der Gärung verschäumt. Das war der Trick, der dem Unternehmen Erfolg brachte und den Dudelsackpfeifer weltbekannt machte. Das alles erzählte mir der nette Angestellte im Apfelweinprobesaal neben dem Sidra-Museum, während er ein Glas nach dem anderen mit den verschiedenen Sidra-Sorten des Hauses füllte, wobei die Spritzerei aus höchster Höhe bei den Apfelschaumweinen entfiel.

Als ich alles durchprobiert hatte, pfiff ich wie eine Gaita, wie ein aushauchender Dudelsack, aus dem letzten Loch, aber es gelang mir noch, die beiden erworbenen Sidra-Kartons und mich selbst in den Kajak zu hieven, der nun so tief im Wasser lag, wie früher die Gaitinera in der Ría gelegen haben mochte. Zudem torkelte mein Gefährt hin und her, und die Ría drohte wiederholt, über die Seitenlinie ins Boot zu schwappen. Es hatte entschieden zu viel Wein geladen, doch den Weg wusste es trotzdem. So, wie die Ebbe sog, blieb ihm auch nicht viel anderes übrig. Vielleicht roch es auch den Stall, will heißen Schuppen. Die Berge flossen an der Ría vorbei, die Binsen flogen vom Wind getragen übers Wasser, die Möwen schwammen durch die Luft, und die Inseln veränderten dauernd ihre Position. Ich dagegen fühlte mich bleischwer und irgendwie abwesend, doch erkannte ich noch, dass der Wasserstand bereits sehr niedrig war und mein Gefährt ständig Gefahr lief, aufzulaufen. Ich schlug ihm vor, auf einer Insel zu landen, die uns gerade entgegenkam, kroch aus dem Rumpf und zog es kriechend hoch auf den Sand, erleichterte mich um ein paar Liter und begann damit, unsere Fracht um einige weitere Liter zu

vermindern. Ich dachte noch, dass so eine liebenswürdige Insel
ein Gefühl von Sicherheit vermittelt, wenn sie auch schwankt,
dass ihr die Gezeiten und die Welt nicht viel anhaben können, ihr
nicht und einem Gestrandeten nicht, sofern er sich nicht direkt
ans Ufer bettet. Dann fiel ich in Tiefschlaf.

Nach wer weiß wie langer Zeit sah ich aus salzverklebten Augen Barbablanca durch die Ría rudern. Mit ihm im Boot war ein
zweiter Mann, Kaiser Karl vielleicht. Plötzlich standen sie vor
mir, Luis, der verhinderte Bürgermeister, und der weißbärtige
Carlos, der Kanut. Sie hatten mich gesucht und auf einer Sandbank gefunden, kurz vor der Mündung der Ría, kurz vor dem Ozean, kurz vor Amerika. Es war schon Abend, die Flut setzte bereits
wieder ein. Meine verräterische Insel würde bald einen Wasser-
schleier über ihren weichen Körper ziehen, fast hätte sie wie eine
verführerische Nymphe der asturischen Sagen mich in die feuchte Tiefe gezogen. Verfluchter Lockvogel von Insel! Perfide Sand-
banknymphe! Wir machten, dass wir das sinkende Schiff verließen. Mein Kajak kam ins Schlepptau und ich – nach kurzer
Boots- und Autofahrt – ins Bett.

Was die Ebbe hinausträgt, spült die Flut zurück – A Mariña

Íñigo Noriega, dessen Vater Apfelbäume kultivierte und Sidra produzierte, hatte mit vierzehn Jahren seinen Heimatort Colombres in Asturien verlassen und war nach Mexiko ausgewandert. Dort ging er zunächst seinem Onkel zur Hand, der in Mexiko-Stadt einen Kramladen führte, fegte das Geschäft aus und schlief unter dem Ladentisch. Dann wechselte er in die Cantina eines Mexikaners, der Importweine, Konserven, englische und nordamerikanische Schinken, kubanische und mexikanische Zigarren und spanische Spielkarten verkaufte und Tequila ausschenkte. Íñigo heiratete die Tochter des Inhabers und wurde Geschäftsführer. Als der Gouverneur der Stadt ein Edikt erließ, das die Betreiber solcher Schankwirtschaften verpflichtete, um vierundzwanzig Uhr die Pforten zu schließen, umging Íñigo die Sperrstunde, indem er kurzerhand die Türen aushängte. Mit diesem Geniestreich begründete er seinen Ruf, der dem Präsidenten der mexikanischen Republik zu Ohren kam, dem diktatorisch regierenden General Porfirio Díaz. Der Präsident – so eine Anekdote aus dem legendären Leben des Íñigo Noriega – gewährte ihm auf Vermittlung eines einflussreichen Landsmannes eine Audienz, riet ihm, die Türen wieder einzuhängen, denn in Rechtsstreitigkeiten mit der Regierung gewann man nie, und legte ihm nahe, sein Talent auf Projekte größeren Kalibers zu verwenden, statt Indios abzufüllen.

Das tat er, und was er anfasste, wurde zu Gold. Getreu dem Grundsatz »Billig einkaufen, teuer verkaufen« häufte er ansehnliche Gewinne an, erwarb eine Silbermine, eine Zucker- und eine Textilfabrik, städtische Immobilien und vor allem Ländereien in einer Größenordnung von bis zu vierhunderttausend Hektar und zweihundertfünfundzwanzigtausend Stück Vieh. Seine abstruseste Idee aber war, einen großen See östlich von Mexiko-Stadt trockenzulegen, um das gewonnene Land zu bebauen. Zunächst stieß er auf Widerstand in der Regierung, insistierte jedoch, bis der Präsident das visionäre Projekt genehmigte, und erhielt die Konzession und eine Steuerbefreiung für siebzig Jahre. Seitdem erfreute sich Don Íñigo bei all seinen Unternehmungen des Wohlwollens seines Amigo und Gönners Porfirio Díaz. Nach kurzer Zeit produzierte die Hacienda, die aus der Lagune entstand, so viel Mais, dass Noriega zum Hauptlieferanten von Mexiko-Stadt und anderen Orten der Umgebung avancierte. Über den Ruinen des Palastes Hernán Cortés' auf einer Insel inmitten des Sees, die Kaiser Karl V. dem spanischen Eroberer Mexikos übertragen hatte, errichtete Don Íñigo seinen eigenen Palast. Manche sahen in Noriega den zweiten Konquistador Mexikos – und das nicht zu Unrecht.

Obgleich er ein gemachter Mann war, ruhte er nicht. Er kaufte immer noch mehr Ländereien, auf denen er zweihundertfünfzigtausend aus Frankreich und Spanien importierte Obstbäume

pflanzte oder Kiefernwälder zur Terpentingewinnung aus Harz
anlegte oder Schnaps aus Agaven brannte und Siedlungen wie Colombres für Tausende Arbeiter aus dem Boden stampfte. Am
Ende gehörte ihm die Hälfte des mexikanischen Territoriums. Er
kaufte sich bei einer mexikanischen Eisenbahngesellschaft ein
und legte neue Strecken an, um seine Ländereien untereinander
und mit den Absatzmärkten zu verbinden. Und in seinem Geburtsort Colombres in Asturien ließ er 1906 das Abbild einer seiner mexikanischen Residenzen errichten, die Quinta Guadalupe,
die er nie bewohnen sollte, weil die Umstände es nicht zuließen.
Er bot sie jedoch seinem Protektor als Wohnsitz an, als dieser gestürzt wurde und ins Exil gehen musste; Porfirio Díaz zog allerdings das kosmopolitische Paris dem ländlichen Colombres vor.
Noriega selbst verlor in der mexikanischen Revolution all seine
Ländereien und städtischen Besitztümer, zog sich nach New
York zurück, tauchte vorübergehend auch in Texas unter, wo er
sich als Hilfssheriff verdingte, er, der sich eine Privattruppe von
zweihundertfünfzig mit Karabinern bewaffneten Prätorianern
gehalten und ohne jedes Zaudern Richter und Bürgermeister
großzügig bestochen hatte. Immer wenn die Lage es erlaubte,
kehrte er nach Mexiko zurück, um seine Besitzansprüche geltend
zu machen - erfolglos. 1920 starb er ruiniert in Mexiko-Stadt und
hinterließ – den üppigsten Schätzungen zufolge – hundertelf Kinder, darunter elf legitime, wie es Gott befahl.

Auf dem Weg zur Ría de Villaviciosa hatte ich die Quinta Guadalupe in Colombres besucht. Ihr war das typische Schicksal einer
Casa de Indianos widerfahren. Von den Gewinnern des Über-
see-Abenteuers als Denkmal ihres Erfolgs, Symbol ihres Tri-
umphes für die Ewigkeit gebaut, verschwanden diese Villen mit
der Aufteilung des Erbes aus der Familiengeschichte. Die Quinta
Guadalupe war in staatlichen Besitz übergegangen und mal Ner-
venheilanstalt, mal Ferienheim gewesen. Nun beherbergte sie ein

Archiv und Museum zur Geschichte der Indianos und der nordspanischen Emigration nach Hispanoamerika. Ein Foto zeigte
den Palast, den Íñigo Noriega über dem seines Vorgängers
Hernán Cortés errichtet hatte. Es rief in mir das Bild des Escorial
und zugleich des Tadsch Mahal wach. Dagegen schien mir die
Quinta Guadalupe geradezu bescheiden ausgefallen zu sein. Umgeben von einem Park mit Palmen, dem Wahrzeichen der Indi-
anos-Häuser, und anderen Bäumen aus Amerika, mit Brunnen,
Teich und romantischer Grotte, strahlte sie mit ihren harmoni-
schen Proportionen und indigoblauen Fassaden Eleganz und
Ruhe aus. Doch im Innern erfüllte sie den Wunsch ihres Erbau-
ers, sich Göttern und Helden gleichzustellen. Die griechisch-rö-
mischen Gottheiten des Meeres, der Reisenden, Kaufleute, Her-
den, der Gartenkunst und Fruchtbarkeit, des Handwerks und der
Künste sowie Fortuna mit ihrem Glücksrad und Füllhorn prang-
ten zwischen wellenreitenden Nymphen, nautischen Instrumen-
ten und Utensilien der Schifffahrt und des Handels auf den Stuck-
reliefs an Wänden und Decken. Ihnen gesellten sich Kolumbus,
Cortés, ein Indio im Federschmuck wie Montezuma und Don
Íñigo mit seinen Initialen zu. Die Möbel aus England und Frankreich und die Tigerfelle im glasüberdachten maurischen Innenhof
waren entfernt worden.

IN DEN KATHEDRALEN LIEGT DER SAND

Die Indianos, bunte Vögel voller Stolz und Eitelkeit, Pfauen in
teuren Tüchern und glänzendem Schmuck, sich spreizende Auf-
steiger, Neureiche, die die Jahre der Entbehrung, der Arbeit und
des Sparens mit kostspieligem Exhibitionismus zu kompensieren
suchten, pflanzten – auch wenn sie nicht zurückkehrten – grelle,
prahlerische Villen in die einfache Dorflandschaft traditioneller
Architektur, aus der sie emporgestiegen waren, exotische Palais
mit Palmen, anarchische Konglomerate aller Neo-Stile, Delirien

des Eklektizismus, Metaphern ihres Glücks und ihrer Maßlosig-
keit und ihrer Geschmacksverirrung. Die *casonas de indianos* liegen
verstreut längs der kantabrischen Küsten, bis nach Galicien hinein.

In Ribadeo, am Ufer der Ría des Río Eo, dem ersten Ort hinter der asturisch-galicischen Grenze, betrachtete ich ein untypi-
sches Indiano-Haus – untypisch insofern, als es im Stadtzentrum
und als Mietshaus errichtet worden war, in bester Lage allerdings,
an höchster Stelle des Ortes, an der zuvor die mittelalterliche
Burg gethront hatte. Hauptfassade und Hauptturm der Torre de
los Moreno blickten auf die Palmen der parkähnlichen Plaza de
España, auf der ich saß und sah und las, dass das 1915 gebaute Haus
hinter all seinen korinthischen und ionischen Säulen und verglasten Balkonen und glasierten Kacheln und vegetativen Mauerorna-
menten sechs Patios und zwischen Parterre und Dachgeschoss
drei Stockwerke mit je zwei Wohnungen von je sieben Wohnräu-
men und mehreren Dienstbotenkammern von vier Metern De-
ckenhöhe und damals bereits fließendes Wasser, Heizung, Elek-
trizität und eine Art Müllschlucker aufwies, Beweis für die
Fortschrittlichkeit der Indianos. Das Haus stammte von einem
jungen Architekten aus Buenos Aires, der in der Modernis-
mus-Schule von Barcelona studiert hatte. Es war das emblematische Gebäude Ribadeos, ein Blickfang, obgleich es seit Jahren mit
einem Netz verhangen war, denn es wurde restauriert.

Über die Bauherren, die Brüder Pedro und Juan Moreno Ulloa,
ist nicht viel bekannt, nur, dass sie in jungen Jahren nach Argentinien ausgewandert, ohne Nachkommenschaft geblieben und zu
Lebzeiten nicht zurückgekommen waren. Dass sie ihrer Heimat-
stadt Terrain für einen Friedhof überlassen und hundertfünfzig-
tausend Peseten für eine Schule gespendet hatten. Und dass Juan
Moreno, der 1928, sieben Jahre nach seinem älteren Bruder, in Buenos Aires starb, in seinem Testament dem spanischen Wohltätig-
keitsverein in der argentinischen Hauptstadt hunderttausend Pe-

sos und dem Waisenpatronat fünfzigtausend Pesos vermacht sowie verfügt hatte, seine und seines Bruders sterbliche Überreste nach Ribadeo zu überführen, falls er nicht zu Lebzeiten zurückkehren sollte, wie es seine Absicht war. Im Jahr 2005 gelangte ihre Asche schließlich in ihre Geburtsstadt.

Ribadeo war zu groß geworden und zu neu, um schön zu sein. Ich fuhr hinaus an die Küste, zum Strand der Kathedralen. Ich hatte Glück, es herrschte noch Ebbe, und ich konnte den Strand betreten. Es war kein Strand, an dem man badete, vielmehr ging man auf ihm spazieren wie auf einer Promenade, allerdings barfuß. Niemand lag auf dem Sand, einige wenige Menschen erfrischten sich im Wasser, die meisten Leute schlenderten über den feinen weißen Sand und schauten sich die Bauwerke der Natur an. In jahrmillionenlanger Geduldsarbeit und täglicher Zweimalsechsstundenschicht hatte das Meer Skulpturen aus dem Felsblock der Landmasse gemeißelt, hatte mit keinem anderen Werkzeug als Wasser und Salz das Schiefergestein der dreißig Meter hohen Steilküste ausgehöhlt und nach der Inspiration der Flut Grotten, Säulen, Bögen geformt, die die Felsküste zu stützen schienen wie Strebebögen und Stützpfeiler eine Kathedrale. In den Hohlräumen standen noch Lagunen von der letzten Flut, und die Leute stapften durch das Weihwasser Neptuns, um bis zur Apsis vorzudringen und an den Markierungen am Fels abzulesen, dass das Wasser dort eine Höhe von einem halben Meter erreichte, und um einen Blick aus den halbdunklen Gewölben in die lichte Unendlichkeit des Meeres und der Zeit zu werfen. Dann pflanzten Neptuns Helfer Verbotsschilder auf den nur noch schmalen Sandstreifen, die das Betreten des Strandes und das Baden untersagten.

Das Meer nahm auf der ewigen Baustelle seine Arbeit wieder auf, die Parkplätze hinter der fotogenen Praia As Catedrais, wie der Strand auf Galicisch heißt, leerten sich. Ich trank und aß etwas in dem einzigen Gebäude weit und breit, einer Strandbar mit

einer Terrasse so groß wie der Orangenhof der Moschee-Kathe-
drale von Córdoba, und las und lernte etwas über die Emigration
in den letzten Dekaden des 19. und den ersten des 20. Jahrhunderts. Es war die Zeit, in der Spanien bevölkerungsstatistisch am
stärksten blutete: Dreieinhalb Millionen meist junge, gesunde
Spanier wanderten damals nach Amerika aus, hauptsächlich Galicier und Asturer, vor allem nach Argentinien und Kuba, meist aus
purer Not, aber auch aus Abenteuerlust oder um dem Militärdienst oder der Justiz zu entkommen. Sie hatten Wunderge-
schichten von unbegrenzten Möglichkeiten gehört, hatten den
zur Schau getragenen Reichtum zurückgekehrter Indianos und
deren Protzbauten mit eigenen Augen gesehen, man hatte ihnen
Briefe von Auswanderern vorgelesen, die ihren Erfolg übertrieben
und ihre Probleme verschwiegen, und sie hatten ständig die Wer-
beplakate der Schifffahrtsgesellschaft eines Antonio López López
vor Augen gehabt: »Nach Puerto Rico und Havanna läuft am
30. August um ein Uhr nachmittags von Cádiz das Dampfschiff
Coruña aus. Kapitän D. Isidoro Domínguez nimmt Fracht und
Passagiere auf.« Dann träumten sie drei Wochen lang im Schiffsbauch von einer Anstellung in einer Zuckerfabrik auf Kuba, als
Viehhirte in der Pampa, als Tagelöhner auf einer brasilianischen
Tabakplantage, als Hilfsarbeiter beim Kanalbau in Panama. Das
Höchste ihres amerikanischen Traumes aber war, mit dem Er-
sparten ein eigenes Geschäft aufzumachen, einen Barbierladen,
einen Ausschank, ein kleines Lebensmittelgeschäft.

   Die wenigsten machten in Amerika ihr Glück, die meisten
suchten es vergeblich, fanden kein besseres Schicksal als die Armut, aus der sie geflohen waren, und kehrten genauso elend zurück, wie sie ausgewandert waren, den Koffer voll Wasser statt
Gold, Koffer, wie sie in der Quinta Guadalupe ausgestellt waren,
Schiffstruhen so leer, wie ihre Köpfe von Träumen und Illusionen
leergefegt waren, das Herz bar aller Hoffnung auf ein besseres Leben. Ich verließ das Lokal, lief über die Wiese ans Meer, an den

Rand der Steilfelsen. Der Strand war verschwunden, in den Luft-
schlössern von Kathedralen stand das Wasser, die Flut spülte zurück, was die Ebbe hinausgetragen hatte. Ich baute mir mein Lager
auf der Kuppel einer Kathedrale, kroch in den Schlafsack und hörte den Wellen zu. Ob ihr Gesang in Amerika wohl anders klang?

AUSWANDERUNG AUFS MEER

Das vierzig Kilometer westlich von Ribadeo gelegene Burela war
nicht nur zu groß und neu, um schön zu sein, es war geradezu lust-
voll hässlich, wie es im Spanischen heißt. Der Ort zog sich scheinbar endlos an der langen, geraden Küstenstraße hin und fiel zum
Hafen ab, einer weiten Anlage mit Hallen für die Fischauktion
und zur Aufbewahrung der Netze, mit Kühlhaus und Eisfabrik
und Werft und Verwaltungsgebäuden. Burela, der wichtigste Hafen der Provinz Lugo und einer der größten Fischereihäfen des
Kantabrischen Meeres, war groß geworden dank des Bonitofangs.
    Es lagen nicht viele Boote im Hafen, der Sommer war Fangsai-
son. Doch an der Mole lag das Museumsschiff Reina del Carmen,
ein 1968 gebauter Kutter, der 1998 verschrottet werden sollte,
doch ein zweites Leben als Touristenmagnet geschenkt bekam,
denn Burela wollte sich ein zweites wirtschaftliches Standbein
wachsen lassen. Ich war der einzige Museumsbesucher an diesem
frühen Vormittag. Meine Führerin brachte mich in den Schiffsbauch, in dem die gefangenen Bonitos auf viele Lagen Holzbret-
ter wie in Kojen gebettet und mit Eis zugedeckt worden waren.
Jetzt enthielt die Bodega, der Schiffsbauch, Muscheln, Schne-
cken, Korallen und Kuriosa wie ein Hai-Embryo mit zwei Köpfen
im Einmachglas, barg Netze, Reusen, Körbe, Haken, Schnüre,
Taue und alle möglichen Utensilien und Vorrichtungen nicht nur
für die Jagd auf den Thunfisch des Nordens, sondern auch die jeweils spezifischen Gerätschaften für den Fang von Seehechten,
Seeteufeln, Schwertfischen, Hummern, Krebsen, Tintenfischen.

Die Kutter Burelas fingen den Bonito noch immer nach der traditionellen Methode, mit langen, steuerbord und backbord ausgeschwenkten Ruten aus Aluminium, früher aus Eukalyptusholz, an denen je fünf Angelschnüre mit Haken und Plastikködern in verschiedenen Formen und Farben hingen, die im Wasser die Bewegungen kleinerer Fische simulierten; früher hatten ausgefaserte Hirseblätter als Köder gedient.

Meine Führerin nahm sich alle Zeit der Welt, erklärte mir die Navigationsinstrumente auf der Brücke und die Dieselmotoren im Maschinenraum, zeigte mir den Mannschaftssaal mit den engen Kojen und Matratzen aus Blättern von Weizenähren, die kleine Kajüte, die winzige Küche und das französische Klo. Sie zeigte mir Videos von Bonitokuttern in schwerer See, erzählte Geschichten von Unglücken und Vermissten, sagte, dass die vierzehn Besatzungsmitglieder der Reina del Carmen unter solchen Bedingungen wochenlang aufeinandergehockt, sich auf eine schwimmende, rollende Insel verbannt gefühlt und nichts sehnlicher gewünscht hätten, als wieder festen Boden unter die Füße zu bekommen und ihre Freiheit zurückzugewinnen. Diese Insel von Schiff war für die Männer ein Gefängnis, in das sie sich selbst einlieferten, um dem Meer ein paar Fische abzuringen, die ihnen und ihren Familien das Überleben erlaubten. Wir stiegen wieder auf Deck, neue Museumsbesucher zeigten sich nicht, und meine Führerin sagte, dass sie diesen Job angenommen habe, um wenigstens etwas Geld zu verdienen, was sonst? Sie war aus Moaña am anderen Ende Galiciens, dort lebten ihre Kinder und ihr arbeitsloser Mann bei ihrer Schwiegermutter. Sie gab mir noch die Telefonnummer einer guten Freundin, die Bootsausflüge zu den Muschelplattformen in der Ría von Vigo organisierte, ich sollte mich bei ihr melden und schöne Grüße von Carmiña bestellen.

Die Galicier sind ein Volk von Emigranten, ob sie nun nach Madrid, Amerika, Europa oder aufs Meer auswandern, und alle wollen sie zurück, alle haben Heimweh nach ihrer Erde, ihrem Dorf, ihrem Land, das sie so stiefmütterlich behandelt. So sagt man es ihnen jedenfalls nach, und so sagen sie es von sich selbst, die galicische *morriña* ist sprichwörtlich, diese nagende Sehnsucht nach der Heimat. Nichts liegt ihnen ferner als die Ferne; Sehnsucht nach dem Anderen, Exotischen gar kennen sie nicht. Und doch leben mehr Galicier außerhalb Galiciens als in Galicien selbst, Auswanderer oder deren Nachfahren, die mit Fug und Wahlrecht Galicier sind. In Argentinien ist Gallego immer noch die Bezeichnung für Spanier, so sehr hatten die Galicier einst dort dominiert, während die Asturer Mexiko vorgezogen hatten und die Basken Chile. Sie alle mögen Momente nostalgischer Erinnerung haben, wenn sie fern der Heimat den Klang einer Gaita hören, doch für die Gallegos ist die *morriña* mehr als das, ist gleichsam körperlich, ein Teil ihrer selbst, das sie wie einen Ring, der nicht mehr abzustreifen ist, überallhin mitnehmen und immer an sich, in sich tragen. Die *morriña* kann eine Intensität annehmen, die ihnen die Seele aus dem Leib zu reißen droht, wenn sie in der Fremde die Nachricht vom Tod ihrer Eltern, Geschwister, Freunde erreicht oder wenn der Tod sich ihnen selbst nähert, ohne dass sie ihre Familie, ihr Dorf, ihre Berge, ihr Meer wiedergesehen haben. Ein galicisches Tal ist eben auf andere Art grün als die Pampa, auch wenn in ihr das gleiche Gras wächst, und die galicischen Wellen klingen anders als die argentinischen, auch wenn es sich um das gleiche Wasser handelt. Die *morriña* ist der Knoten im Hals, der das Auge wässert und den Blick verschleiert, ein tiefer Schmerz der Wehmut und des Selbstmitleids.

Ich fuhr weiter nach San Cibrao, besuchte das Meeresmuseum, das in einer Schule eingerichtet war, die ein nostalgiekranker Indiano gestiftet hatte, schaute mir die Sammlung nautischer Instrumente, Schiffsmodelle, Seekarten, Harpunen für den Walfang an, die ein Schulmeister vor fünfzig Jahren anzulegen begonnen hatte, schlen-

derte durch den Ort und über den Isthmus mit Stränden zu beiden
Seiten, stieg zur Halbinsel mit ihrem Leuchtturm hinauf und blick-
te auf Os Farallóns, die aussahen wie ein Walrücken von Insel mit
zwei Felsbabys im Schlepptau. Wahrscheinlich lag das Interessan-
teste dieser Eilande ohne Leuchtturm unter Wasser: Wracks von
Schiffen, die den Sirenenwesen auf den Leim gegangen und an den
Inselfelsen zerschellt waren. Über Nebenstraßen fuhr ich so nah
wie möglich an der Küste entlang, die nun nicht länger eine lange
Gerade war, sondern ein gewundenes Reptil mit Stränden wie
Schuppen aneinandergereiht, Strände, die sich bei Flut mit dem
kalten Kleid des Meeres bedeckten, bei Ebbe aber auszogen und
ihre helle Haut an der Sonne wärmten, Strände wie strahlende Inseln auf dem dunklen Grundton von Wäldern, Wasser und Schwer-
mut. Ich fuhr um die ausladende Ría de Viveiro herum, der Río
Landro wand sich an Sandbänken und dem weißen Städtchen vorbei, ein einzelner alter Mann grub den Schlick um, wer weiß, was er
suchte, Schalen- oder Krustentiere wahrscheinlich, obgleich nicht
die Saison dafür war.

RÜCKKEHR AN LAND

Extreme Landmarken sind anscheinend unwiderstehlich, auch
wenn sie keine andere Qualität aufweisen als die des Superlativs.
Natürlich fuhr ich bis zur Punta da Estaca de Bares, dem nördlichsten Punkt Iberiens am Ende der Halbinsel von Bares, die wie
ein Pflock in den Ozean gerammt ist und ihre Spitze wie einen
Keil zwischen das Kantabrische Meer und den Atlantik treibt.
Natürlich wollte ich dieses Ende der Welt, diesen Scheitelpunkt
sehen, zumal es mich nur einen Abstecher und keinerlei Anstrengung kostete. Im Gegenteil, der Weg dorthin war ein Genuss, er
führte mich an der Ría do Barqueiro entlang, einem ruhigen, ab-
geschiedenen, friedvollen Fjord, eingefasst von bewaldeten Bergen und langen leeren Stränden. An der Punta stand ein Leucht-

turm, einer der potentesten Spaniens, der 1850 in Betrieb
genommen, zunächst mit Olivenöl, Paraffin und Petroleum gespeist und von drei Wärtern bedient, 1993 aber automatisiert
worden war. Dort standen auch hässliche, verfallende, verlassene
Gebäude mit hohen Antennen, die in den Sechziger- bis Neunzi-
gerjahren der amerikanischen Küstenwacht und der US Air Force
zur Überwachung des Schiffsverkehrs und des Luftraums gedient
hatten und dank Satelliten überflüssig geworden waren. Die Estaca de Bares war ein strategischer Punkt womöglich schon für die
Phönizier gewesen, ein letzter Stützpunkt auf ihrer Handelsroute
über den keltischen Atlantik, ein Felsfinger, der nach Britannien
wies. Im geschützt am Ausgang der Ría liegenden Porto de Bares
schob sich ein Wellenbrecher aus großen Steinen ins Wasser, der
aus dem 7. Jahrhundert vor Christus stammen sollte. Und noch
immer ist die Estaca de Bares ein strategischer Halt für Zigtau-
sende Zugvögel aus Nordeuropa, ein Orientierungspunkt auf ihrer Route nach Afrika, so bedeutend wie die Meerenge von Gibraltar.

Die Punta da Estaca de Bares war kein senkrecht abstürzendes
Kap, das landschaftlich schön oder etwa grandios hätte wirken
können, sondern eine allmählich abfallende Landspitze. Ich folgte einem Pfad, der fast bis zu den äußersten Felsbrocken führte,
an denen das Meer aufspritzte. Mir vor Augen lag nur Wasser,
blaues Wasser, solange der Himmel blau blieb, graues Wasser, sobald er sich grau färbte. Das Einzigartige eines solchen Fleckens
existiert lediglich im Kopf, dachte ich, sein Mehrwert besteht allein im Wissen um seine Lage und Bedeutung, an sich und für sich
ist er so banal wie viele ähnliche steinerne Flecken. Der Mensch
projiziert auf einen solchen Ort sein Bewusstsein, wie er auf andere Orte seine Träume, Sehnsucht, Fantasien projiziert, auf Inseln
zum Beispiel. Von Porto de Bares aus sah ich die Illa Coelleira vor
der Ría liegen, die größte Insel an der Mariña Lucense, der Küste
von Lugo. Auf ihr sollen nacheinander Templer, Benediktiner,

Augustiner und bis zu seiner Wegrationalisierung ein Leuchtturmwärter sowie jede Menge Kaninchen gelebt haben, daher ihr
Name, Isla Conejera auf Castellano. Nun gehörte sie den heimischen Möwen und periodisch den gefiederten Immigranten aus
Island oder Grönland.

Aus der Tiefe des Fjords war die Coelleira nicht zu sehen,
doch ihr lang gestreckter, geneigter grüner Rücken hatte sich mir
bereits im Kopf eingenistet. In Porto do Barqueiro, diesem kleinen, reizenden Fischerdorf an der Mündung des Río Sor in die
Ría, gab es sogar einen Bootsverleih, und ich hätte einen Kajak
mieten und bei diesem schönen Wetter durch den ruhigen Fjord
zur Insel hinausfahren können. Ich tat es nicht.

Im Nachhinein war ich von mir selbst überrascht. Vielleicht
lag es an der Ausstrahlung des Ortes, der seine weißen Häuser im
Halbrund um den kleinen Hafen an den Berghang schmiegte, zufrieden auf die Ría schaute und fern der Welt gelassen in sich zu
ruhen schien. Vielleicht lag es an diesem großfamiliären Ambiente des Dorfes, in dem niemand fremd war und auch der Fremde
schnell den Eindruck gewann, es nicht lange zu bleiben. Möglicherweise waren schon ein paar Emigranten auf Heimaturlaub gekommen und die Atmosphäre deshalb so froh und leicht euphorisch. Ich setzte mich in ein Straßencafé am Hafen, ab und zu ging
die Kellnerin mit einem Tablett von Tisch zu Tisch und bot Tapas an, ich schaute auf die kleinen Boote und war zu sehr mit Gedanken beschäftigt, als dass ich etwas anderes hätte tun können
als nichts tun.

Ich hegte den Verdacht, dass mich die See mehr als Kulisse
reizte denn als Medium. Dass ich den Anblick des Meeres genoss,
wenn es sich in Gesellschaft von Land befand, nicht aber den Anblick puren Wassers ringsum. Dass der Blick auf eine vom Meer
umgebene Insel schön sein mag, doch der Blick von einer Insel
aufs Meer langweilig ist. Dass eine Insel nicht das Hier, sondern
das Dort sein sollte. Dass ein Paddelboot die kleinstmögliche In-

sel ist, noch dazu äußerst angreifbar und verletzlich. Und dass von
ihm aus betrachtet das Meer allgegenwärtig und hautnah und absolut ist. Vielleicht bin ich doch zu sehr Landmensch, dachte ich,
zwar in einer Hafen- und ehemaligen Hansestadt aufgewachsen,
doch tief im Binnenland. Vielleicht bin ich deswegen bislang nur
auf Flüssen gefahren, nie auf dem Meer oder vor einer Küste.
Vielleicht muss man an der See geboren sein und seine Kindheit
und Jugend dort verbracht haben, um Seemensch zu sein. Womöglich ist die Herkunft dermaßen mächtig, dass sie die Möglichkeit, aus seiner Haut zu schlüpfen, nur als Idee zulässt, als Andeu-
tung, Vorstellung, Wunsch. Eventuell hängt man dann sein Leben
lang einer Sehnsucht nach, die man nie zu stillen vermag, weil sie
nicht zu einem passt. Dies wäre nicht das schlimmste Schicksal,
schließlich bewahrt man sich eine Illusion. Fatal wird es eigentlich nur, wenn die Sehnsucht so sehr bohrt, dass sie das Holz vergessen oder verleugnen macht, aus dem man geschnitzt ist.

Sturm macht den Fischen Beine –
Die Todesküste

Santo André de Teixido war von der Küstenstraße aus nicht zu sehen, nicht weil der Himmel verhangen war und Nebelschwaden vom Meer aufstiegen, sondern weil es sich in einer Mulde dieser Berge versteckte, die mit ihren sechshundert Metern zu den höchsten Erhebungen an den europäischen Atlantikküsten zählen. Eine Stichstraße führte durch die wilde Gegend hinunter zum Ort. Ich parkte den Wagen außerhalb des Weilers und ging die restlichen Meter zu Fuß. Ich achtete sehr darauf – zumal bei diesem trüben Licht –, ob mir irgendwelches Getier über den Weg lief, denn ich wollte keiner Kröte, Eidechse, Blindschleiche oder Ameise, keinem Käfer und keinem Wurm etwas zuleide tun. Auch nahm ich mir vor, keine Fliegen oder Mücken zu verscheuchen, selbst in ihnen konnten die Seelen verstorbener Menschen stecken. Menschen, die vergessen hatten, zu Lebzei-

ten das Heiligtum des Apostels Andreas aufzusuchen, oder die
ihn einer Wallfahrt nicht für würdig befunden hatten. San Andrés,
Fischer seines Zeichens und mit der Evangelisierung des wilden
spanischen Westens beauftragt, war in dieser Ecke Galiciens gestrandet, sein steinernes Boot schwamm noch kieloben im Wasser – ein Felseiland. Doch lange kam niemand an dieses triste Finis terrae, Santo André do Cabo do Mundo. In einem Ausbruch
heiligen Neides beklagte Andreas sich bei Gott über den Mangel
an Zulauf, wohingegen Kollege Jakob in Santiago de Compostela
Besuch aus aller Welt erhalte. In diesem abgelegenen Winkel
wolle er nicht länger bleiben. Da legte ihm Gott die Hand auf die
Schulter und versprach ihm große Popularität. »Wer als Lebender
nicht wenigstens einmal in dein Sanktuarium kommt, wird als To-
ter dreimal kommen«, sagte er und zwang alle Galicier, ans Ende
der Welt zu pilgern, tot oder lebendig.

An einem der Stände in der Gasse zur Kapelle San Andrés'
kaufte ich Sanandresiños: ein Boot, einen Fischer, eine Hand,
eine Sardine und eine Blume oder Blüte, kleine gebackene und
bunt bemalte Figürchen aus Brotteig, Amulette, die vor Unheil
jeglicher Art schützen sollten. Dann betrat ich die kleine Kirche,
um mir den Beistand des Patrons zu sichern. Köpfe, Hände, Füße,
ganze menschliche Körper, aber auch Schweine und Kühe lagen
auf einem Haufen, Votivgaben aus Wachs, Zeugnisse der wun-
dersamen Heilkraft des Heiligen. Überall standen Särge herum,
die hatten die Scheintoten mitgebracht, Wiederauferstandene,
die so sterbenskrank gewesen waren, dass man schon ihr Begräb-
nis vorbereitet hatte. Unter dem Altar befand sich der keltische
Ursprung des christianisierten Kultes, eine Heilquelle, deren
Wasser in einem Becken am Berghang unterhalb der Kapelle auf-
gefangen wurde. Man musste aus allen drei Rohren trinken, obgleich ein profanes Schild davor warnte, da es kein Trinkwasser
war. Und man konnte eine Brotkrume ins Becken werfen und sich
dabei etwas wünschen. Glaubt man der Legende, so erhört der

heilige Andreas die Bitte, wenn der Krümel nicht untergeht. Sinkt die Krume jedoch auf den Boden, so muss man es im nächsten Jahr erneut versuchen. Das Versinken kann aber auch bedeuten, dass dem unseligen Bittsteller bald die letzte Stunde schlägt. Meine Krume sog sich voll und sackte langsam ab.

Ich folgte dem Pfad hinunter ans Meer, wo Liebeskraut wuchs, das selbst einem Todgeweihten vielleicht noch zu einem Abenteuer verhalf. Die Ufergegend war von Nebelschleiern überzogen, vom Meer stieg ein kalter Hauch auf, ich hörte Steine aufeinanderschlagen, es klang wie klirrende Ketten. Ich war wohl nicht allein auf der Suche nach Aphrodisiaka, auch meinte ich, eine Art Stöhnen oder Wimmern zu hören, vielleicht wirkte das frisch gezupfte Kraut augenblicklich, vielleicht war ich aber auch umgeben von Seelen im Fegefeuer, die man gezwungen hatte nachzuholen, was sie im Leben versäumt hatten. Ich gab nun erst recht acht, auf keine Reinkarnation eines Verstorbenen zu treten, zumal in diesem Gelände, und ich glaubte auch, dass es mir gelang, keine Seele zu zerquetschen. Aber irgendwie wurde ich das Gefühl nicht los, dass mir jemand folgte, in einigem Abstand zwar, doch beständig, wie ein Schatten aus dem Reich der Toten. Liebeskraut fand ich nicht, oder ich wusste es nicht zu identifizieren, also kaufte ich ein Büschel oben an den Ständen der Frauen.

DER FÄHRMANN

Ich schlug einen weiten Bogen um die Städte Ferrol und A Coruña und hielt auf das Cabo de San Adrián im Norden der Costa da Morte zu. Als ich an der Kapelle des Heiligen aus dem Wagen stieg, fegten mir alle Winde Iberiens um die Ohren. Graue Wolken flogen über den Himmel, die Möwen wurden hin und her geworfen. Anscheinend blies der Wind hier nicht nur gelegentlich, er war wohl verantwortlich dafür, dass kaum ein Baum sich traute, in dieser Gegend Wurzeln zu schlagen, einer leeren, einsamen

Küstengegend aus nacktem Granitgestein, Gras und niedrigen
Büschen. Die Illas Sisargas, die nah vor dem Kap im grauen Wasser lagen, sahen ebenso aus: drei Hügel mit grauen Felsen und grünen, durchlöcherten Teppichen, verloren und vergessen am Rand
der Welt. Wellenwände brachen an ihren Ufern.

Ich fuhr in das nahe Malpica de Bergantiños, ein nicht gerade
kleiner und gemütlicher Ort, aber eigenwillig angelegt, in Form
eines Kreuzes, dessen langer Balken im Landesinnern und auf einer Halbinsel lag, während der Querbalken seine Arme rechts und
links der Landenge an der Küste ausstreckte. Auf der einen Seite
lag der Strand vor den am Fels sich hochhangelnden Häusern, zur
anderen der Hafen, geschützt durch eine imposante Mole, die viel
über das Meer verriet, über die Wut und Wucht, mit der es sich
aufbäumen und das Land peitschen kann. Bei Sturm war das Betreten der Mole verboten.

Erstaunlich viele Kutter lagen untätig Seite an Seite im Hafen,
auf dem Damm standen Gruppen von Männern herum, vielleicht
waren sie heute nicht hinausgefahren. Ich ging in eine Kneipe, bestellte am Tresen einen Cortado, einen Kaffee mit einem Schuss
Milch, und fragte den Wirt, ob es eine Möglichkeit gebe, auf die
Sisargas zu gelangen.

»Xoan, hier ist Kundschaft für dich«, rief der Wirt in den
Raum.

Aus einer Gruppe um einen Tisch löste sich ein Mann in
schwarzer Lederjacke und kam zum Tresen.

»Was gibt's?«

Der Wirt wies nur mit einer Kopfbewegung auf mich.

»Fahren Sie zu den Sisargas?«, fragte ich.

»Kommt darauf an.«

»Worauf kommt es an?«

Der Mann antwortete nicht gleich, sondern musterte mich.
Dann sagte er:

»Auf die See.«

»Können Sie mich morgen zu den Inseln bringen?«

»Kommt darauf an.«

»Auf die See?«

»Genau.«

»Wann können Sie mir sagen, ob Sie fahren?«

»Komm morgen um neun Uhr hierher, dann sage ich es dir.«

»Und der Preis?«

Irgendwie schaute er mich verächtlich an.

»Zwanzig Euro oder das Leben«, sagte er und lächelte leise.

»Wann willst du zurück?«

»Am Nachmittag.«

»Ich bringe dich hin und hole dich ab.«

Er ging an den Tisch zurück und setzte sich zu seinen Kumpanen. Ich fragte den Wirt, ob die Männer heute nicht hinausgefahren seien.

»Heute nicht und gestern nicht«, antwortete er. »Aber das Wetter soll besser werden, der Wind soll nachlassen.«

»Kommt es oft vor, dass sie nicht hinaus können?«

»Im Sommer nicht so häufig. Im Winter kann es schon mal sein, dass sie acht, zehn Tage hier festsitzen, dann werden sie nervös. Manche mögen Sturm, sie sagen, der Sturm mache den Fischen Beine; dann gehen mehr ins Netz. Wenn der Wind aber eine Woche lang mit hundert Kilometern pro Stunde weht und acht Meter hohe Wellen wirft und es dazu noch unaufhörlich regnet, haben auch sie die Schnauze voll. Dann heißt es: trockenes Brot essen oder das Leben riskieren.«

Ich suchte mir eine Bleibe für die Nacht und fand ein Hostal *de mala muerte,* zum Verrecken trostlos. Ich hielt mich mit Lektüre am Leben. Malpica hatte zum Erzbistum von Santiago de Compostela gehört und im 17. Jahrhundert vom Walfang gelebt, den hauptsächlich Basken mit Lizenz des Erzbischofs betrieben. Nun lebte es von der Küstenfischerei. Auf der Hauptinsel der Sisargas hatte einmal eine Kapelle gestanden, die von den Normannen zerstört worden war; Reste sollten noch zu sehen sein. 1919 bekam die Sisarga Grande einen Leuchtturm, der inzwischen automatisch funktionierte. Sonst waren da nur Felsen, Wasser, Wind und Möwen, unter anderen Dreizehenmöwen, die dort eine ihrer südlichsten Brutkolonien hatten. Warum die Sisargas bei Schaffung des Nationalparks der Atlantischen Inseln im Jahr 2002 nicht mit einbezogen und unter Naturschutz gestellt worden waren, ist vielen unverständlich geblieben. Vielleicht spielte ihre recht große Entfernung von den anderen Inseln eine Rolle. Es hat jedoch den Vorteil, dass man sich auf ihnen frei bewegen kann. In meiner Vorstellung hätte ich tage-, wochen-, jahrelang dort bleiben können, in diesem atlantischen Eden, ohne Bäume und Früchte zwar, aber auch ohne Menschen, Maschinen, Verkehr, Verschmutzung, mit keinem anderen Lärm als dem der Natur, weitab von allem.

INSELKOLLER

Am Morgen ging ich zur Kneipe am Hafen. Die Wolken schienen mir nicht mehr so schnell zu fliegen. Das Meer hatte sich offenbar beruhigt, im Hafen lagen deutlich weniger Kutter. Mein Fährmann stand bereits am Tresen und schüttete gerade einen Brandy in seinen Kaffee. Als er mich sah, bestellte er einen zweiten.

»Das wärmt«, begrüßte er mich.

»Wie sieht's aus?«, fragte ich.

»Gut«, sagte er, »wir fahren.«

Wir stiegen in seine bunte Holznussschale mit Außenborder, hinter der Hafenausfahrt hielt er sich im Schutz der Küste und des Cabo de San Adrián, am Kap drehte er auf Nordwest und steuerte die Südseite der Sisarga Grande an: Ihre Schwestern waren klein und flach, aber die Große hob sich etwa hundert Meter aus dem Meer. Die Wellen schienen mir nicht besonders niedrig zu sein, warm war mir auch nicht gerade. Ich überlegte, ob ich

Xoan den Geldschein jetzt schon geben oder lieber bis zum
Abend warten sollte. Er legte an einer kleinen Pier an und sagte,
ich solle immer dem Weg folgen, der den Berg hinauf zum Leuchtturm führe.

»Wann hole ich dich wieder ab?«

»Um sieben, wenn's geht«, und ich hielt ihm den Schein hin,
vielleicht nützte der Vertrauensbeweis.

»No no«, sagte er, »wenn wir zurück sind. Also um sieben«, und
er legte ab, nickte zum Gruß und fuhr hinaus. Ich blieb auf der
Pier stehen und sah ihm nach.

Die Insel gehörte mir, ganz mir. Eine Insel für mich allein. Es
war wie im Traum, und ich hatte Zeit, es zu genießen. Einen ganzen Tag lang. Ohne jede Eile stieg ich hinauf, folgte gemächlich
dem Weg, der auf den Felsrücken führte, sah auf die zwei kleinen
Schwestern, die friedlich nebeneinanderlagen, auf das Kap, das
wie zum Gruß den Arm ausstreckte, sah in der Ferne Malpica liegen, das mit sich selbst beschäftigt war, und ruhte in mir. Auf der
Höhe angelangt, blies mir der Wind stärker ins Gesicht, und über
mir schwärmten Möwen. Wo nicht der blanke Fels an der Oberfläche lag, war meine Insel mit grüner Haut überzogen, zum Teil
aus Stechginster, aber auch aus weichem Gras. Da war ein Kie-
fernhain sogar, mit niedrigen Bäumen zwar, denen der Wind ver-
bot, sich ganz aufzurichten, dennoch gewährten sie Schutz, und
man hätte sogar eine Hütte aus einigen ihrer Stämme zimmern
können. Ich kam zum Leuchtturm, der mitten aus dem Leucht-
turmwärterhäuschen wuchs, das nun unbewohnt war. Ganz in der
Nähe befand sich eine Ruine, das Dach war eingestürzt, nur die
Außenmauern standen noch, sie bildeten die Umrisse einer Kapelle, aber ich bezweifelte, dass dies das Kirchlein war, das die
Normannen zerstört haben sollten. Wie hätten die Mauern tausend Jahren Sturm trotzen sollen? Da war noch ein weiteres Gebäude an höchster Stelle, recht gut erhalten und nicht klein, es
schien mir ein Gehöft zu sein. Vielleicht hatte hier einmal eine

Bauernfamilie gelebt, Gemüse in einem kleinen Garten gezogen und Schafe oder Ziegen über die Insel laufen lassen. Womöglich ließ sich das Haus sogar käuflich erwerben oder pachten und wieder herrichten und in ein bescheidenes insulares Einmannschloss verwandeln, nicht ganz so luxuriös wie der Inselpalast eines Hernán Cortés, aber doch ebenso einzigartig.

Hinter den Gebäuden fiel die Insel in den Abgrund. Vor den Steilfelsen segelten und flatterten Hunderte Dreizehenmöwen, diese eher kleinen Tiere mit schwarzen Flügelenden, die normalerweise auf dem offenen Meer leben, aber zum Nisten und Brüten an Land kommen und es sich in Klippen und Höhlen gemütlich machen. Ich ging weiter, am Nordrand der Insel entlang, querfeldein, jetzt hatte ich kein Festland mehr vor Augen oder im Augenwinkel, nur die See und Wolken und für einen langen Augenblick ein Schiff, das weit draußen vorbeizog. Ich blickte ihm lange nach und wunderte mich nicht, dass ein solcher Anblick die andere Sehnsucht wieder zu erwecken vermochte, die nach der Ferne. War eine Insel nicht ein Kerker? Ich trat auf Felsbrocken so hell wie gebleichte Knochen, stapfte durch Stechginster und merkte, dass sich der Gedanke in mein Hirn fraß, wie ein Aussätziger ausgesetzt zu sein, verbannt an den Rand der Welt, einsam wie ein Leuchtturmwärter. Sind Inseln nicht Zwischenstationen auf dem Weg ins Jenseits? Inseln mögen ein Synonym fürs Paradies, eine Metapher des Glücks darstellen, aber sie können auch Vorstufen des Nichts und Vorboten der Hölle sein.

Ich hatte alle Zeit der Welt, genug, um mich zu langweilen, genug sogar, um einen Anflug von Koller zu bekommen. Ich verkroch mich vor den Mittelmeer- oder Heringsmöwen, die über dem Inselrücken schwebten und um meinen Kopf schwirrten, in den kleinen Kiefernwald und aß das Schinken-Käse-Baguette, das ich mir in der Hafenbar hatte geben lassen. Dann legte ich mich auf den Rücken und schlief halbwegs ein. Bilder von stürzenden Felsen, schreienden Möwen und einem kieloben treibenden Boot

liefen vor meinem inneren Auge ab, und als mich eine Möwe in
dasselbe hackte, wurde ich wach. Ich nahm den letzten Schluck
aus der Bierdose und verzog mich an den kleinen Strand unten bei
der Pier. Es war noch früh, aber hier saß ich windgeschützt, sah
auf die kleinen Sisargas und aufs Festland, und die Möwen hielten
Abstand. Und wenn Xoan nicht kam? Ich hatte ihn gar nicht nach
seiner Telefonnummer gefragt, die Nummer der Kneipe hatte ich
auch nicht, ich fischte mein Handy aus dem Rucksack – es funktionierte sowieso nicht. Ich konnte versuchen, in eins der Gebäude oben am Leuchtturm zu dringen, um dort die Nacht zu verbringen; mir war jetzt schon kalt. Und wenn tagelang niemand
kam? Ich konnte versuchen, zum Kap zu schwimmen, das war die
kürzeste Strecke, wie aber sollte ich an den Felsen landen, ohne
dass mich die Wellen zerschmetterten? Vielleicht ließ sich ein
Holzbalken auftreiben, an dem ich mich über Wasser halten und
bis zum Strand von Malpica treiben lassen konnte. Ich malte mir
die feuchtkalte Angelegenheit aus und dachte, man sollte doch
immer einen Neoprenanzug im Rucksack haben, besser noch eine
aufblasbare Pontonbrücke. Wie sollte ich mit dem Balken Kurs
auf Malpica halten? Jetzt geriet ich in kaltes Schwitzen. Tief
durchatmen, forderte ich mich auf, die Luft war wenigstens sauber. Er wird schon kommen, sagte ich mir. Und dann ertappte ich
mich dabei, wie ich aufstand und seinen Namen sinnlos in die
Weite rief. Da kam er, tuckerte seelenruhig um die Sisarga Chica
herum und steuerte die Pier an.

EIN LEBEN FÜR ENTENMUSCHELN

Ich fuhr am Meer der Toten entlang. An der Punta Roncudo standen hohe helle Granitkreuze auf den Felsen unterhalb des Leuchtturms. Es musste Ebbe herrschen, doch dies war nicht ohne Weiteres auszumachen, es gab keinen Sand, der sich entblößt hätte,
hier klatschten die Wellen stets gegen die Felsen. Aber da waren

zwei Muschelsammler, die Entenmuscheln aus den Felsen holten, und das konnte man nur bei Niedrigwasser tun. Eine junge Frau im Neoprenanzug turnte auf den äußersten Felsen umher, ein älterer Mann, ihr Vater vielleicht, stand weiter oben und hielt sie am Seil. Der Mann beobachtete die See, die Wellen, und von Zeit zu Zeit rief er der Frau etwas zu. Dann sprang sie über das zerbrochene, scharfkantige Gestein weiter nach oben, um sich in Sicherheit zu bringen, und die Gischt hüllte sie ein, aber die Welle holte sie nicht. Es musste schnell gehen, sie sprang wieder hinunter und löste mit einer Art kurzem Spaten, an dessen Ende ein langer, schmaler Schaft befestigt war, die Muscheln vom Fels und steckte sie in den Netzbeutel, der ihr an der Hüfte hing. Die größten und besten und am besten bezahlten *percebes* klebten in der Tiefe, wo das Meer ihnen am meisten Schutz bietet. Aber sie zu pflücken ist umso riskanter. Das Leben der Frau hing an ihrer Geschicklichkeit und Schnelligkeit und an dem Faden, den der Mann hielt, und an dessen Kraft und Standfestigkeit und Kenntnis des Meeres.

Die See sei an jedem Tag und jedem Ort anders, und jede Welle sei anders, erklärte mir der Mann, als sie ein paar Kilos geerntet hatten. Bevor man zu den Muscheln geht, muss man dem Meer den Puls fühlen, die Wellen begutachten, besonders die zweite in einer Folge von dreien, sie ist die schlimmste. Es gibt Wellen, die kommen tot, gebrochen daher und machen nur nass, andere nähern sich stumm und heben einen in die Höhe, wieder andere werfen gegen die Felsen, was sich ihnen in den Weg stellt. Es gebe *percebeiros,* so der Mann, die allein arbeiteten, sich mit dem Seil an einen Felsen bänden oder nicht einmal das. Andere kraxeln wie Bergsteiger in Steilfelsen herum, lösen die angehefteten *percebes* von oben mit einem langen Spaten und fangen sie in einem Netz auf, das an einem zweiten langen Stecken hängt. Sie schweben zwischen dem tosenden Meer und den schroffen Felsen, zwischen Leben und Tod, es ist ein Kampf mit den Elementen. Viele Fi-

scher der Felsen könnten nicht einmal schwimmen, erzählte der
Mann, aber schwimmen zu wollen sei ohnehin sinnlos oder sogar
widersinnig, wenn das Meer einen erwische. Man müsse sich von
ihm mitnehmen, hinaustragen lassen und hoffen, dass es einen zu
einer ruhigen Stelle bringe, an der man von einem Boot aufgelesen
werden könne, mit dem Kollegen hinausgefahren seien. Doch an
Tagen mit steifem Nordwest nütze einem auch der beste Verbün-
dete, die Ebbe, nichts, dann donnerten die Wellen mit kaum ver-
minderter Kraft gegen die Felsen. Auf keinen Fall dürfe man dem
Meer den Rücken zuwenden, die See sei schlecht und falsch, sie
sehe dich immer und verschlinge dich, ohne mit der Wimper zu
zucken.

Die Costa da Morte ist eine der unwirtlichsten Küsten Europas, aber ein Paradies für menschenscheue Entenmuscheln, diese hässlichen Krebstiere, Hermaphroditen, deren langer Stiel –
der vordere Teil ihres Kopfes – als Delikatesse gilt. Er schmecke
göttlich, versicherte der Mann, wahrscheinlich nach Gott mit
Salz, Neptun vielleicht, dachte ich. Entenmuscheln zu verspeisen mag unter Umständen nicht nur seelischer Kannibalismus,
sondern auch Götterphagie sein, doch das Credo der galicischen
Küche lautet offenbar, dass alles Getier essbar ist und umso besser schmeckt, je sonderbarer es aussieht. Nichts scheinen die
Galicier mehr zu fürchten als den Hunger, nicht einmal den
Tod.

Die Costa da Morte, die mit den besten *percebes* lockte, entpuppte sich als ein Friedhof für *percebeiros,* die Kreuze entlang der
Küste bezeugten es. Und als ein Friedhof Tausender Schiffe, römischer, normannischer, spanischer der Indienflotten, die mit
Edelmetallen und Edelhölzern beladen untergegangen waren und
deren Schätze seit Jahrhunderten auf dem Grund dieser Gewässer
lagen. Ein Grab britischer, holländischer, französischer Korsa-
ren-, Kriegs- und Handelsschiffe auch, die im dichten Nebel Sicht
und Orientierung verloren hatten und in Untiefen geraten oder

im Sturm auf Riffe gelaufen waren. Schiffe, mit denen das Meer stundenlang Tango getanzt hatte, ehe es sie gegen die Felsen spuckte. Schiffe, vor denen sich plötzlich Berge aus dem Wasser gehoben hatten, von denen Lawinen abgingen, die die halbe Besatzung verschütteten. Schiffe, über die sich Sturzseen ergossen, wenn das Meer die Stelle des Himmels eingenommen hatte und ein Boot kieloben legen wollte. Schiffe, die das Meer gegen die Steilküste geworfen und wie eine Zigarettenschachtel zerknüllt hatte. Schiffe aber auch, die von Lagerfeuern auf den Küstenbergen oder von Fackeln auf den Hörnern der Kühe in Küstennähe gelockt worden waren, damit sie aufliefen und ihre Fracht den Besitzer wechseln konnte. Und Kutter, die zehn, vierzehn Tage in Ketten gelegen hatten, es dann aber riskierten, hinauszufahren, weil die Fischer kein ›Eisen‹, Geld, nach Hause brachten und schon weißen Stuhlgang hatten wie die Möwen, wenn sie nicht fischten. Und Öltanker wie die Aegean Sea, die in einer stürmischen Dezembernacht des Jahres 1992 an der Einfahrt zur Ría da Coruña auf Felsen aufgelaufen war und achtzigtausend Tonnen Rohöl verloren hatte. Oder die Prestige, die im November 2002 vor der Costa da Morte leckgeschlagen war, auf hohe See geschleppt wurde, barst, sechzigtausend Tonnen schweren Heizöls ausspie und die Küsten bis nach Frankreich und Portugal verschmutzte.

DER DEUTSCHE EREMIT

In Camelle, einem kleinen, abgelegenen, bis vor Kurzem durch das Straßennetz gefallenen Fischerort, hatte ein Deutscher vierzig Jahre lang als Einsiedler gelebt, nahe dem Dorf, doch abgesondert. Am Ende der Bucht hatte er sich eine kleine Hütte direkt am Ufer gebaut und auf den Felsen sein Museum eingerichtet. Im Laufe der Zeit bemalte er die Riffe mit geometrischen Figuren und schuf Skulpturen aus Steinen und aus dem, was das Meer ihm brachte, von Holzstämmen bis Autostoßstangen. Er hatte die Südsee Gauguins am westlichen Rand der Alten Welt gefunden und lebte wie ein Robinson auf seiner Insel der Kunst am Saum des Meeres. Als er 1961 mit fünfundzwanzig Jahren in Camelle aufgetaucht war, hatte er noch einen Anzug getragen. Bald aber verwilderte er äußerlich oder renaturalisierte sich, trug nur noch Lendenschurz oder gar nichts mehr und sprach auch Spanisch wie Tarzan. Er hieß Manfred Gnädinger, nannte sich einfach nur Man, war aber als der Verrückte von Camelle bekannt. Nachts schwamm er durch die Bucht und praktizierte Nacktjogging, allerdings mit Reflektoren an den Fußgelenken, wozu ihn die Guardia Civil zwang. Als die Prestige seine Skulpturen mit ihrem schwarzen, klebrigen Film überzog, legten sich die dunklen Schatten der Melancholie auf den Sonderling. Er hatte Vergangenheit, Vernunft, Zivilisation den Rücken gekehrt, sich Haar und Bart wachsen lassen wie ein Christus und die Natur und die Kunst gesucht. Nun sah er sein Werk begraben und sein Leben gekreuzigt und ließ sich sterben, ausgerechnet an Weihnachten. Die in Trauerkleidung gehüllte ›Isle of Man‹ wurde – wie die gesamte Küste – durch Freiwillige von dem zähen Ölschlamm befreit, aber dann verwilderte sie mit den Jahren, und bei einem Unwetter im November 2010 richteten die Wellen ein Tohuwabohu in dem Skulpturengarten an.

Eine der Glocken der Heiliggeistkirche von Camelle war ursprünglich eine Schiffsglocke der britischen City of Agra gewesen. Im Februar 1897 hatte das Handelsschiff vor Camelle Schiffbruch erlitten, neunundzwanzig Besatzungsmitglieder kamen ums Leben, zweiunddreißig konnten von den Einheimischen gerettet werden. Ein paar Kilometer weiter westlich, kurz vor dem Cabo Tosto, in einer der einsamsten Gegenden der Costa da Morte, lag der Englische Friedhof, ein schlichtes, mit Granitquadern ummauertes Rechteck. Er war für die hundertzweiundsiebzig ertrunkenen Seeleute des britischen Kreuzers Serpent angelegt worden, der auf seiner Fahrt von Plymouth nach Freetown in Sierra Leone im November 1890 gegen die galicischen Felsen geschleudert worden war; nur drei Besatzungsmitglieder hatten überlebt. Eine Gedenktafel und ein Kreuz auf einem Felsen erinnern bis heute daran. Und wenn ein Schiff der Royal Navy die Stelle passiert, pflegt es eine Salve abzugeben. Der Friedhof lag da wie ein Rest aus keltischer Zeit, nur die Kreuze passten nicht ins Bild.

Am nächsten Kap, das ich ansteuerte, dem Cabo Vilán, einem mächtigen Felsen mit hohem, schlankem Leuchtturm von 1896, dem ersten Spaniens mit elektrischem Licht, war 1965 ein marokkanischer Frachter gekentert. Der Wärter des damals noch bemannten Leuchtturms hatte aus der Höhe beobachtet, wie das wild gewordene Meer mit seinem Opfer spielte, doch nichts hatte er tun können, um die Beute aus den Fängen der Furie zu befreien. Allah aber sprang ein, vollbrachte ein Wunder und rettete die gesamte Besatzung. Am nächsten Morgen schwemmten die Wellen seltsame runde Algen von der Farbe der Butangasflaschen in die Bucht von Camariñas. Es waren Mandarinen, innen süß und außen salzig.

Ich blieb die Nacht über am Cabo Vilán, schlief allerdings nicht im Freien, dazu war es mir zu frisch und windig und der Boden zu uneben und felsig. Ich räumte mein Fahrrad aus dem Wagen und baute mir ein Bett auf der Ladefläche. Dann suchte ich mir einen Felsblock im Windschatten des Massivs, aß Nüsse und Kekse und nippte hin und wieder vom Bier; Mandarinen wären auch nicht verkehrt gewesen. Es dämmerte bereits, der Wind schien nachzulassen, das Meer sich zu beruhigen, vielleicht herrschte schon wieder Ebbe. Der Leuchtturm warf sein Licht hinaus, er sollte die größte Reichweite aller Leuchttürme Galiciens haben, sein Blitzlicht noch in vierzig Seemeilen Entfernung zu sehen sein. Ich schaute auf das klobige Eiland vor dem Kap, das so

manchem Schiff zum Verhängnis geworden war, und auf die zer-
zauste Küste im Rücken des Landvorsprungs, die wie ein schwarzes Sägeblatt aussah. Kein Licht brannte irgendwo in den Bergen,
kein bewohntes Haus schien es dort zu geben, nur Windräder.
Die schmale Straße, die an der Küste entlangführte, war ebenso
verwaist. Eine ideale Stelle, dachte ich, um in schwarzer Nacht
schwarze Fracht aus Kolumbusland anzulanden. Die See muss allerdings ruhig sein, um ein Beiboot zu Wasser lassen zu können,
es zu beladen und an einer Stelle zu entladen, an der die Felsen
beinahe sanft ins Wasser gleiten. Manchmal spülte das Meer
Carepakete aus Amerika für Junkies an.

WIND DER WITWEN

Bis zum Frühstück waren es fünf Kilometer. Die Bar in Camariñas war ausgestorben, ich war allein mit dem Barmann und setzte mich ans Fenster. Während ich ein knuspriges Croissant knabberte, zog draußen ein Leichenzug vorbei. Acht, zehn Männer
trugen den Sarg auf den Schultern, hinter ihm ging eine Gruppe
Frauen, dann das halbe Dorf. In Muxía besuchte ich das Heiligtum der Virxe da Barca auf einer Landzunge vor dem Ort. Hier
war die heilige Jungfrau Maria gelandet, um San Andrés und Santiago zu helfen, diese störrischen Galicier zu christianisieren. Ihr
Boot, dessen Segel und das Ruder lagen noch am Ufer, alle aus
Stein. Früher hatte sich das Steinsegel ein wenig bewegen lassen,
und wer es zu wippen verstand und sich dabei etwas wünschte,
dem hatte die Muttergottes vom Boot den Wunsch erfüllt. Aber
zu Weihnachten des Jahres 1978 hatte das Meer während eines
Unwetters das siebzig Tonnen schwere Segel aus den Felsen ge-
fischt und es an eine andere Stelle geworfen, an der es sich nicht
mehr rührte. Das Meer wurde mit allem fertig.
    Im Zickzack fuhr ich weiter nach Süden, über schmale, kaum
befahrene Straßen ins Land hinein und wieder zur Küste zurück,

es gab keinen durchgehenden Weg am Meer entlang, oder ich
fand ihn nicht. Ich klapperte Dörfer und Kaps und Landzungen
ab und kurvte durch grünes Granitgelände, dem der Wind in
Meeresnähe nur Zwergvegetation erlaubte. In Corcubión hatte
ein Gewittersturm Fassade und Turm der Pfarrkirche umgebla-
sen; das war 1832 geschehen. Am Cabo Fisterra (span. Cabo Finisterre) pfiff ein Wind über die Landzunge, der den Wagen schüttelte, ein Witwenwind, wie die Fischer sagen, weil er Frauen zu
Witwen macht. Die Schiffbrüche am Kap waren Legion. Aber da
war auch ein Stein, der Frauen zu Müttern machte, in den Resten
der mittelalterlichen Kapelle des heiligen Wilhelm, die ein Bi-
schof von Santiago de Compostela hatte zerstören lassen, weil es
ein so heidnischer Brauch war, auf dem Steinbett in der Kapelle
feierlich zu kopulieren und mit Hilfe des Heiligen Geistes oder
des zelebrierenden Priesters ein Kind zu empfangen. Wo der Tod
reiche Ernte hielt, wurde auch viel Leben gesät, noch unter christ-
lichem Deckmäntelchen.

Das Cabo Fisterra war seit prähistorischer Zeit ein magischer
Ort, und es hatte reihenweise römische Legionäre magisch in den
Abgrund gezogen, weil dort die Welt zu Ende und das Ende der
Welt so trostlos war. Dahinter lag nur Wasser, ein immenser
Ozean, ein Meer von Nebeln, Gefahr und Tod, die Unendlichkeit
des Unbekannten, das Reich der Dämmerung und der Finsternis.
Dort fiel die Sonne über den Tellerrand und starb im Meer, selbst
sie wurde vom Meer ausgelöscht. Die Römer erschraken, als sie
den Feuerball im Meer versinken und Flammen aus dem Ozean
aufsteigen sahen. Sie fanden einen Altar vor, den Phönizier oder
Kelten dem Sonnengott errichtet hatten, um ihn anzuflehen, wieder aufzuerstehen, aufzugehen. Später zerstörte der heilige Jakob,
der als militanter Streiter vor dem Herrn bekannt und als Mau-
rentöter höchst erfolgreich war, persönlich den Altar des Kon-
kurrenten Christi.

So mancher Pilger zum Grab des Apostels in Santiago de Compostela beendet noch heute am Kap den Pilgerweg und sein früheres Leben, indem er seine alten Kleider verbrennt und im Meer
badet, um dann gereinigt und geläutert als neuer Mensch zurückzukehren. Und eine andere Sorte Pilger feiert am Kap den Unter-
gang der Sonne, postmoderne und doch romantische Geister, die
es entzückend finden, wie das Meer am Ende der Alten Welt die
Sonne verschluckt, obgleich sie ansonsten Sonnenanbeter sein
mögen. Dabei ist das Kap gar nicht der äußerste westliche Punkt
Festlandeuropas, der liegt am Cabo da Roca bei Lissabon, darin
hatten die Römer sich geirrt. Cabo Fisterra ist nicht einmal der
westlichste Punkt Galiciens, in unmittelbarer Nachbarschaft liegen zwei Kaps ein paar Minuten weiter westlich: das Cabo da
Nave gleich um die Ecke und das Cabo Touriñán etwas weiter
nördlich. Aber das spielt keine Rolle, Cabo Finisterre ist nun einmal das Symbol für das Ende der Welt, hat die Tradition auf seiner Seite und den Nimbus geerbt. Wieder ist es die Vorstellung,
die mehr aus dem Ort macht, als er ist. Von anderen Punkten und
aus vergleichbarer Höhe betrachtet ist der Sonnenuntergang genauso schön oder beängstigend.

Ich sah am Kap die Sonne nicht untergehen, weil es an diesem
Tag keine Sonne gab. Der Himmel war makellos bewölkt und der
Ozean alles andere als unendlich. Nicht einmal einen Horizont
gab es, vielmehr ziemlich nahen Dunst, in dem Himmel und Meer
verschwammen. Wegen des aussichtslosen Wetters womöglich
war sonst kein Mensch gekommen, bis auf eine Frau. Sie war von
Schuh bis Kopftuch schwarz gekleidet wie eine Witwe oder wie
eine *meiga,* eine Hexe, von denen es in Galicien so viele geben soll,
obwohl sie niemand gesehen haben will. Das Gesicht der Frau war
jünger, als ihr Aufzug vermuten ließ. Sie schlich an dem unbe-
wohnten Leuchtturmwärterhaus herum, ging ohne Sinn und Ziel
hin und her, ungeduldig, wie es schien. Ab und zu warf sie mir ei-

nen bösen Blick zu, vielleicht wartete sie darauf, dass ich abzog. Vielleicht erwartete sie den Teufel, hatte eine Verabredung mit ihm auf einem flachen Stein. Ein zarter roter Schimmer legte sich auf die Wolken im Westen, und ich war sicher, dass die Sonne wieder aufging.

Göttliche Muscheln –
Atlantische Inseln

Gottes Hand hatte nur vier Finger. Als er die Erde baute und sechs Tage am Stück gearbeitet hatte, war er müde und erschöpft, setzte sich an den westlichen Rand der eurozentrischen Welt, ließ die Beine im Atlantik baumeln und stützte eine Hand aufs Land. Seine Finger gruben sich in die frische Erdkruste, das Land gab nach, und als er seine Finger aus dem Lehm zog, füllten sich die Kuhlen mit Wasser. So entstanden die Rías Baixas, die südlichsten und größten der galicischen Fjorde. Es sind nur vier.

Ich befand mich am Hafen von Aguiño und schaute lange Zeit über die See. Das Meer war voll versteinerter Kelten, deren Glieder, Nasen und sonstigen Organe aus dem Wasser ragten. So will es zumindest die Legende: Als die ersten Kelten nach Galicien kamen und das Land erobern wollten, wurden sie von den Urein-

wohnern verzaubert. Dem Anführer der Kelten erging es besonders schlecht, seine perfide Zunge wurde in sieben Stücke gerissen
und wie seine Zähne und Kinnladen im Wasser verstreut. Seine
Gefolgsleute und die Bruchstücke ihrer Schiffe bildeten die restlichen Eilande und Felstrümmer. In Wahrheit sind die Felsen
schwimmende Reste der im Atlantik versunkenen westlichsten
Gebirgskette Galiciens. Oder Klumpen Land, die bei der Schöpfung ins Wasser gefallen waren. Gott hatte wohl nicht ganz sauber gearbeitet, verständlich bei seiner unvollkommenen Hand.

Der größte Brocken des Archipels ist eine richtige Insel, die
Illa de Sálvora, die zusammen mit ihren Satelliten nun zum Nationalpark der Atlantischen Inseln gehört. Früher waren die Illas
Atlánticas Teil der Kassiteriden, der Zinninseln, die die Phönizier
auf ihrer Route in den britannischen Nebel abklapperten, dann
eine der letzten Bastionen der Kelten, die den Legionen Caesars
Widerstand leisteten. Nun lag Sálvora wie der kopflose Torso des
ersten Kelten im Wasser, hingestreckt auf den Rücken und den
Bauch aufgedunsen, und der hellhäutige Granitkörper war mit
grünen Flecken übersät. Sálvora hatte im Jahr 1770 eine Anlage
zum Einsalzen von Fischen bekommen, die der Marqués de Re-
villa später zum Herrensitz mit Wehrtürmen umbaute. Und 1921
bekam die Insel einen Leuchtturm, nachdem die Santa Isabel vor
Sálvora untergegangen war und zweihundertdreizehn Passagiere
ertrunken waren. Jetzt genoss Sálvora den Status einer öffentlichen Insel, der Staat hatte sie dem Markgrafen abgekauft, doch
eine Fährverbindung existierte nicht.

Ich überlegte, ob ich Phönizier spielen und die Inselkette ab-
fahren sollte. Ich könnte, dachte ich, über Sálvora und die Illa de
Ons zu den Illas Cíes paddeln, dann in die Ría de Vigo eintauchen
und bis Moaña fahren. Mit Erkundung der Inseln würde ich mehrere Tage unterwegs sein. Die Felsbrocken im Wasser würden einem Kajak wohl nicht so gefährlich und ließen sich einfach umfahren, sofern das Meer ruhig bliebe. Das Wetter schien

mitspielen zu wollen, die Sonne war herausgekommen, und die
Wellen dünkten mich beherrschbar. Falls etwas Wind aufkommen sollte, würde er wahrscheinlich von achtern wehen. Ich
sprach ein paar Männer an, die die Netze eines Kutters aufrollten.
Sie verwiesen mich an den Patrón. Der Eigner sah mich entgeis-
tert an, erklärte dann aber, dass mein Vorhaben grundsätzlich re-
alisierbar sei, allerdings nur bei bestem Wetter. Letzteres konnte
in dieser Gegend jedoch stündlich umschlagen. Zudem würde ich
durch eine viel befahrene Zone paddeln und den Kurs all der Kutter, Fähren, Yachten, Frachter, Tanker und sogar Kreuzfahrt-
schiffe schneiden, die in die Rías Baixas fuhren und aus den Rías
kamen. Und wenn Nebelbänke sich auf das Wasser legten, würde
ich mich durch die weiße Nacht tasten wie ein Blinder über die
Gran Vía von Madrid. Ich würde keine Positionslampen sehen,
nur ab und zu ein Nebelhorn hören, aber nicht einzuschätzen vermögen, wo sich das tutende Schiff befand und in welche Richtung
es sich bewegte. Im Übrigen, erklärte mir der Patrón, könne man
auf den Inseln nicht einfach so landen, sondern benötige eine Genehmigung, und die müsse man mindestens zwei Monate vorher
bei der Nationalparkverwaltung beantragen.

»Hast du eine?«, fragte er.

Ich schüttelte den Kopf.

»Hast du überhaupt ein Boot?«

Wieder verneinte ich wortlos.

»Dann stell den Antrag und komm in zwei, drei Monaten wieder. Wenn das Wetter dann noch stabil ist, lohnt es sich vielleicht. Und bring ein Boot mit, hier gibt's keine Paddelboote.«

INSEL ZU VERSCHENKEN

»Mi gozo en un pozo«, lautet ein spanisches Sprichwort, mein
Vergnügen liegt im Brunnen oder fällt ins Wasser, oder: Meine
Lust ersäuft im Frust. Die Paddeltour konnte ich in der Pfeife

rauchen. Ich nahm also den Wagen und fuhr um die Rías Baixas herum. Ihr Klima ist deutlich milder als das der rauen Costa da Morte, beinahe schon mediterran, und die Landschaft weicher und grüner. Eine domestizierte Landschaft mit vielen verstreuten Dörfern und Ein- oder Zwei- oder Großfamilienhäusern und kleinen Zier- und Gemüsegärten. Nirgendwo sonst ist Galicien so dicht und zugleich dispers besiedelt wie in der Provinz Pontevedra und besonders an den Rías Baixas.

Ich fuhr, und wo ein Dorf endete, begann das nächste, für fremde Augen waren sie eins. Manchmal rätselte ich, in welchem Ort ich mich befand, die Ortsschilder gaben den Orten zum Teil andere Namen als die Straßenkarten, die Karten widersprachen sich gegenseitig, und eine Vielzahl von Dörfern kannten sie überhaupt nicht. Auskünfte der Einheimischen waren ebenso uneinheitlich, sie nützten ungefähr so viel wie eine Seekarte dem Fußgänger. Kein Wunder, dass auch das Navigationsgerät meines Wagens verrückt wurde. – Der Wirrwarr beruht auf administrativer Schizophrenie und Doppelzüngigkeit. Santa Uxía ist auf Gallego dasselbe wie Santa Eulalia auf Castellano, aber Pfarrbezirke mit Namen Eulalia oder Uxía gibt es viele, man muss zudem den weltlichen Namen der Gemeinde und des Dorfes oder des Viertels kennen, in dem man zu landen beabsichtigt. Wollte ich nach Santa Eulalia de Villagarcía oder nach Nuestra Señora de la Junquera de Villagarcía? Und nach San Pedro de Cea oder San Pedro de Cornazo oder San Pedro de Fontecumoa? Sie alle liegen in der Gemeinde Villagarcía de Arousa. Und viele mehr. Selbstverständlich gibt es auch noch andere Villagarcías. Galicien nennt so viele Ortschaften sein Eigen wie der ganze Rest Spaniens zusammen. Ihre nicht gerade kurzen Namen passen auf keine Karte.

Das territoriale Chaos wird potenziert durch architektonischen Wildwuchs. Kaum einen Ort an den Ufern der Rías vermochte ich schön zu nennen, besonders in den letzten Jahrzehnten war die Ästhetik auf der Strecke geblieben, ob nun aus notgeborener Gewohnheit oder infolge plötzlichen Wohlstands durch den Aufschwung des Tourismus oder die Zufuhr von Schwarzgeld, das gewaschen werden wollte. Manche Orte waren zu veritablen Städten mit Wohnblocks und Apartmenthochhäusern herangewachsen, andere in die Breite gegangen und hatten ihren alten Kern vorzeigeschön poliert und touristisch aufgerüstet, Combarro zum Beispiel. Was vor Jahren der ganze Ort gewesen war, stellte jetzt seine Altstadt dar, die Wohnhäuser hatten sich dem Kommerz geöffnet, jedes zweite Geschäft war ein Souvenir- und Krimskramsladen, Bars und Restaurants machten die andere Hälfte aus. Combarro hatte seine mysteriöse Atmosphäre eingebüßt, das Schauerliche der dunklen leeren Gassen, der Furcht einflößenden Steinkreuze mit ihren gemeißelten Szenen der Leidensgeschichte und der auf Stelzen stehenden Maissspeicher am Ufer, die in den Himmel strebende Gräber eines Fischerfriedhofs hätten sein können.

Ich kämpfte mich durch das Siedlungs- und Verkehrsdickicht der Rías Baixas, womöglich kamen jetzt, Anfang Juli, bereits viele Sommerurlauber. Die Ría de Arousa zeigte sich voll künstlicher rechteckiger Inseln, verankerter Flöße oder Plattformen für die Muschelzucht. Von den natürlichen Inseln gehört nur eine, die Illa de Cortegada, zum Nationalpark; auf den größeren Inseln hat vor längerer Zeit schon der Tourismus gewonnen. Cortegada liegt tief in der Ría nur einen Steinwurf weit vom Ufer entfernt und ist bei Ebbe von Carril aus zu Fuß zu erreichen.

Ich folgte dem Weg, den früher die Bauern von Carril mit ihren Karren genommen hatten, um nährstoffreiche Algen von der Insel zu holen und sie als Dünger auf ihre Felder zu streuen. Ein kurzer Rundweg führte mich an den Ufern der Insel entlang, einer Insel, die kein Inselgefühl aufkommen ließ, so nah lag sie vor Carril, das seinen Zivilisationslärm herüberwarf. Und trotzdem war sie ein Idyll. Sie besaß einen verwunschenen Märchenwald aus Lorbeerbäumen und Weiden, Erlen und Eichen, und der

Wald überwucherte die Mauern einer Kapelle und einer kleinen alten Siedlung. Ein Idyll, das mehrmals bedroht gewesen war, bevor der Nationalpark es im Jahr 2002 in seine Arme schloss: 1910 war die Insel nach einer Volkskollekte dem Königshaus in Schenkung übertragen worden, in der Hoffnung, dass Alfonso XIII. auf dem Eiland eine Sommerresidenz errichtete, die weitere potente Sommergäste wie ein Magnet an sich zöge. Diese Hoffnung wurde enttäuscht, Alfonso zog Santander als Seebad vor und ließ dort einen Palast erbauen, der einen Tourismus von Stand und Namen ankurbelte. Die Republik nahm dem König Cortegada wieder weg, doch dessen ungekrönter Sohn, Don Juan de Borbón, Vater des heutigen Königs, gewann in der Franco-Ära das Eigentumsrecht zurück und verkaufte Cortegada 1978 einer Immobilienfirma, die auf der Insel eine Luxusurbanisation anlegen wollte, was in der demokratischen Aufbruchphase einen letztlich wirksamen Volkszorn entfachte.

WITWEN DER LEBENDEN UND DER TOTEN

Was aus Cortegada hätte werden können, war auf A Toxa zu besichtigen. Die Insel hatte zu Beginn des 20. Jahrhunderts ein exklusives Kurhotel erhalten und in jüngster Zeit weitere Hotels sowie luxuriöse Wohnanlagen, sie wies Parks, Palmengärten, Golfplatz, Ausflugsschiffchen, Busse, Busse, Busse und volle Parkplätze und als Kuriosum eine Kirche auf, deren Außenmauern vollständig mit Jakobsmuscheln verkleidet waren. Auf der Promenade gab es Stände in langer Reihe, an denen Frauen selbst gemachten Modeschmuck aus kolorierten Muschelschalen verkauften, Kettchen, Ohrringe, Armreifen, Broschen ... Nicht dass ich mich besonders für Schmuck interessierte und die Absicht gehabt hätte, etwas zu kaufen, aber ich kam mit einer der Frauen ins Gespräch, deren Stand weniger von Kundinnen belagert wurde als andere Stände und der ich als Lockvogel anscheinend nicht unwillkommen war. Sie wohnte in O Grove auf der gegenüberliegenden Halbinsel und war *mariscadora*. Sie sammelte – wie die meisten *mariscadoras* – Muscheln bei Ebbe am Strand, Venusmuscheln, Herzmuscheln und Schwertmuscheln hauptsächlich. In O Grove seien sie Hunderte Frauen, die auf die Strände der Umgebung zögen, um den Sand zu harken und umzugraben und die Schalenweichtiere herauszufischen, sagte sie. Am schlimmsten sei das stundenlange Bücken und die Rückenschmerzen, aber sonst hätten sich die Verhältnisse doch merklich gebessert. Schon die Mutter meiner Gesprächspartnerin war *mariscadora* gewesen und selbst im Winter barfuß über den feuchten Sand gelaufen. »Im Sommer verkaufen sich übrigens die Schalen besser, die Sie hier liegen sehen, zum Glück kommen viele Touristen nach A Toxa. Zum Verzehr werden die Muscheln dann kaum nachgefragt. Bis heute glauben viele Leute, dass die Weichtiere in den Monaten ohne R Bauchkrämpfe verursachen, aber frische Muscheln sind immer gut«, erzählte sie. Ihr Mann war Fischer gewesen, schon vor Jahren verunglückt. Ihr ältester Sohn war Fischer wie sein Vater, ihr zweiter Sohn lebte in Frankreich, und der jüngste saß im Gefängnis – Drogen. Aber der Junge sei kein schlechter Kerl, nur faul, und er finde zu sehr Gefallen an Geld, teuren Autos und hübschen Mädchen.

Es erstaunte mich ein wenig, dass die Frau mir ihre Familienverhältnisse so ungezwungen offenbarte, vielleicht lag es daran, dass ich ein Fremder war, den sie nie wiedersehen würde, vielleicht aber auch daran, dass sie sich abgewöhnt hatte, sich den Luxus von Scham, Eitelkeit, Stolz zu leisten. Galicien ist ein Land der Frauen, dachte ich, pragmatischer, zupackender Frauen. Die Männer wandern aus oder fahren zur See, die Frauen bleiben im Dorf und müssen alle Arbeit tun. Das Maisfeld und den Gemüsegarten bestellen. Den Fisch verkaufen und die Netze flicken. Das Haus instand halten. Die Kinder, die Alten und die Kuh versorgen. Und nebenbei noch Muscheln suchen. Sie haben einen Achtundvierzigstundentag. Wozu braucht das Frauenland Galicien Männer? Gewiss, als Bauarbeiter, Automechaniker, Bankdirektoren und Fischer eben. Aber auch in den Konservenfabriken zum Beispiel arbeiten fast nur Frauen, und Kinder lassen sie sich vom Meer machen, vorzugsweise an der langen Praia da Lanzada, der Nabelschnur, die die Halbinsel von O Grove mit dem Mutterland verbindet. Dort lassen sie sich in warmen Nächten den Leib von neun Wellen lecken und vom Meeresschaum befruchten, so will es jedenfalls die pagane Tradition. Nirgendwo ist das Heidentum gestorben – es hat sich lediglich taufen lassen –, am wenigsten in Galicien, das den keltischen Glauben an die beseelte Natur geerbt hat, den Glauben an die Kraft der Steine, Bäume, Quellen, Wellen.

EIN STÜTZPUNKT FÜR DEUTSCHE UNTERSEEBOOTE

Das Erste, was ich tat, als ich in Moaña ankam, war, mir einen Platz im Paradies zu sichern. Ich quartierte mich in einem Hotel ein und bat die Frau an der Rezeption, eine Fähre zu den Illas Cíes zu reservieren. Mehrere Schifffahrtsgesellschaften fuhren im Sommer von mehreren Orten aus mehrmals täglich zu den Inseln, doch erst in drei Tagen war wieder ein Platz frei. Und zwar auf einem Schiff ab Vigo; um nach Vigo zu kommen, konnte ich in Moaña eine Personenfähre nehmen. Ich hegte den Verdacht, dass es im Paradies Gedränge geben würde, und die Angestellte bestätigte meine Befürchtung: Zweitausend Besucher täglich seien zugelassen. Die Illa de Ons sei weniger beliebt, meinte die Frau, für Ons brauche ich keine Platzreservierung, ich solle nur eine halbe Stunde vor Abfahrt im Hafen von Bueu sein.

Das Zweite, was ich tat, war, Sabrina anzurufen, deren Nummer mir meine Führerin auf dem Bonitokutter in Burela gegeben hatte. Ja, sie veranstalte Bootsfahrten zu den Muschelinseln in der Ría, übermorgen fahre sie wieder hinaus, ich solle mich um zwölf

Uhr mittags im Hafen einfinden, nein, Reservierung sei nicht nötig. Ihre Stimme klang tief und ruhig, sie fragte mich, ob ich schon
eine Unterkunft habe, das Angebot halte sich in Grenzen, mein
Hotel sei noch das beste am Platze.

Auf der Suche nach einem Restaurant schlenderte ich durch
das Städtchen. Ich hatte die Wahl zwischen einer ziemlich befahrenen, beschallten, engen und unschönen Durchgangsstraße
und einer Parallelstraße, die sich bald zur Ría hin öffnete und
von einer Uferpromenade begleitet wurde. Auf der anderen Seite der Ría leuchtete die lange Häuserfront der größten Stadt Galiciens, Vigo, vor einem dunklen Streifen Wald in der Abend-
sonne – ein schönes Bild. Wahrscheinlich – so dachte ich - sind
die Küstenorte Galiciens aus der Ferne generell schöner anzuse-
hen als aus der Nähe, wegen des Rahmens aus Wasser und Bergen. Im Hafen Moañas lagen recht viele Kutter und ruhten aus,
Berge von Netzen, Seilen, Reusen stapelten sich auf den Däm-
men, und eine Möwe pickte Muschelreste aus einem Haufen
Taue. Ein Restaurant entdeckte ich nicht, in Moaña gab es anscheinend nur Bars und Straßencafés, in denen die Moañeses
Kuchen und Torten zu Abend aßen und zum Nachtisch Eis. Offensichtlich bestand kein Bedarf an elaborierter Küchenkunst
oder selbst nur Hausmannskost, man speiste wohl nicht außer
Haus. Die Cofradía de Pescadores war meine letzte Hoffnung,
das Zunftlokal der Fischer neben dem Markt. Es war voller Leute und Lärm und leerer Gläser, hier trank man nur etwas, wenn
überhaupt, doch eine Fischersfrau hinter der Theke gab mir einen heißen Tipp: Ein paar Hundert Meter weiter habe die Fischervereinigung ein zweites Lokal in einem alten Haus, dort
werde gekocht. Das unscheinbare Lokal mit dem prosaischen
Namen La Batea, Muschelplattform, hatte ich übersehen. Der
Service war umstandslos, doch das Essen ein Liebesgericht, hier
kochte Fischers Frau. Moaña war nicht ästhetisch, schon gar
nicht touristisch, aber authentisch.

Die kleine Personenfähre zur Illa de Ons war nicht einmal halb voll, und die allermeisten Fahrgäste verloren sich in dem Minidorf oberhalb der Pier, das aus nichts weiter als Bars, Restaurants und Andenkenläden – und einer Kapelle – zu bestehen schien, oder sie steuerten stracks die Strände oder den Campingplatz an. Nur wenige wollten wie ich die Insel erwandern, die größte der galicischen Inseln, die immer mal wieder besiedelt worden war, wenn nicht gerade Invasoren wie die Sueven und Normannen einfielen oder die spanischen Muslime aus al-Ándalus und türkische, berberische und britische Piraten wie Francis Drake die Insel als Stützpunkt für Raubzüge an den Festlandküsten oder nach Santiago de Compostela benutzten.

Ich kam durch ein zweites Dorf mit nur wenigen alten Steinhäusern, deren Fenster und Türen alle nach Osten, zur Ría de Pontevedra hin lagen, was Schutz vor den feuchten Winden bot. Eine Handvoll Leute lebte dort noch ein Leben aus anderer Zeit, aus jener Zeit, in der es fünfhundert Siedler gab und die Männer Fischer und die Frauen Bäuerinnen waren, die Mais, Kartoffeln, Bohnen pflanzten. Ein Arzt aus Vigo hatte auf Ons eine Anlage zum Trocknen von Kraken und Meeraalen installiert, sein Sohn, bekannt für seine republikanische Gesinnung, hatte den Betrieb weitergeführt, sich aber zu Beginn des Bürgerkriegs lieber erhängt, als den Häschern Francos in die Hände zu fallen. Die Anlage existierte nun nicht mehr, wohl aber gab es vor der Insel nach wie vor die besten Pulpos. In der Folge hatte das Militär die Insel konfisziert, die nach Francos Sieg auf den neuen Staat überging und das Interesse deutscher Militärs weckte. Sie hatten die glänzende Idee, auf Ons eine U-Boot-Basis einzurichten, lag die Insel doch an der Route der Royal Navy nach Gibraltar. Franco leitete alles in die Wege, womöglich wies er die spanische Bürokratie aber auch an, den Deutschen Steine in den Weg zu legen, und als sich der Ausgang des Zweiten Weltkriegs abzeichnete, wurde der Plan fallen gelassen – zum Glück für die Insel.

Ich lief über den hügeligen Inselrücken zu einem Aussichts-
punkt im Süden, vor mir lag die kleine Schwester Ons', Onceta,
im Wasser wie eine Qualle auf dem Strand, und im Hintergrund zeichnete sich das Profil der Illas Cíes ab. Der Pfad führte über den Klippen der zerrissenen Westseite weiter zum
Leuchtturm, der noch bemannt war, und zur Nordspitze der
Insel, wo Silbermöwen und Krähenscharben wohnten. Ons
war eine angenehme, friedvolle Insel, nicht zu groß und nicht
zu klein für einen Wandertag, grün dank Ginster, Heidekraut,
Farnen und auf der geschützten Ostseite auch ein wenig Kiefernwald, nicht zu heiß dank des Windes und nicht überlaufen
dank der Strände, die das Hauptbesucherkontingent absor-
bierten. Angenehm, aber nicht spektakulär. »Die Cíes sind
eine andere Sache«, sagte mir auf der Rückfahrt ein Besatzungsmitglied der Fähre und meinte wohl: etwas Besonderes,
Einmaliges, »die Cíes sind halt die Cíes.«

DIE MUSCHELN

Eine halbe Stunde vor Mittag war ich im Hafen von Moaña, löste
einen Fahrschein für den Ausflug zu den Muschelplattformen
und trank vor dem Café des Hafengebäudes noch schnell einen
Kaffee zwischen parkenden Autos. Fast hätte ich in dem Lautge-
wirr tuckernder Kutter, fahrender Autos und volltönender Stimmen von den Nebentischen das Klingeln meines Telefons überhört. Es war Sabrina, sie wollte wissen, ob ich schon im Hafen sei,
und schlug vor, uns in einer Minute am Fahrkartenschalter zu
treffen. Doch das erübrigte sich. Ich sah, wie zwei Tische weiter
eine Frau zur gleichen Zeit wie ich zu telefonieren aufhörte, sich
erhob und das Hafengebäude ansteuerte. Ihr Alter – um die vierzig –, ihr gelassener Gesichtsausdruck und ihre ruhigen Bewegungen passten zu ihrer Stimme, dachte ich noch, dann schnitt ich ihr
den Weg ab.

»¿Sabrina?«

»¿Sí?«

Meine Augen erblassten vor ihren tiefbraunen Kastanienaugen.

»¡Sabrina!«, rief schrill eine andere Frauenstimme. »Das Boot legt an.«

»Entschuldige«, sagte Sabrina zu mir, »wir sehen uns später.«

Das Boot hatte es nicht weit bis zu den Plattformen vor Moaña. Es legte breitseits an einem Muschelkutter an, der bereits an einer *batea* lag. Sabrina stieg aufs Deck des Kutters und stellte dem durchweg spanischen Publikum die Mannschaft vor: sechs Männer einer Familie aus Moaña, alles Brüder, Vettern und Schwäger. – Die Miesmuschelzucht ist ein atomisiertes Familiengeschäft, es gibt nur wenige Firmen, die mehrere Plattformen betreiben, erfuhren wir von unserer Führerin. *Bateas* existieren seit den Vierzigerjahren, quadratische oder rechteckige Netze aus bis zu siebenundzwanzig Meter langen, auf verankerten Schwimmkörpern befestigten Eukalyptusstämmen, von denen zwölf bis fünfzehn Meter lange Taue ins Wasser hinabhängen, an denen die Miesmuscheln kleben. Der *mexillón* ist eines der wenigen Weichtiere, die sich an Felsen, Mauern, Pfähle oder Seile heften. Eine *batea* weist maximal fünfhundert Taue auf und kann pro Jahr fünfzig bis siebzig Tonnen Muscheln produzieren.

Einer der Männer barg mit der Hebevorrichtung des Kutters ein Tau, das dick und schwarz vor reifen Muscheln war. Sabrina erläuterte, dass die Muschelbrut von der Felsküste geholt und mit wasserlöslichen Netzen an die Seile gebunden wird, die Jungmuscheln nach vier bis sechs Monaten auf mehrere Taue verteilt und die ausgewachsenen Muscheln nach zwölf bis fünfzehn Monaten abgenommen werden können. Knapp die Hälfte wird frisch vermarktet, der Rest zu Konserven verarbeitet. – Miesmuscheln machen mehr als die Hälfte der Meeresproduktion Galiciens aus, Galicien ist nach China der bedeutendste Produzent. Aber wa-

rum Galicien und nicht Andalusien zum Beispiel? Weil die Quali-
tät der galicischen Muscheln und generell der Meeresfrüchte un-
schlagbar ist, dank eines Naturphänomens, des *afloramiento:* Im
Frühling und Sommer sorgen die Nordwinde dafür, dass kaltes
Wasser aus arktischen Breiten und tiefen Meeresschichten in den
Rías an die Oberfläche steigt, sauerstoff- und nährstoffreiches
Wasser, das die Muscheln mehr als irgendwo sonst mit Plankton
versorgt.

Unter Deck war angerichtet. Die Tische waren mit weit mehr
Tellern voll gekochter Muscheln gedeckt, als Gäste sich für deren
Zucht interessiert hatten. Dazu gab es frisches Weißbrot und
weißen Albariño-Wein von den Rías Baixas. Sabrina ging von
Tisch zu Tisch, plauderte ein wenig und beantwortete offene Fragen. Ich hatte schon eine Flasche Wein geleert und zwei Kilo un-
schlagbarer Muscheln verzehrt, die unverkennbar nach Poseidon
persönlich schmeckten, als Sabrina sich schließlich zu mir setzte
und begann, mit geübten Lippen göttliche Weichtiere aus ihren
Schalen zu lösen. Dazu war noch Zeit, das Boot fuhr erst nach
Vigo, um ein paar Leute abzusetzen. Ich schenkte Sabrina Wein
ein und fragte sie, ob ihr Name keltischen Ursprungs sei. Ja, und
er bedeute Prinzessin. Sie war Fremdenführerin und machte unter anderem diese Ausflüge zu den *bateas* im Auftrag der Stadtverwaltung von Moaña, die für ihre Muscheln werben und sich ein
Stück vom Tourismuskuchen abschneiden wollte, den das be-
nachbarte Cangas nahezu allein aufaß. Moaña stand touristisch
im Schatten von Cangas wie die Muschelzucht der Ría de Vigo im
langen Schatten der Ría de Arousa. Sabrina fragte mich, ob ich für
den Nachmittag schon etwas geplant habe, wir könnten ans Ende
der Halbinsel von Morrazo fahren, auf der Moaña lag, und den
Monte Facho besteigen. Auf dem Berg gab es Reste eines keltischen Dorfes, und man hatte einen herrlichen Blick auf die Illas
Cíes. Genau das, antwortete ich, hätte ich vor, und vielleicht an
einen Strand zu gehen. Sie lächelte.

DIE NACKTEN

Wir fuhren durch das abschreckende Cangas und durch endlose
Dörfer oder unzählige Weiler und parkten am Ende dieser Welt,
vor dem nur noch die Cíes gleich Drachen vor der Höhle lagen
und die Ría vor den Wellen schützten. Der Aufstieg zum Monte
Facho war kurz, aber schweißtreibend, die niedrigen Steinmauern
der teilweise restaurierten Rundhäuser des befestigten keltischen
Dorfes warfen keine Schatten, und die baumlosen Felsen glühten.
Erfrischend war nur die Brise, die über den Gipfel wehte, und der
Anblick der Nebelschwaden, die über das Meer zogen und die hö-
heren Lagen der Inseln und der Festlandberge sichtbar ließen. Es
war, als wüchsen die Berge aus weißen Wolken, als wären sie über-
irdische Kinder des Himmels. Sabrina sagte, die Römer hätten
die Cíes Inseln der Götter genannt. Wir stiegen wieder hinab in
die Unterwelt und fuhren zurück. Bald aber bog Sabrina von der
Straße ab und fuhr durch Schlaglöcher im Asphalt und über eine
staubige Piste auf einen Pinienwald zu. Über Sandboden und
Wurzeln ging es ein paar hundert Meter zu Fuß hinunter zum
Strand. Es war ein Nacktbadestrand, die Praia de Barra, das Paradies des galicischen Nudismus, wie Sabrina lächelnd bekannt gab,
wobei sie mich forschend ansah. Sie ging voraus. Wo der Weg auf
den Strand mündete, lag eine Traube nackter Leiber im Sand,
dann lichtete sich der Fruchtstand. Am Wasser aber waren ganze
Völkerstämme unterwegs, Menschen verschiedener Hautfarbe
und aller Formen, die den langen weißen Sandstrand immerzu auf
und ab gingen. Die dunkelbraun gebrannten und milchkaffee-
braun getönten Körper waren gleichsam natürlich nackt, sie passten richtig gut ins Paradies. Die nur leicht angetoasteten oder gar
weißen Leiber schienen mir irgendwie nackter zu sein, am nack-
testen aber waren die braunweiß oder rosaweiß gestreiften Leute,
deren weiße Teile herausstachen und den Blick auf sich zogen und
deren gefärbte Partien wie Kleidung wirkten, obwohl ihre Besit-

zer wie alle anderen nur Haut an sich trugen. Doch auch sie bewegten sich – Konversation treibend – mit einer Selbstverständ-
lichkeit über den Sand, als wandelten sie in bester Sonntagsrobe
über die Promenade von O Grove.

Sabrina ging bis ans Westende des Strandes, wo Kinder von
den ankernden Yachten auf dem festen Sand am Ufer spielten
und einige Männerpaare und -gruppen verstreut am Rand der Dünen lagen. Vielleicht war die ungefährliche Schwulenecke Sabri-
nas Stammplatz. Wir setzten uns in den warmen Sand und schwiegen. Das Wasser war ganz ruhig, Brandung gab es nicht, der
Strand wurde von einem Kap und den Inseln vor hohen Wellen
bewahrt. Es herrschte ein irreales Licht, die Yachten schwammen
in Nebelschleiern, ihre Masten verloren sich beinah im Nebel-
himmel, hinter den Booten stand eine undurchlässige Nebelwand
im Wasser, während der Strand gestochen scharf in der Sonne lag
und die Luft vollkommen transparent war. Oder ich war schon
wieder nüchtern. Vielleicht ist das Paradies nicht dort, wo du es
suchst, dachte ich, und du findest es nur, wenn es zu dir kommt,
und dann bist du nicht imstande, es festzuhalten, das Paradies
lässt sich nicht fangen. Vielleicht ist es das Wesen des Paradieses,
ein ewiger Traum zu bleiben, und es macht gar keinen Sinn, es zu
suchen, sondern nur, von ihm zu träumen. Vielleicht besteht darin das Glück. Ich hatte Lust, mir den Schweiß vom Monte Facho
und den Schweiß meiner Gedanken abzuwaschen, den Kopf zu
kühlen, aber wie sollte ich jetzt aufstehen und mich vor Sabrina
entblößen?

»Ihr Deutschen seid so kompliziert«, sagte Sabrina. »Gehen
wir ins Wasser?«

Sie war eine Hexe. Sie war in meinen Kopf geflogen und hatte
in ihm gelesen. Sie stammte aus Cangas, in Cangas gab es viele He-
xen, so hatte es wenigstens die Inquisition postuliert. Ich ließ
mich gern verzaubern. Wir zogen uns aus, sie nahm mich an die
Hand, und wir liefen ins Wasser. Wir liefen weit ins Meer hinein,

der Strand fiel ganz sacht ab, wir liefen bis in den Nebel hinein, und ich wusch mir die Kompliziertheit ab. Dann stand ich mit dem Rücken zum Meer, Sabrina kam lächelnd auf mich zu, legte mir die Arme um den Nacken und zog mich an sich, und ich warf neun Wellen, als hätte das Meer mich getrieben, als wäre es naturnotwendig gewesen.

Wir legten uns nebeneinander auf den Sand. Ich horchte in mich hinein, aber da war nichts, nicht ein Gedanke war zu hören, mein Kopf war leer. Schließlich sagte Sabrina, sie müsse zurück, was ich am nächsten Tag machen werde, wollte sie wissen.

»Morgen fahre ich hinüber zu den Cíes und übermorgen weiter nach Portugal.«

Schweigend fuhren wir nach Moaña zurück. Bevor ich aus dem Wagen stieg, sahen wir uns wohlwollend an. Sie lächelte.

ENTZAUBERTES PARADIES

Auf der Fähre nach Vigo waren nur einige unausgeschlafene Pendler, doch im Fährhafen Vigos drängten sich die Fremden, nahezu ausschließlich Spanier, so dicht an dicht wie die Miesmuscheln an den Hafenmauern. Die desorientierte Menge musste nach Schifffahrtsgesellschaften und Zielhäfen sortiert, durch Absperrungen geschleust und in Schlangen vor den Fähren eingereiht werden; dafür gab es eigens Personal. Von unpersönlichen Lautsprecherdurchsagen fühlte sich wohl niemand angesprochen, sie wurden überhört und übertönt und gingen im allgemeinen Geschrei unter. Entsprechend lange dauerte die Einschiffung, auch deshalb, weil viele, vor allem junge Leute Berge von Gepäck mitschleppten, Zelte, Schlafsäcke, Matten, vollgepackte Rucksäcke, andere begnügten sich mit Strand- und Kühltaschen. Ich ging an Deck und schaute auf Vigo zurück und nach Moaña hinüber und fühlte mich deplatziert. Die Ría lag da, wo sie liegen musste: still in den Armen des Landes.

Die Cíes waren spektakulär. Sie schienen nicht von dieser
Welt zu sein, und doch lagen sie in Europa. Es erübrigte sich, in
die Karibik oder die Südsee zu segeln, um eine Postkarte aus dem
Paradies zu schicken; es lag vor der Haustür. Ich kam an weißen
Sandstränden mit unwirklich leuchtendem, smaragdgrünem, tür-
kisblauem, glasklarem Wasser vorbei. Ich stieg auf Gipfel, und
mir lagen die gebirgigen Inseln zu Füßen, als wären sie nie ange-
rührt worden. Ich blickte über die Kronen der Seekiefern hinweg
zur unzugänglichen Südinsel hinüber, die zunächst nur ihre Haar-
pracht offenbarte; dann zog ihr der Wind langsam den Nebel-
schleier vom Gesicht und enthüllte einen einladend lächelnden
Strand. Auf der Nordinsel huschten vom Meer aufsteigende Nebelschwaden durch den Eukalyptuswald, die durchdringenden
Schreie unsichtbarer Möwen flogen durchs Gehölz, und es war so
mysteriös, als hätten die Druiden dem Waldgeist ein Opfer darge-
bracht. Am eindrucksvollsten aber war die Mondsichel, die sich
übers Meer schwang und eine lange Brücke zwischen nördlicher
und mittlerer Insel spannte, die Praia das Rodas: ein Gedicht aus
Sand und Dünen und Fels, ob nun der schönste Strand der Welt,
wie The Guardian im Jahr 2007 entschied, schöner noch als die
schönsten Strände Kolumbiens, Brasiliens, der Philippinen,
konnte ich nicht beurteilen.

Wenn das Paradies nur nicht so voll gewesen wäre! Die Kelten, Römer, Mönche, Seeräuber, Siedler waren noch wenige gewesen, aber dann ging's los, in den Sechzigerjahren mit den Blu-
menkindern meiner Generation und den Pionieren des Nudismus.
1970 eröffnete ein Campingplatz, und mehr als fünftausend Para-
diesvögel flogen täglich auf Fähren ein, bevor ihre Anzahl auf
zweitausendzweihundert begrenzt wurde, als 1980 der Naturpark
der Illas Cíes geschaffen wurde. Und kaum war 2002 der Nationalpark geschaffen, kam die nächste Pest ins Paradies, das Schwer-
öl der Prestige, und die Fischer der Ría de Vigo fischten mit ihren
Netzen die Ölteppiche aus den Gewässern um die Cíes und be-

wahrten so die Inseln und die Ría vor noch Schlimmerem. Dann kamen die Freiwilligentrupps in ihren weißen Overalls und zupften die klebrigen Klumpen der schwarzen Flut von Felsen und Stränden. Erstaunlich bald strahlte die Praia das Rodas wieder und füllte sich erneut. Achthundert Plätze wies der Campingplatz in ihrem Rücken auf, die Wege waren voller Spaziergänger in Badehosen und -latschen, an den Leuchttürmen drängten sie sich in den Schatten, an den Aussichtspunkten klebten Trauben von Menschen auf den Felsen, und im Wald schrien nicht nur die Möwen. Mein Verdacht erhärtete sich, dass es nicht nur realer oder suggerierter Ferne bedarf, um sich im Paradies zu fühlen, sondern auch einer Entfernung von den Artgenossen, einer gewissen Abgeschiedenheit und Einsamkeit. Adam und Eva waren auch nur zu zweit gewesen. Das Paradies liegt wohl nicht da, wo man es vermuten könnte, eher dort, wo man es nicht ahnt.

Ochsen, die fischen –
Die Lagune von Aveiro

Lustlos und mit einem Ziehen im Bauch verließ ich Moaña und fuhr über die Autobahn an Vigo vorbei Richtung Portugal. Ich wusste, dass dieses Ziehen Wehmut war, bei mir saß die Seele offenbar im Bauch. Ich spielte alte Sambas von Vinícius de Moraes, Caetano Veloso, Toquinho, Clara Nunes ab, doch das machte die Sache nur noch schlimmer, besonders die tiefe, belegte Stimme Maria Bethânias. Aber ich genoss es. Solch ein intensives Gefühl stellte sich nicht alle Tage ein, es zeigte mir, dass ich dazu noch fähig war, dass ich noch Leben in mir hatte.

Die Grenze war keine Grenze mehr. Die Autobahnbrücke über den Río Miño hatte so viel und so wenig Bedeutung wie irgendeine Autobahnbrücke über irgendeinen heimischen Fluss. Auf meiner ersten Tour um Iberien war ich über die alte Eisenbrücke zwischen Tui und Valença do Minho gekommen, die

Monsieur Eiffel entworfen haben sollte und die nach wie vor an ihrem Platz stand, nahe der neuen. Noch auf spanischer Seite hatte ich anhalten und Einreisepapiere ausfüllen müssen, und ein lustloser Zollbeamter hatte mir widerwillig einen Stempel in meinen Reisepass gedrückt: »Guarda Fiscal – Serv. Fronteiras – Entrada – Portugal – Valença«. Dann war ich über die lange schmale Brücke hoch über dem breiten Minho langsam an den Eisengittern entlanggefahren, als würde ich Spießruten laufen oder wie ein wildes Tier vom Zwinger in die Manege eines Zirkus geschleust. Nun aber war der schöne Schauder des Grenzübertritts dahin, das autoritäre Ritual hoheitlicher Kontrolle war mit den Schlagbäumen abmontiert worden, die signalisiert hatten: Hier beginnt eine andere Welt mit anderer Sprache und anderer Währung und anderer Art zu sein. Jetzt floss man in die Fremde, die kaum noch fremd war, die wirklich fremde Fremde lag weiter weg, außerhalb Europas.

Damals war ich hinter der Brücke kilometerweit über feingliedriges Kopfsteinpflaster gefahren, das es in Spanien schon nicht mehr gab, die Straße führte durch Wälder und war nahezu unbefahren, dann verlief sie an der Küste entlang, aber auch dort kam mir selten ein Auto entgegen, umso mehr Ochsenkarren und Frauen zu Fuß, die Krüge oder Körbe oder Schüsseln auf dem Kopf balancierten. Ich war durch kleine Orte gekommen, in denen nichts los war, nur dass hier und da Horden von Männern an den Straßenecken standen, während die Frauen auf den Feldern arbeiteten. Damals schien mir Portugal ein angenehm ruhiges Land zu sein, langsam, leise und gedämpft, wie von einer Decke nie schmelzenden Schnees überzogen, der alles weicher machte, ein Land, das in der Vergangenheit zu Hause war, ein Land der Ochsenkarren noch und nicht der Fernlaster wie Spanien, obwohl die Straße, über die ich fuhr, die Hauptnordsüdverbindung darstellte und Europastraße 50 hieß. Doch womöglich war es nicht die Seelenruhe eines Volkes, die ich spürte, sondern eine gespann-

te Ruhe, die geladene Atmosphäre einer brisanten Situation, von
der ich nichts wusste. Wie unzuverlässig können Reiseeindrücke
doch sein! In der Nacht hatte General Spinola geputscht, doch
das erfuhr ich erst zwei Tage später auf dem Campingplatz von Fi-
gueira da Foz aus dem Mund eines Deutschen, der als Ausbilder
beim Deutschen Luftwaffenkommando in Beja stationiert war.
Zusammen mit einem portugiesischen Kameraden tingelte er
nach Lust und Urlaubslaune mit seinem Mercedes der vorletzten
Generation und einem Wohnanhänger durch die Lande. Er über-
setzte mir die Radionachrichten, die von Kämpfen in der Gegend
um Lissabon, über Massenkundgebungen und Demonstrationen
in den großen Städten, von Straßenkontrollen und Verhaftungen
berichteten. Der Putschversuch war fehlgeschlagen, Spinola geflohen, die Banken waren verstaatlicht und geschlossen. Und ich
war ahnungslos gewesen.

DER FRIEDE DER LAGUNE

Nun, bei meiner zweiten Reise, gab es Autobahnen durchs Landesinnere wie auch entlang der Küsten, und ich sah keine Dörfer
und arbeitenden Frauen und politisierenden Männer mehr aus
der Nähe, schon gar nicht Ochsenkarren. Und man hatte kein
Gefühl für die Stimmung mehr, das manchmal täuschen mochte,
doch wenigstens die Illusion verschaffte, Einblick in das Land zu
gewinnen. Um Porto herum war der Verkehr so dicht wie um jede
andere große europäische Stadt, und ich atmete auf, als ich bei
Ovar die Autobahn verließ. Ich kam durch Ferienland mit Villen
und Swimmingpools und gepflegten Gärten und geschnittenem
Rasen und Apartmentanlagen, die keinem Größenwahn erlegen
waren, sondern bescheiden und flach auf dem Boden lagen und
wohl nur in der Hochsaison Besuch bekamen. Noch waren nicht
viele Gäste gekommen, und je weiter ich nach Süden fuhr, desto
dünner wurde die Besiedlung. Die Straße schmiegte sich an die

Ria de Aveiro, die auf vierzig, fünfzig Kilometern parallel zur Küste hinter den Dünen lag und zunächst nur ein schmaler Arm aus Ebbeschlamm war, dann aber ein flacher See.

Die Pousada stand mutterseelenallein am Ufer. Ich lag auf dem Bett im Zimmer, die Flügeltür des Balkons, der über dem Wasser hing, war weit geöffnet, es roch nach Schlick, Moder, Verwesung, die untergehende Sonne flutete die feuchte Luft mit Goldorange, und ich schaute über die ruhige, einschlummernde Lagune in die Eintönigkeit. Das Wasser war Luft, die Luft Wasser, die Elemente verschwammen ineinander wie Aquarellfarben, und ich löste mich in Träume auf. Ich erwachte, als eine Miesmuschel ihre Schalen schloss und mich in die Zunge biss. Vielleicht hatte ich mir im Schlaf selbst auf die Zunge gebissen. Es war später Abend, ich stand auf und ging auf den Balkon hinaus. Das Wasser lag still und glatt auf dem Land, das Spiegelbild des Mondes lag auf dem Wasser, die Blitze eines Leuchtturms zuckten über den See, am Himmel und auf dem Wasser leuchteten ein paar rote Wolken, die das Licht Aveiros und seiner Hafenanlagen reflektierten. Es war so weit weg und so irreal wie Polarlicht, und die Nacht war so leer wie die Polarnacht, ich war allein mit den springenden Fischen und den Moskitos. Beim ersten Morgenlicht hörte ich Stimmen und plätscherndes Wasser, danach einen Motor, und dann fuhr ein langes, schmales Fischerboot durch den Ausschnitt der Balkontür und sandte sanfte Wellen über den Spiegel des Sees. Einige Fischer hatten ihre Boote in der Nähe der Pousada liegen, ihr Tag begann gegen fünf Uhr. Ich schlief wieder ein, und es störte mich überhaupt nicht, dass ab und zu ein Kahn durch die Traumwelt tuckerte. Später stand ein Mann im Matsch, grub mit einem langen, schmalen Spaten die Lagune um und fingerte Muscheln oder Krebse aus den aufgeschütteten Haufen. Vor dem verglasten Frühstückssaal schwammen Boote in einiger Entfernung, die Fischer warfen Netze aus oder holten sie ein oder angelten mit der Rute.

Mit dem Fahrrad fuhr ich am Rand der Lagune entlang nach Torreira. In dem kleinen Hafen, der nur aus Holzstegen und Pfählen zu bestehen brauchte, lag ein Schatz, das Wertvollste dieser Lagunenwelt. Die bunten Holzboote waren den Fischern lieb und teuer, das sah man sogleich. Sie waren liebevoll mit geometrischen Mustern und Blumen bemalt, auf manch geschwungener Bugspitze steckte ein Blumenstrauß, und sie trugen Namen wie Micaela, Amarita, Elizabete, Marisa und Nossa Senhora de Fátima. Boote, wie es sie vor hundert, fünfhundert Jahren schon gegeben haben mochte, aber nun mit Außenbordern versehen. Immer mehr liefen in den Hafen ein und landeten ihren Fang an, vielleicht mussten sie zurückkehren, bevor die Ebbe das Wasser absog. Später sah ich die Boote im Schlick liegen, flache Boote ohne Kiel, gestrandet im Matsch, zur Untätigkeit verdammt.

Abseits des Hafens waren ihre großen Brüder auf dem Ufersand gestrandet, wohin das Wasser nie gelangte, zwölf, fünfzehn Meter lange Boote mit hochgezogenem Heck und noch höher geschwungenem Bug und einem schlanken Baumstamm als Mast, den ein Segel umflattert haben musste. Auf ihnen hatte die volkstümliche Dekorationskunst noch größere Blüten getrieben, hatte sie an Bug und Heck mit Naïf-Bildern geschmückt und sie mit romantischen oder pikanten Sprüchen, mit religiösen Bekenntnissen, Volksweisheiten oder satirischen Sentenzen verziert. Ein junger Mann trug eine Frau auf Armen, und darunter stand: »Der Weg ins Glück«. Ein älterer Mann saß Rücken an Rücken mit seiner Gattin am Strand, schaute einer attraktiven jungen Frau nach und sagte: »Oh, welch interessantes Werk.« Pikanterie des 19. Jahrhunderts, gewagte Sprüche der Unschuld, Fischersehnsucht von gestern – oder für ewig?

STRANDFISCHFANG

João hatte nichts zu tun, es war noch weit vor Mittag, sein Restaurant gähnte. Er hatte zwanzig Jahre in England gelebt, in London ein Restaurant betrieben, dann war er zurückgekommen und hatte sich hier eingerichtet. Auf meine Frage, wie das Geschäft laufe, sagte er: »Man lebt.« Nichts weiter, damit war er anscheinend zufrieden. Vielleicht war er müde, hatte resigniert, selbst wenn er lächelte, lächelte er traurig. Die großen Boote, die ich gesehen hatte, seien *moliceiros,* sagte er mir, Boote für den Transport von *moliço,* Tang aus der Lagune, der früher als Dünger auf den Feldern Verwendung fand. Es gab nicht mehr viele *moliceiros,* und sie kamen nur noch bei lokalen Festen zum Einsatz, dann wurden sie mit großen Leinensegeln und riesigen Ruderblättern bestückt und fuhren Regatten auf der Ría. Ihre Besitzer hatten sie nicht selbst dekoriert, nicht einmal das Motiv ausgewählt, sondern sich von den Künstlern überraschen lassen und waren dann ihr Leben lang unter einem solchen Motto wie »Dicke Frauen mag ich lieber« gesegelt.

»Hast du mal eines unserer Ochsenjochs aus der Nähe gesehen?«, fragte João.

Ich argwöhnte schon, er habe seine Frage symbolisch gemeint und seine Auslassungen könnten eine geschlechterkämpferische oder europakritische Wendung nehmen. Ich schüttelte den Kopf.

»Auch sie sind bemalt«, sagte João, »immer haben wir unsere Boote und Joche mit Ornamenten verziert, niemandem würde es einfallen, sein Auto zu bemalen, wir sind immer Bauern und Fischer gewesen und es im Grunde geblieben. Wir sind sogar beides in einem gewesen, Bauer und Fischer in einer Person. Weißt du, was die *xávega* ist?«

»Nein.«

»Hast du nie Ochsen gesehen, die Netze aus dem Meer ziehen?«

»Doch, ja, vor vielen Jahren einmal.«

»Hier kannst du es immer noch sehen, allerdings nicht mehr so häufig, nur noch ab und zu im Sommer, wenn viele Feriengäste da

sind, das ist die einzige Attraktion, die Torreira außer bemalten
Booten, Strand und gutem Essen zu bieten hat.«

Er sprach leise, ohne viel Nachdruck in seine Worte zu legen,
und wenn er mir ein Bier zapfte, waren seine Bewegungen ebenso
leise und nachlässig. Das Wort *xávega* stammt aus dem Arabischen und bedeutet Netz. Früher wurde die *xávega* an der gesam-
ten Küste zwischen Porto und der Algarve praktiziert, erzählte
João, jetzt nur noch an wenigen Stellen im Norden. Und zwar mit
Traktoren, vereinzelt auch mit Ochsengespannen, aber nur zur
Unterhaltung der Sommerfrischler. Die *xávega* hatte Tausenden
Familien zu essen gegeben, der größte Teil des Fangs wurde zu
Konserven verarbeitet. Dann kamen die Kutter mit ihren Dampf-
motoren und fischten die Küsten ab. – Der Strandfischfang mit
Ochsen war ohnehin stets nur ein Saisongeschäft gewesen, wurde
ausschließlich im Frühling und Sommer betrieben, wenn die Sar-
dinen sich der Küste näherten. Doch auch dann nicht alle Tage.
Wenn das Meer rebellisch oder knauserig war, fingen die Fischer
Aale in der Ria oder verwöhnten ihre Artischocken. Wenn die
Brandung es zuließ, wurde das Boot ohne Kiel, doch mit hohem
Bug und Heck von den Ochsen mittels eines Baumstamms über
den Sand ins Meer gedrückt. Es glich einer Mondsichel, die auf
dem Rücken lag, entfernte sich nur ein, zwei Kilometer vom
Strand, warf das Netz aus, dessen eines Ende an einem Pfahl auf
dem Strand festgemacht war, und kam mit dem anderen Ende zu-
rück. Früher waren die Boote größer, hatten bis zu fünfzig Mann
Besatzung und vier lange Ruderriemen, an denen die Männer wie
Galeerensklaven rissen. Nun genügten den kleineren Booten zwei
Riemen, die nur bei der delikaten Navigation durch die Bran-
dungsbrecher benutzt wurden, sonst legte sich der Motor ins
Zeug.

»Ich weiß noch, es war jedes Mal ein spannendes Schauspiel,
wenn das Boot einen günstigen Augenblick nutzte, um auf den
Strand zu stauchen. Und ein biblisches Bild, wenn die Ackeroch-

sen es hinaufzogen. Ihre Beine versanken im lockeren Sand, sie pflügten den Strand. Und dann ernteten sie die Früchte des Meeres, zogen das Netz an den langen Enden aus dem Wasser, in dem sich alles gefangen hatte, was im Meer wuchs, Sardinen, Weißlinge, Makrelen, Tintenfische, Sardellen, Seezungen, die nun als zappelnde, silbrig glitzernde Masse auf dem Sand lagen und von den Männern und Frauen in Kisten sortiert wurden.«

»Wann dreschen die Ochsen wieder den Sand, wann fischen die Bauern wieder?«, fragte ich João.

»Ich weiß nicht, ich habe nichts gehört. Es sind auch noch nicht viele Besucher hier. Bist du durch den Ort gegangen, hast du viele Leute gesehen? So viele Häuser stehen leer. Weißt du, wie Torreira entstand? Die ersten Fischer kamen aus Dörfern im Hinterland, aus Ovar und Murtosa hauptsächlich. Sie lebten im Sommerhalbjahr mit ihren Ochsen am Strand, in großen Bretterbuden mit Sandboden, die im Winter von Wind und Wellen regelmäßig abgetragen und in jedem Frühjahr neu aufgebaut wurden. Gegen Ende des Sommers kehrten die Fischer in ihre Dörfer zurück und wurden wieder Bauern. Mit der Zeit ließen sie sich aber ganz hier nieder und bauten sich Ziegelhäuser hinter dem Strand.«

RUINEN DES FORTSCHRITTS

Ich fuhr mit dem Rad durch die leeren Straßen Torreiras. Am Meer verloren sich einige Badende auf dem immensen Strand, verkrochen sich hinter Windschutzplanen. Das Leben spielte sich auf der anderen Seite ab, zwischen dem Hafen und den Kneipen und Restaurants der ersten Häuserzeile, dahinter war das Leben verschieden. Oder bloß eingeschlafen, sofern es denn möglich war, dass all die kleinen, einfachen, sandverstaubten Fischerhäuschen im August Mieter fanden. Ich fuhr weiter nach São Jacinto, der Ort sah genauso aus und war genauso leer wie Torreira, nur kleiner. Den Hafen bildeten im Boden steckende

Stangen vor der Mauerbefestigung der Straße an der Ria. Am Ende des Kais schloss sich das Gelände einer verlassenen Werft an. In den Docks verrostete ein Kahn, die Werkshallen trugen nichts weiter als eine Staubschicht zum Zeichen der Trauer, in den Büros lagen Haufen von Bauplänen und Modellteilen auf dem Boden herum. Es war ein trostloses Bild, nicht nur, weil die Werft aufgehört hatte zu leben, sondern auch, weil alles so stehen und liegen gelassen worden war, wie es geendet hatte. Ich rätselte, ob der melancholische Charme der Verrottung Sinn machte.

Wie ich später erfuhr, handelte es sich um eine Werft, die von einem deutschstämmigen Ingenieur namens Carlos Roeder gegründet worden war. Karl Röder hatte an der Polytechnischen Schule in Lissabon Kurse belegt, ging dann nach Deutschland, um Ingenieurswissenschaft zu studieren, tauchte in den Dreißigerjahren als Vertreter für Schiffsmotoren einer deutschen Marke in Aveiro auf, diente der Fischereigesellschaft von Aveiro Dieselmotoren für ihre Kutter an, die auf Kabeljaufang nach Neufundland fuhren und noch mit Dampfmotoren ausgerüstet waren. Er wurde Teilhaber der Firma, überzeugte die anderen Inhaber, auf Schleppnetze umzustellen, und ließ den ersten portugiesischen Trawler 1935 in Dänemark bauen. 1940 gründete er seine eigene Werft, wegen kriegsbedingten Materialmangels begann der Schiffbau aber erst 1945. In fünfzig Jahren entstanden mehr als zweihundert Schiffe auf der Werft, dann wurde sie aufgegeben.

Ich setzte mich vor eine der Hafenkneipen an einen Tisch auf der Straße. Die Männer, die am Kai und vor den Kneipen herumstanden, waren mit ihren von Sonne und Wind gegerbten Ledergesichtern Bewohner einer anderen Epoche. Vielleicht waren sie vor fünfhundert Jahren schon zur See gefahren und hatten die *xávega* nach Goa gebracht. Trotz ihrer Piratengesichter machten sie nicht den Eindruck von wilden Gesellen. Sie brüllten nicht, fuchtelten nicht mit den Armen herum und schlugen dem Nebenmann nicht auf die Schulter, im Gegenteil: Sie gaben sich zurückhaltend, mochten geradezu sanftmütig sein, von mildem Wesen, Menschen ohne Ecken und Kanten, die ihre Sprache ohne Ecken und Kanten sprachen. Vielleicht waren sie müde von so viel Seefahrt und Fischfang, waren träge geworden bis zur Passivität und duldsam bis zur Schicksalsergebenheit, und ihr Ego hatte in stiller Melancholie Zuflucht gefunden. Das war natürlich Spekulation meinerseits oder eine Blüte meiner Fantasie, aber dieser Eindruck war es und kein anderer, den sie in mir hervorriefen.

Anderntags fuhr ich mit dem Rad um die Lagune herum. Nördlich von Torreira spannte sich eine moderne Brücke an einer engen Stelle über die Ria und führte in das Labyrinth der Marschen und Kanäle. Über Sträßchen, Feldwege und Pfade kam ich an Mais- und Gemüsefeldern, Brachflächen und Zonen mit Binsen und Schilf vorbei, durch Reisfelder ohne Reis und Siedlungen ohne Namen, durch lethargische und durch neureiche Orte, deren Häuser einen Wettbewerb um die Palme der Geschmacklosigkeit auszutragen schienen. Das Ensemble ostentativer Kacheln an ihren Außenwänden glich einem Konzert, bei dem jedes Instrument seine schrillsten Töne von sich gab. Beim Industrieort Estarreja blieb mir nichts anderes übrig, als auf der Nationalstraße weiterzufahren. Der Verkehr, der Krach, der Gestank und die Hitze waren fürchterlich und die Außenbezirke Aveiros mit ihren Schnellstraßenkreuzen, Werks- und Lagerhallen und Wohnblocks nicht gerade aufmunternd. In solchen Momenten hasse ich Städte, vor allem, wenn ich auf dem Fahrrad sitze.

Als ich in der kleinen Altstadt Aveiros auf einem Platz im Schatten saß und mich mit Alsterwasser volllaufen ließ, mochte ich Städte wieder. Die Altstadt war schön provinziell, portugiesisch-gemütlich, doch Aveiro hatte ein Problem: Es wollte nicht Aveiro sein oder sich nicht als solches verkaufen. Es hatte sich ein Schild umgehängt, auf dem stand: das portugiesische Venedig. Dies hatten ihm seine Lage an der Lagune, seine Kanäle und Brücken und wahrscheinlich eine Werbeagentur nahegelegt, die auch

einer Handvoll *moliceiros* geraten hatte, den Lack aufzupolieren
und Touristen über die Kanäle zu gondeln. Die paar Wasserstra-
ßen und gondelgleichen Ausflugsboote machten allerdings noch
kein Venedig, schon gar nicht die verspielten, heiteren Jugend-
stilhäuser, mit denen Aveiro auftrumpfte. Wo waren die Renais-
sancepaläste, wo die Pracht der Dekadenz und die masochistische
Lust auf Melancholie? Aveiro mutete zu diesseitsgewandt und
nicht zuletzt dank seiner Universität zu lebendig und zukunfts-
froh an, um venezianisch zu wirken. Die tieferen Schichten der
portugiesischen Seele legten sich in wirtschaftlich aktiven Städten wie Aveiro wohl nicht gern bloß. In Orten dagegen, die in den
Ruinen ihrer Vergangenheit weiterlebten, mochten sie an der
Oberfläche liegen. Aveiro schien die Saudade aus seinen Mauern
verbannt zu haben; sie wohnte auf der anderen Seite der Lagune.

Um mit der Auto- und Personenfähre nach São Jacinto über-
zusetzen, musste ich die Ausfallstraße zum Meer nehmen, zwischen Scylla, Autobahn, und Charybdis, Eisenbahngleisen, gegen
den Wind segeln und durch die weitläufigen Hafenanlagen tram-
peln. Auf der kleinen Fähre waren Pendler, die in der Gegenwart
Arbeit gefunden hatten, und Frauen, die in den Geschäften
Aveiros gefunden hatten, was es in der Vergangenheit nicht gab.
Einen Euro fünfundvierzig kostete die zwanzigminütige Überfahrt pro Person, und mein Fahrrad musste einen Obolus von
fünfundfünfzig Cent entrichten. Felix Lusitania, mochte man
meinen, doch die Portugiesen schauten nicht sehr glücklich drein.

BIBLISCHE BILDER

Der Morgentau lag noch auf den Blättern, der mit Piniennadeln
übersäte Sandboden war noch feucht, obwohl die Sonne schon
recht hoch stand, und ich hatte das ganze Naturreservat der Dünen von São Jacinto und alle Spinnweben zwischen den Zweigen
für mich. Moosbeladene Baumstämme wuchsen wild durcheinan-

der, abgestorbene Bäume lagen nichtsnutzig herum, statt die Dünen zu halten, Wildenten nahmen ihr Morgenbad in den Süßwasserseen, und die Reiher frühstückten. Exotische Pflanzen reckten ihre wollüstigen Blüten dem Licht und dem ersten Menschen entgegen, in den Wanderdünen bog sich der Strandhafer vor Wonne und Wind. Von der Aussichtsplattform über dem Strand blickte ich in die unbevölkerte Welt, nicht einmal ein Schiff war auf dem Weg zum Hafen von Aveiro. Ich war allein mit der nackten Natur, ging Hand in Hand mit ihr am Strand entlang, wälzte mich in ihr, im Wasser, im Sand, ruhte aus in ihren Armen.

Bevor sich die Lagune bildete, war sie eine weite Meeresbucht gewesen. Vor tausend Jahren begannen dann Wind und Wellen und Meeresströmungen, von den Enden der Bucht je eine Sandzunge auszustrecken. Die Sandbänke wuchsen aufeinander zu, flogen in der Zeitlupe der Jahrhunderte wie Pfeile gegeneinander, bis sie die Ria vom Atlantik nahezu abriegelten. Vor mehr als vierhundert Jahren verstopfte dann ein Unwetter das letzte Loch in der Nehrung, und das vom Sand umarmte Haff dehnte sich dank einiger Zuflüsse über das tief gelegene Land aus. Aveiro aber war vom Meer abgeschnitten, erst Anfang des 19. Jahrhunderts wurde ein Kanal durch die Sandbank getrieben und mit Steinquadern der alten Stadtmauer befestigt.

Stundenlang lief ich über den festen, feuchten Sand und gelangte schließlich ans Ende der nördlichen Nehrung, an die Zungenspitze, durch die der Pfahl von Kanal gestochen worden war. Ich stieg auf die hohe Uferbefestigung und war so überrascht, als hätte ich nach tagelanger Wüstenwanderung plötzlich eine menschliche Siedlung erblickt oder wäre vom Sinai an den Suezkanal gekommen. Auf der anderen Seite standen Apartmentblocks und Ferienhäuser hinter dem Hausstrand Aveiros unter dem hohen Leuchtturm, der Strand war bevölkert, und im Kanal schwammen viele kleine Motorboote im Gleichklang haffeinwärts. Die Männer hielten Angelruten aus den Booten, die Flut trieb anscheinend einen ganzen Fischschwarm in den Kanal, aber auch die Boote schnell aus ihm heraus, und deshalb warfen die Männer alle paar Minuten erneut den Motor an, um wieder ans Meer heranzufahren. Und so ging es hin und her, vor und zurück, das Schauspiel der rastlosen Boote war wie ein biblisches Gleichnis für die Mühseligkeit des Lebens. Und die Männer angelten, als wüssten sie um den traurigen Kern der Weisheit, dass alles Streben letztlich eitel ist, als dächten sie: Heute angeln und essen wir, morgen müssen wir sterben.

Freche Möwen –
Der Berlenga-Archipel

Ich hatte es geahnt: In Nazaré gab es nicht nur keine Ochsen mehr, auch der Ort existierte nicht mehr, das alte Nazaré war untergegangen. Jetzt gab es ein anderes Nazaré, von irgendwo oder nirgendwo, aus dem Nichts hierher verpflanzt, und das neue Nazaré war – meiner subjektiven Wahrnehmung nach – wie viele andere Nazarés, voller Touristenrestaurants, Touristencafés, Touristenapartments, Gästebetten, Geldautomaten, Kunsthandwerks-, Andenkenläden, Autos und Touristen natürlich, Briten und Deutscher hauptsächlich, die womöglich vom alten Ruhm Nazarés angelockt worden waren. Das malerische, typische Fischerdorf war nun ein typischer Touristenort und malerisch insofern noch, als es an derselben Stelle wie sein vergangener Vorgänger lag, hinter dem weiten, breiten Strand und auf dem Fels. Zwar liefen noch ein paar Frauen in bunten Trachtenröcken herum, zwar lagen noch ein paar bunte Fischerboote auf dem Strand, doch man sah ihnen an, zu welchem Zweck. Ochsen zu halten und in Gespannen auszuführen war – allein um der Folklore willen – wohl zu aufwendig. Das alte Nazaré hatte, zumindest in meiner Erinnerung, aus einer Straße bestanden, die zwischen einfachen, niedrigen weißen Häusern hinunter zum Strand führte und kurz vor dem Strand sich zu einem länglichen, sandüberwehten Platz erweiterte, auf dem Fischerboote parkten. Dort hatte es eine Spelunke gegeben, in der Fischer am Tresen standen, einige trugen lange schwarze, über den Hinterkopf geklappte Filzmützen, in denen sie Köder und Zigaretten aufbewahrten. Und auf dem Strand hatten Ochsen gearbeitet und Boote aus dem Wasser gezogen. Nazaré war eine fremde, weit abgelegene Welt gewesen, in die ich wie im Traum versetzt worden war, jetzt war es eine künstliche Urlaubstraumwelt drei Stunden vom Alltag entfernt.

Ich fuhr weiter nach Peniche, diesen Ort kannte ich wenigstens noch nicht, ich konnte ihn unbeschwert vom Gepäck der Erinnerung sehen. Auch in ihm war vieles neu, aber er spielte nicht ausschließlich die Rolle einer Theaterkulisse in der Tragikomödie des Tourismus, sondern führte daneben ein Eigenleben, und sein Publikum war nicht überwiegend ausländisch, das machte schon viel aus für den Eindruck der Authentizität. Ich ging am Rand der Halbinsel entlang, auf der Peniche lag, dieser lateinischen Paeninsula, die dem Ort wohl den Namen geliehen hatte und die wie eine puderzuckerbestäubte Torte im Atlantik schwamm, mit steilem Rand, aber flach und mit dem Weiß der Häuser überzogen. Die Torte war angefressen, ob Wellen oder Haie Stücke aus ihrem Rand gebissen hatten, verrieten die Felseinbuchtungen nicht, über denen gebrechliche Häuschen schwebten, die sich Miniaturnutzgärten in den Felsstufen hielten. Andere Häuser, die nicht so nah am Abgrund standen, leisteten sich richtige Gemüsegärten von mehr als zwei Quadratmetern Fläche und blauweiße Kachelfassaden mit Vorgärten, in denen Fische zwischen Agave

und Gummibaum an einem Gestell zum Trocknen ausgebreitet
waren.

Die gezackte Festung wies in meinen Augen eher die Form eines Seesterns auf, obgleich auch sie mit ihren steilen Rändern und
dem flachen Innern einer Torte glich, nur dass sie in der Mitte
mit einem Sahnehäubchen von Gebäude betupft war, in dem das
Stadtmuseum Fischerei-, Schiffbau- und politische Geschichte
ausstellte. Das bissige Meer schlug seine Zähne gegen die Mauern
und stieß seine Zungen in das Befestigungswerk, dass es ein Mys-
terium blieb, wieso es den Bau noch nicht gefressen hatte. All die
portugiesischen Soldaten, die in der Zitadelle jahrhundertelang
Land und Ehre verteidigt hatten, die Buren, die nach ihrem verlorenen Krieg in ihr Refugium fanden, die deutschen und österrei-
chischen Gefangenen des Ersten Weltkriegs, die politischen Gefangenen des Salazar-Regimes und die Rückkehrer aus den
portugiesischen Kolonien, die nach dem Sturz der Diktatur im
Auffanglager dieser Mauern lebten, werden – so dachte ich – ihre
Tage trotz Nichtstuns nicht allzu entspannt verbracht haben und
allein schon vom Anblick des Meeres seekrank geworden sein.

Ich ging zum Hafen nebenan und informierte mich im Kartenhäuschen der Fährschifflinie, ob am nächsten Tag ein Boot zu
den Berlenga-Inseln ging. Heute sei das Schiff wegen schwerer
See nicht ausgelaufen, sagte man mir, doch morgen solle das Meer
laut Wettervorhersage gnädiger sein, und ich solle um neun Uhr
noch einmal nachhören. Ich suchte eins der Restaurants hinter
dem Hafen auf, um eine solide Grundlage für die Überfahrt auf
schwankendem Schiff zu schaffen.

ATLANTIKANGST

Die Cabo Avelar Pessoa war beileibe keine Nussschale, vielmehr
ein stattliches, kräftig gebautes, für die wilden Gewässer am westlichen Rand des europäischen Festlandes und für knapp zweihun-

dert Passagiere ausgelegtes Fährschiff, und sein Kapitän war entschlossen, dem Atlantik die Stirn zu bieten, und mit ihm einige Dutzend Abenteurer von Fahrgästen. Als Erstes verteilte ein Besatzungsmitglied große schwarze Plastiktüten an die Passagiere, auch wenn es nur sechs Seemeilen bis zu den Ilhas Berlengas waren. Eine solche Mülltüte fasste so viele Liter, dass sie nicht nur mein Nachtmahl und mein Frühstück aufzunehmen imstande war, sondern für eine jahrelange Irrfahrt auf dem Atlantik gereicht hätte. Wer weiß, möglicherweise wurden wir ja hinausgezogen und abgetrieben und waren dann wie Saint Brendan, der Abt eines irischen Klosters, sieben Jahre lang unterwegs und fanden – im Gegensatz zu den Seemönchen des 6. Jahrhunderts – die Insulae fortunatae doch nicht, weil die Glücklichen Inseln, dieses irdische Paradies, Heiligen vorbehalten sind, und schlugen uns stattdessen ständig mit teuflischen Vögeln, feuerspeienden Seeschlangen, giftigen Fischen und unseren Mägen herum. Der Kapitän rechnete offenbar mit allem.

Die Fischerhauszeile mit den pastellfarbenen Fassaden und den Restaurants im Parterre stand still hinter dem Hafenbecken von Peniche. Doch schon die sternförmige Festung bewegte sich auf und ab wie ein lebendiger Seestern, sobald die Cabo Avelar Pessoa das ruhige Hafenwasser verließ. Das Boot zog an der Steilküste der Halbinsel vorbei, drehte um das Kap Carvoeiro und nahm Kurs auf Nordwest. Jetzt griff die See erst richtig an, schräg von vorn und breitseits auch, das gestandene Schiff stampfte, rollte, schwankte und drehte sich um seine Achsen, Gischt fegte über die Reling und zog alle paar Sekunden einen Vorhang vor die Kabine, in der der Kapitän hinter dem Steuerrad fluchte. Hätte er nur auf die alten Griechen gehört! Ihnen zufolge war die See jenseits des Mittelmeers unbefahrbar, die Säulen des Herakles markierten das Nonplusultra, darüber hinaus konnte sich kein Schiff lange fortbewegen und über Wasser halten, denn dahinter lag das Schlamm- und Tangmeer, das geronnene Meer, und ewige Nacht, und die Schiffe purzelten in den Schlund eines gigantischen Strudels, der Ebbe und Flut erzeugte, die atlantischen Gezeiten, die den mittelmeerverwöhnten Griechen und Römern unheimlich blieben. Selbst noch die Araber hatten vor dem Plusultra gewarnt. Sie hatten Borneo und die Philippinen gekannt, nicht aber die Kanaren, Azoren, Madeira, hatten sich nicht über den Rand Nordwestafrikas und Südwesteuropas hinaus auf den Atlantik getraut, denn dort sollte es eine Unmenge unsichtbarer Riffe geben, dämonische Inseln und eine Riesenfaust, die sich aus der Tiefe des Ozeans erhob und die Schiffe in den Abgrund riss.

Doch unser Kapitän, nennen wir ihn Henrique, Heinrich, war Portugiese, dies war sein Meer, seine Landsleute hatten nicht nur Madeira und die Azoren entdeckt. Er hielt es mit den Phöniziern, die bereits den Atlantik befahren, gleichzeitig aber die Atlantikangst geschürt hatten, um sich die Konkurrenz vom Leib und die Kaufleute anderer Nationen davon abzuhalten, zu den Zinninseln zu segeln. Die schlauen Phönizier hatten sich das uralte Atlantikgrauen zunutze gemacht, das vom babylonischen Astralmythos der sterbenden Sonne herrührte, nach dem das Westmeer die Unterwelt war, dort wohnte der Tod. Henrique der Kapitän wusste es besser als alle Griechen, Römer, Syrer und Assyrer. Er kämpfte mit den Ungeheuern von Wellen und besiegte sie und blieb am Leben und wir mit ihm.

War es eine Schimäre, was ich weit vorn am Horizont liegen sah, oder ein Seeungeheuer oder ein Stück Land? Immer wenn die Cabo Avelar Pessoa in ein Wellental stürzte, verschwand das Tier, ein Wal vielleicht, und wenn Kapitän Heinrich erneut einen Wellenkamm erklomm, tauchte es wieder auf, aber an anderer Stelle, wie Saint Brendans Insel, die mal hier, mal da gesichtet wurde, bei den Azoren so gut wie bei den Kanaren, selbst bei den Kapverdischen Inseln. Auf den meisten mittelalterlichen Karten war sie – in unterschiedlichen Breiten – verzeichnet, sogar noch auf der Weltkarte eines Gerhard Mercator von 1569. Ich glaubte

Mercator, dass sie existierte, schließlich war ich sein Schüler gewesen, auf dem nach ihm benannten Gymnasium. Auch die portugiesischen Autoritäten hatten dem Seemärchen geglaubt und
das Glückseiland formal einem Abenteurer übertragen, der es erobern wollte. Die Spanier sandten noch im 18. Jahrhundert die
letzte von vielen Expeditionen aus, um auf ihm zu landen. Es ist
nie geglückt, sei es, weil die Insel der Seligen ständig ihre Position
verändert, um unberührt und ohne Sünde zu bleiben, sei es, dass
das verlorene Paradies wenn überhaupt, dann nur von Heiligen
betreten werden kann. Wie dem auch sei, es liegt ein Fluch über
der Paradiesinsel, sie ist nie gefunden worden.

LANDUNG

Nun hielt sich am Horizont hartnäckig ein Etwas, das Paradies
konnte es nicht sein, es wäre ausgerissen. Aber es schien ein
Klumpen Land zu sein, in der Form eines auf der Wasseroberfläche ausgelassenen Eis oder einer treibenden Feuerqualle. Als die
Cabo Avelar Pessoa ihm näherrückte, glich der Klumpen doch
eher einem gepanzerten Meerestier mit großem Kopf und lang
gestrecktem Körper wie ein Kopffüßer, aber ohne Fangarme,
vielleicht versteckte es sie im Wasser. Heinrich der Kapitän steuerte direkt auf die Furche zwischen Kopf und Körper des Meeres-
tiers zu. In dessen Windschatten beruhigte sich die See, und nun
erkannte ich, dass es sich um tote Materie, um ein Steingebilde
handelte, sah, wie zerklüftet die Steilküste der Berlenga Grande,
der Hauptinsel des Archipels, war und dass sie mit Höhlen, Buchten, Grotten, Felsbögen, Felstunneln und bizarren Felsformatio-
nen wie dem Elefantenkopf aufwartete, dessen Rüssel im Wasser
steckte. Oder war es ein Fangarm, der sich aus dem Wasser streckte und nach Elefanten griff?

Henrique drosselte den Motor, um sanft, fast mochte ich meinen: unbemerkt, in den kleinen, fjordförmigen Einschnitt zwi-

schen Kopf und Körper des versteinerten Tiers zu gleiten. Am
Ende der Bucht, tief im Innern, wartete ein an diesem Tag noch
jungfräulicher Strand darauf, berührt zu werden. Zuerst gingen
die Passagiere von Bord, dann wurde die Fracht gelöscht, Bierfäs-
ser, Butangasflaschen, Kartons und Kisten. Oberhalb des Kais
standen etwa zehn einfache Häuschen mit jeweils mehreren
Wohnungen am terrassierten Steilhang, die vor siebzig Jahren
über den Resten eines Hieronymus-Klosters aus dem 16. Jahrhundert errichtet worden waren – also doch eine Mönchsinsel – und
seitdem das Fischerviertel bildeten, die einzige Ansiedlung des
Archipels. Fast ebenso viel Raum nahm ein neueres Restaurant
mit seiner über der Bucht schwebenden Terrasse ein, das in den
Sommermonaten, wenn das Fährschiff regelmäßig verkehrte, so
regelmäßig, wie das Meer es erlaubte, geöffnet war.

Der Aufstieg über den Weg zum Leuchtturm war steil, aber
kurz. Die ganze Insel maß nicht mehr als fünfzehnhundert Meter
in der Länge und achthundert Meter in der Breite, war allerdings
neunzig Meter hoch. Auf der anderen Seite der Landungsbucht
fraß sich ein noch tieferer Einschnitt in den rosa Granit, und ich
hatte den Eindruck, als müssten die beiden Fjorde unter dem aus-
gehöhlten Fels miteinander verbunden sein. Man ging wie über
eine Landbrücke von einem Teil der Insel zum anderen, wandelte
gleichsam auf dem Hals des Kopffüßers. Der Anblick war betö-
rend, jeder Bildausschnitt eine Schönheit für sich: die grünen
Matten fleischiger Pflanzen, die über den Abhang flossen; tief unten die roten Felsen, die ins grünblau schimmernde Meer stürz-
ten; die goldgelben Sandstrände im Schoß der Buchten. Dazu säu-
selte der Wind in den Ohrmuscheln, und die Möwen sangen ein
Liebeslied. Ich war in eine andere Wirklichkeit übergesetzt, an
einen weit entfernten Ort, vielleicht in die gestrige Welt. Das war
Europa? Lag die Insel wirklich so nah vor der Küste, nicht mitten
im Atlantik, fernab aller Schifffahrtsrouten, verloren wie die Os-
terinsel im Pazifik? War sie tatsächlich schon entdeckt? Oder

zwar entdeckt, aber vor Jahrhunderten in Vergessenheit geraten? Oder war das Eiland etwa doch Saint Brendans Paradiesinsel, die sich entschlossen hatte, auf unserem Weg zu den Berlengas vor uns aufzutauchen, um uns zu verwirren? Der Pfad schlängelte sich über das gar nicht so ebene Hochplateau, und nun wurde deutlich, dass die Insel sehr wohl dicht besiedelt war und wer ihre wahren Bewohner waren. Sie zählten nach Tausenden und verteilten sich über den ganzen Inselrücken. Alle Möwen des Atlantischen Ozeans schienen die Berlenga Grande besetzt zu haben, mich wunderte nur, dass es Mittelmeermöwen waren. Alle paar Meter stand so ein Gelbfußindianer in seinem Vorgarten im Gras, auf einem Felsbrocken, im Gebüsch, auch direkt neben dem Weg. Plötzlich hörte ich einen Kriegsschrei ganz in der Nähe, dann sah ich die Möwe, die brütete und sich nicht vom Fleck bewegte. Andere flogen auf, beschrieben einen Bogen in der Luft, und wenn ich das Nest passiert hatte, kehrten sie zurück und setzten sich abermals auf ihre zwei, drei Eier. Zum Teil hockten auch schon Küken in den Nestern, dann waren die Elternvögel umso aggressiver. Viele schwirrten in der Luft hinter mir her, machten einen Mordsspektakel, ich traute ihnen nicht über den Weg. Tatsächlich flogen einige Gelbfüßler Scheinattacken, schossen mit dem gelben Schnabel voran auf Kopfhöhe heran, dumm war, wenn sie nicht schrien, dann bemerkte ich sie womöglich nicht. Doch sobald ich die Arme in die Luft hob, stiegen sie höher und drehten ab. Obwohl es die Möwen waren, die einen Höllenlärm veranstalteten, begriff ich doch, wer der Ruhestörer war im Paradies der heiligen Möwen.

DIE VERTREIBUNG

Die Mittelmeermöwen waren nicht die einzigen Seevögel, die auf den Berlengas nisteten. Aber die Dreizehenmöwen, die Sturmschwalben, Gelbschnabelsturmtaucher und die Krähenscharben taten es nicht an derart leicht zugänglichen Stellen. Am intelligentesten verhielt sich die Trottellumme, eine Art fliegender Pinguin, ein auf Tauchen spezialisierter Vogel, der wie ein Pinguin schwimmt, das emblematische Tier der Berlengas, das auf kleinen Felsvorsprüngen und schmalen Felsbändern in den steilen Klippen nistet. Vor fünfzig Jahren versteckte sich dieser *airo,* wie er auf Portugiesisch heißt, als spanischer *arao* auch noch auf den Atlantischen Inseln Galiciens, nun waren die Berlengas sein einziger Brutplatz an den iberischen Atlantikküsten. Der Archipel gilt als einer der besten Vogelbeobachtungspunkte Portugals, ist seit 1981 Naturschutzgebiet, seit 1998 Seereservat und seit 2011 Biosphärenreservat. Doch der schlaue Paradiespinguin ließ sich nicht blicken.

Ich folgte einem abzweigenden Pfad, der zum Meer hin abfiel. Bald ging er in Felstreppen über und steuerte auf ein Fort zu, das ein ganzes Eiland einnahm und über eine steinerne Bogenbrücke mit dem insularen Festland verbunden war. Die kleine Burg in der Tarnfarbe der Felsen war Mitte des 17. Jahrhunderts gebaut worden, um zu verhindern, dass nordafrikanische Korsaren oder der spanische Erzfeind die Berlengas als Stützpunkt für Raubzüge in Portugal benutzten, doch bereits zehn Jahre nach ihrer Fertigstellung von einer spanischen Flottille eingenommen worden. Eine Bilderbuchfestung wie die des Grafen von Montecristo, nicht ganz so isoliert, aber ebenso romantisch verloren in der Fels- und Wasserwüste, nun zu einer einfachen Sommerherberge umgebaut und mit einem Miniprivatstrand ausgestattet. Sie hörte auf den Namen Johannes des Täufers, Forte de São João Baptista, wer weiß, vielleicht hatte der Heilige hier zurückgezogen gelebt, mit seinen Soldatenmönchen in der Brandung gebadet und das Paradies verteidigt.

Zurück auf der Höhe leisteten mir Hunderte mitteilsamer Möwen erneut Gesellschaft und begleiteten mich zum Südwestende der Insel. Dort musste irgendwann einmal irgendetwas gestanden haben, gestrüppüberwucherte Terrassen waren noch übrig, rätselhafte Reste einer Bebauung, eines Tempels Gott Baals womöglich, denn schon die Phönizier sollen auf der Insel gelandet sein. Oder Überbleibsel eines Zönobiums der Heiligen, die Saint Brendan in ihrer Portion Paradies besucht hatte. Ich blickte über die Wiesen mit ihren grauweißen Möwentupfen auf das steinerne Chaos der Schöpfung, auf weit verstreute Riffe und einsame Eilande, Schwestern der Berlenga Grande, die nie geküsst wurden, und in die blaugraue Weite und farblose Zeit vor dem Sündenfall.

Am anderen Ende der Insel war die Unwirtlichkeit noch grandioser. Der Wind stürmte über den Steilhang, die Wellen droschen auf die Klippen ein, die Möwen kämpften verzweifelt gegen die Böen an und kreischten gereizt und verärgert. Es war fast kalt und unheimlich, ich blickte in die Vorzeit, in der die Vulkane lebten und der Mensch noch nicht. Was mir aber Schauer über den Rücken schickte und eine Gänsehaut hinterließ, waren die Annäherungsversuche der aufgebrachten Möwen. Schwärme umflatterten mich unaufhörlich, mal beschoss mich ein giftiger Gelbfüßler mit Exkrementen, mal riss mir ein zorniger Gelbschnabel die Mütze vom Kopf, mal versuchte der eine oder andere, auf des harmlosen Paradiessuchers Haupt zu landen und dort wie wild herumzuhacken. An eine Atempause, eine Rast gar, um mich am Anblick der pittoresken Trostlosigkeit zu weiden, war nicht zu denken. Entweder lief ich im Schnellgang über diesen Teil der Insel, auf den anscheinend kein Mensch je den Fuß setzte, oder ich blieb stehen und konzentrierte mich auf den Abwehrkampf, der allerdings nicht die geringste Aussicht bot, jemals anders zu enden als mit der bedingungslosen Kapitulation am Klippenrand oder der rasenden Flucht in tiefere Gefilde.

Mit der Zeit wurden die zutraulichen Möwen doch ein wenig lästig, auf Dauer war es ungemütlich in ihrem Himmelreich. Das Paradies hatte ich mir anders vorgestellt, ohne teuflische Vögel.

Henrique der Kapitän und seine Kumpane wussten, warum sie unten am Kai auf die Stunde der Rückkehr warteten. Nun waren wir sieben Stunden unterwegs und hatten nur eine Monsterhölle gefunden, diese dämonische Insel, die es darauf abgesehen hatte, uns das Paradies vorzugaukeln.

»Das Paradies liegt unter Wasser«, brummte der Kapitän und meinte die Unterwasserwelt mit ihren Höhlen, Felstunneln, Fischen und Pflanzen. Die Tiefe der Unterwelt betrage hier etwa vierzig Meter, klärte Henrique auf, und da lägen auch einige Schiffswracks auf dem Grund – für sie war das Paradies zum Grab geworden.

»Zum Teufel mit dem Paradies«, schloss der Kapitän und zog die Mütze in die Stirn.

Segeln über Land –
Die Küste der Entdecker

Die lange, siebzehn Kilometer lange Ponte Vasco da Gama über die Gezeitenmündung des Rio Tejo wollte wohl die vielen Brücken symbolisieren, die Portugal in die Welt geschlagen hatte, und als Surrogat für gekappte Verbindungen zum verlorenen Weltreich dienen. Mehr als siebzehn Generationen war es her, dass Vasco da Gama hier Segel gesetzt und den Seeweg nach Indien gefunden hatte. Langsam fuhr ich über die Autobahnbrücke, die fünfhundert Jahre nach Vasco da Gamas Ankunft in Indien ihre Segel aus Stahlspanten gesetzt hatte, und schwebte über dem Mündungsmeer an Lissabon vorbei, das zwiespältig zwischen Binnensee und Weltmeer lag. Mehr als eine Generation war es her, dass ich dort drüben in der Stadt eine späte Momentaufnahme der Nelkenrevolution gesehen hatte: Kolonnen hupender Autos mit aufgeklebten Plakaten und aus dem

Fenster gehaltenen, im Fahrtwind flatternden roten Fahnen fuhren durch die Straßen, Menschen am Straßenrand schwenkten die geballte Faust im Rhythmus der Hupen, die Straßen waren voller Leute, die Cafés waren voller Leute, die Böden der Cafés waren mit Flugblättern, Zuckerpapierchen und Erdnussschalen übersät, Erdnusssäcke standen zur freien Verfügung auf dem Boden, und die Menschen machten glückliche Gesichter in der Morgenröte der Demokratie, waren euphorisch gestimmt in jener Zeit des Ausbruchs aus dem Gefängnis der Diktatur und des Aufbruchs zu anderen Ufern, wieder galt es, eine neue Welt zu entdecken.

Vor Grândola, der berühmten Vila Morena aus dem Lied, das über Radio das Signal zum Putsch der Nelkenmilitärs gegeben hatte, fuhr ich nun von der Autobahn ab und weiter auf Sines zu. Das Land lag seltsam verödet da, vergessen, ignoriert, für unnütz befunden. Zwar sah ich Gemüsefelder und Orangenplantagen, vor allem aber Brachland, Weiden ohne Tiere und Wäldchen ohne Nutzung. Ich vermisste die Korkeichenwälder, die das gesamte Hinterland der Küste fast bis zum Cabo de São Vicente bedeckt hatten, wie ich mich zu erinnern glaubte. Damals hatte ich zunächst nicht gewusst, was das für eigenartige Bäume waren, deren rotbraune Stämme glatt und nackt aussahen und erst ab Kopfhöhe eine dicke, grobe, grünlichweiße Rinde trugen. Bis ich anhielt und mit dem Messer die Borke untersuchte – meine Entdeckung des Korks. Hier also wuchsen die Flaschenkorken auf Bäumen heran. Vielleicht war das Bild, das ich mir von Portugal gemacht hatte, mit den Jahren auf wenige Farbtupfer zusammengeschrumpft, die umso mehr leuchteten, als der Rest verblasst war. Aber die weiten Korkeichenwälder waren ein solcher Tupfer, der Bestand hatte, doch nun sah ich erst nach Tagen ein Restwäldchen, das noch bewirtschaftet wurde. Eher schon leuchtete mir ein, dass ich keine Schafhirten mehr sah, die in Fellwesten gehüllt und auf Hirtenstäbe gestützt am Straßenrand standen. Auf der Nationalstraße war mir sogar eine Stierherde entgegenge-

kommen, die noch rechtzeitig auf eine Wiese getrieben wurde,
während ich in die Bremsen stieg. Auch damit war nicht mehr zu
rechnen.

Vasco da Gama stand neben dem kleinen Kastell von Sines
und blickte auf den großen Hafen der Jetztzeit, in dem ein seltsa-
mes Schiff lag, das kugelrunde weiße Flüssiggasbehälter statt glatter Segel aufwies. Heute ging es Portugal nicht mehr um Pfeffer,
Ingwer, Muskat, Nelken und andere Gewürze, sondern um Erdöl,
Erdgas und Kohle. Bis in die Siebzigerjahre des 20. Jahrhunderts
hinein war Vasco da Gamas Geburtsort ein Fischernest mit einem der wenigen Häfen an der Küste des Alentejo geblieben,
dann wurde Sines zum Überseehafen und Industriestandort ausgebaut. Dank seines natürlichen Tiefwasserhafens avancierte es
zum Haupteinfuhrhafen Portugals für Energierohstoffe. Sines
war seiner Bevölkerung nach ein kleines Provinzstädtchen, seiner
wirtschaftlichen Bedeutung nach nun aber eine Megastadt. Die
Öltanks, Gasbehälter und Kohlehalden, die Raffinerie und die
petrochemischen Industrieanlagen, das moderne Großkraftwerk
und der Containerhafen nahmen riesige Areale ein, dagegen war
der alte Ortskern winzig. Vasco da Gamas Entdeckerleben hatte
man ein kleines Museum in einer Ecke der restaurierten Festung
eingerichtet, ihm selbst eine große Bronzestatue vor dem West-
turm gewidmet. Er schaute stolz und staunend auf Sines, als sähe
er ein neues Portugal entstehen, wie damals bei seinen Fahrten
entlang der Küsten Afrikas und Indiens. Oder blickte er über Sines hinweg aufs Meer und also doch in die verlorene Zeit?

ZIMMER IM NICHTS

Ich hielt mich an der Küste und kam nach Porto Covo, das noch
im 18. Jahrhundert lag. Mit ihrer aufgeklärt-rechtwinkligen Anlage, ihren höchstens zweistöckigen Häusern und deren einheitlich
blauen Fenster- und Türumrandungen hatte sich die ehemalige

Fischersiedlung ein klares, homogenes Ortsbild bewahrt und
strömte eine Atmosphäre aus, die philosophisch-heiterer Gelas-
senheit ebenso förderlich war wie dem Relaxen der Feriengäste,
von denen der Ort nun lebte.

Südlich von Porto Covo dehnt sich der Parque Natural do
Sudoeste Alentejano e Costa Vicentina aus, der sich über mehr als
hundert Kilometer bis zum Cabo de São Vicente und weiter bis
Sagres und Burgau an der Algarve erstreckt und sich rühmt, den
am besten erhaltenen, unberührtesten Küstenstreifen Südeuro-
pas aufzuweisen. Aus den Küstenhügeln kommend fuhr ich auf
eine Insel zu, die von den Karthagern, den Erben der Phönizier,
und den Römern schon berührt worden war, die Ilha do Pesse-
gueiro, die sich nur zwei-, dreihundert Meter vor dem Festland erstreckte und in der Zeit Philipps II., als Portugal zu Spanien gehörte, schon die spanische Bauwut zu spüren und ein Fort bekommen hatte, das wegen andauernder Piratenüberfälle nie fertiggestellt wurde. Ganz in der Nähe lag eine zweite Festung an der
Küste, die beim Erdbeben von 1755, das Lissabon zerstörte, in
Mitleidenschaft gezogen worden war. Und ein Stück weiter stand
ein Haus im Nichts vor dem Meer und bot Zimmer, Meerblick
und Einsamkeit feil.

Eine sechsköpfige Dreigenerationenfamilie wohnte im Refúgio da Praia und vermietete sechs Gästezimmer. Ich setzte mich
mit dem Hausvater auf die Terrasse vor das einstöckige, katenähn-
liche Haus. Er trank Wasser. Vor fünfundsechzig Jahren war er
hier zur Welt gekommen, auf diesem zehn Hektar großen Stück
Welt, das seine Familie besaß und früher bewirtschaftet hatte. Die
Viehzucht lohne sich nicht mehr, sagte der Mann, das Trocken-
futter sei zu teuer. Aber die Wiesen würden noch gemäht und das
Grünfutter verkauft. Ackerbau sei so nah an der Küste unmöglich,
der unaufhörliche Wind halte alle Pflanzen niedrig.

»Die Bewässerung der Felder wäre kein Problem, der Bach,
der durch das Anwesen fließt, führt ganzjährig Wasser, er wird

vom Regenwasser gespeist, das unterirdisch aus den Bergen he-
rabläuft. Außerdem befindet sich eine Quelle auf dem Grundstück«, erklärte mir der Herr des Hauses. »Der Turismo Rural
bringt etwas ein, obwohl meist nur am Wochenende Gäste kommen, wenn überhaupt.« Aber dieser Tourismus im Kleinen sei
auch eine Form, die Welt zu sehen, indem die Welt ins Haus
komme. Oder vor dem Haus vorbeispaziere.

Hier am Grundstück der Familie fing der Fischerpfad an, der
in den letzten Jahren angelegt worden war, noch weiter ausgebaut
werden sollte und einen Teil des Europäischen Fernwanderwegs
E 9 von Sankt Petersburg bis zum Cabo de São Vicente bildet.
Der Fischerpfad verläuft stets an der Küste entlang, über Klippen
und Strände, durch Dünen und stetigen Wind, und bedient sich
alter Pfade, die früher die Fischer zu den Fischgründen gingen.
Weiter landeinwärts führt der Historische Weg durch Berge und
Täler von Ort zu Ort, das Pendant für Mountainbiker.

Ich hatte die ganze Zeit über keinen Menschen am Haus vor-
beigehen sehen. Ich schlenderte zum Ufer, um mir den Fischerpfad anzuschauen. Längs des Weges war keine Bewegung auszumachen, nichts rührte sich außer den Wellen. Die Küstenlinie
war eine lange leblose Gerade, das Land eine endlose Fläche,
umso leerer war die Landschaft, umso präsenter das Meer. Es zog
den Blick auf sich, man konnte sich ihm nicht entziehen. Einige
Male schon hatte ich Menschen alleine an Ufern sitzen und konzentriert, wie meditierend aufs Meer blicken sehen. Vielleicht
sitzt der Portugiese am liebsten mit dem Rücken zu Europa am
Klippenrand und schaut nach Westen, in die Weite und Vergangenheit, sieht der Sonne zu, wie sie in der Unendlichkeit Schiffbruch erleidet, und genießt die Wollust der Wehmut. Für Portugal geht die Sonne niemals auf, immer nur unter, sie stirbt stets im
Meer, diesem Ozean, der Wiege und Grab der Größe des kleinen
Landes war. Hier vor dem Refúgio befand sich niemand, der die
Sonne in den Tod begleitete und sie oder sich beweinte. Ich nahm

mir vor, nach Süden zu segeln, bis zum Cabo de São Vicente oder dem Kap der Guten Hoffnung oder bis Indien, und zwar über Land, auf dem Fahrrad vor dem Winde.

Ich schnallte die Packbeutel mit Schlafsack, Matte und Zelt auf die Packtaschen und segelte los. Mein Wagen konnte am Refúgio stehen bleiben, bis ich aus Indien zurück war. Ich kam gut voran, der Wind nahm mir die halbe Arbeit ab. Er blies beständig aus Nordwest und ließ mich über die küstennahe, asphaltierte Nebenstraße unterster Ordnung fliegen. Ob sie Teil des Historischen Weges war, wusste ich nicht, war mir auch egal, wenn nicht, entdeckte ich eben einen anderen Weg, auf dem sich besser segeln ließ, denn der offizielle Weg führte zumeist über Pisten und Feldwege, soweit ich verstanden hatte. Die Zeit verging wie im Fluge, bald schon landete ich in Brasilien, und das wunderte mich gar nicht, schließlich war Álvares Cabral, der Entdecker Brasiliens, auch ein bisschen vom Weg nach Indien abgekommen. Ich landete an einer exotischen Flussmündung mit seichtem, grün schimmerndem Wasser und hautfarbenen, kaum verhüllten, weich geschwungenen Sandbänken. Nahe der Mündung des Rio Mira lag eine markant portugiesische Siedlung über dem rechten Ufer, Vila Nova de Milfontes; sie lag träge und lasziv in der noch frühen, aber schon heißen Mittagszeit und verströmte den verführerischen Bratenduft gefährlicher Fische. Nicht dass die Fische giftig gewesen wären, sie konnten jedoch meine Weiterfahrt beeinträchtigen. Ich ließ mich auf dem kleinen Platz vor der Festung nieder, die früher ihre Kanonen auf Flussmündung und Seeräuber gerichtet hatte, jetzt aber Gäste in ihre Betten lockte, und speiste unter den Sonnenschirmen eines Restaurants. Zwischen den Gängen schaute ich neidisch in die Kühle des tiefen Schattens, in dem der Vorgarten der Festung lag, blinzelte in das blendende Licht über dem Platz und der Brüstung zum Fluss und betrachtete das schlaffe Leben um mich herum, das aus sprechfaulen Essern, einigen über den Platz schleichenden, ge-

langweilten Einheimischen und ermüdeten Fremden sowie einer
jungen Frau bestand, die mit angezogenen Beinen längs auf der
gemauerten Bank an der Brüstung saß und in einem Buch las und
sich von der Sonne und der Brise und der Poesie der Worte lieb-
kosen ließ. Ich suchte den Weg zum Strand, fand ein schattiges
Plätzchen unter Felsen und legte mich auf den Sand, um für den
Rest der heißen Tageszeit und der Periode des vollen Bauchs aus-
zuruhen.

Am Abend ging ich mit den Störchen schlafen.

Der Leuchtturm am Cabo Sardão war ein Kuriosum, er wandte sein Gesicht dem Land zu, als wollte er Europa Zeichen geben,
aber natürlich sandte er sein Licht übers Meer, über die Dächer
der zu ihm gehörenden Gebäude hinweg, die zur Seeseite hin
standen. Das Kap war überhaupt ein eigentümlicher Ort, so unru-
hig und konvulsiv, ein steinernes Chaos an der sonst so geraden,
glatt geschnittenen portugiesischen Küste. Der erodierte Schie-
ferfels wuchs in horizontalen, diagonalen, vertikalen Schichten
scharf und spitz in alle Himmelsrichtungen, und auf den höchsten
Kanten und Spitzen nistete eine Kolonie Weißstörche – ein Uni-
kum, nirgendwo sonst brüteten Störche auf Felsen am Meer. Ungemütlicher als über dem tosenden Wasser und dem spritzenden
Ozean konnte es kaum sein.

Bisher hatte ich zu Störchen immer nur aufgeschaut, jetzt sah
ich auf sie hinab und in ihre Nester, in denen sich die Elternvögel
tapfer im steifen Wind hielten, die verängstigten Jungvögel aber
zitterten. Doch das war natürlich wieder nur eine Projektion meines eigenen Befindens. Ich suchte mir abseits des Leuchtturms
eine windgeschützte Stelle und baute mein Nest in einer Mulde,
ohne das Zelt aufzustellen. Der Leuchtturm hielt die ganze Nacht
Wache, und am Morgen rasselte der Wecker: die Kolonie klap-
pernder Störche. Einige waren schon unterwegs gewesen, um
Brötchen zu holen, und deckten im Nest den Frühstückstisch,
mit Froschschenkeln oder so. Ich knabberte in meiner Mulde ein

paar Butterkekse und trank dazu Wasser, dann machte ich mich auf den Weg zur nächsten Kaffeebar.

ARKADIEN IM KOPF

Hinter Zambujeira do Mar, mehr Ferien- als Fischerort mit dramatisch von Felswänden eingefasstem Hausstrand, stieß ich auf die ziemlich befahrene Nationalstraße 120, die Hauptnordsüdverbindung des Südwestens. Solange ich auf dem Fahrrad saß und Fahrtwind spürte, war die Hitze erträglich, doch sobald ich anhielt, um mich mit Panaché, wie man hier Radler bzw. Alsterwasser nannte, aufzutanken, brach der Schweiß hervor, besonders im Innern der Kneipen, aber auch draußen im Schatten, und ich musste einen weiteren Radler nachfüllen. Kurz vor Odeceixe bog ich von der N 120 ab und fuhr Richtung Meer am Rio Ceixe entlang, der die Grenze zwischen dem Alentejo und der Algarve bildet. Plötzlich war es wieder still, aber auch nahezu windstill zwischen den Hängen des Tals. Auf meiner Karte war eine Brücke nahe der Flussmündung eingezeichnet, doch die Karte nahm die mögliche Zukunft vorweg, es gab keine Brücke. Ich hatte keine Lust, wieder zurück und auf der anderen Flussseite ans Meer zu fahren, also fühlte ich dem Ceixe auf den Zahn, besonders viel Strömung und Wassertiefe schien er nicht aufzuweisen. Zuerst watete ich ohne Gepäck in den Fluss, und er bestand die Probe. Dann balancierte ich nacheinander mit dem Rad und dem Gepäck über den steinigen Grund, baute am anderen Ufer alles wieder zusammen, schob das Rad Richtung Mündung und landete auf einem Strand, der sich wie eine riesige Sandzunge aus dem Maul eines Höhenzugs streckte und Meer und Mündungsarm des Ceixe leckte. Ich badete mal im bewegten Salz-, mal im ruhigen Süßwasser, aß Bananen, Äpfel und Apfelsinen und fühlte mich wie im Schlaraffenland.

In Odeceixe trank ich einen Galão, einen großen Milchkaffee, auf dem schönen verwaisten Hauptplatz, dann stellte ich mich erneut dem Verkehr der N 120, nahm die Endlossteigung bei Odeceixe in Angriff und war augenblicklich schweißnass. Endlich auf der Höhe angelangt, trocknete ich bald wieder, und bald bog auch eine Nebenstraße ins Landesinnere ab, die durch ein arkadisches Tal weiter nach Süden führte. Das Tal war ein grünes Eden, dort wuchs alles: die paradiesischen Äpfel, Apfelsinen, Bananen, von denen ich am Schlaraffenstrand gegessen hatte, Gemüse, Mais, Süßkartoffeln, auch Wein und Kork für die Flaschenhälse. Es war ein Stück Land süßen Vegetierens, im Tal und auf den sanften Hügeln lagen zufriedene kleine Dörfer, und die Menschen am Straßenrand machten glückliche Gesichter. In diesem Garten war die Welt so in Ordnung wie am paradiesischsten Strand, sogar in noch höherem Maße. Denn abseits der Küste schien Portugal älter zu sein, hier lebte das ländliche, bäuerliche Portugal, Vorfahre des seefahrenden und des touristischen Portugal. Die Orte hatten noch nicht für den Tourismus angebaut, waren sozusagen portugiesischer geblieben, obgleich auch die Dörfer und Städtchen am Meer ihren Charakter ziemlich zu bewahren verstanden hatten, indem sie sich in charmanter Zurückhaltung übten und einen Tourismus ohne Klotzen betrieben. Ein Arkadien war dieses Tal natürlich nur für den, der es durchflog und rasch vorüberhuschte. Es war wie ein harmonisch komponiertes und genial ausgeführtes Gemälde, dem man die Arbeit nicht ansah, die es zu malen gekostet hatte. Darin besteht wohl die Gnade des Durchreisenden und Touristen: nur einen Schnappschuss auszulösen und mit oberflächlichen Augen eine Momentaufnahme zu sehen, nicht hinter die Kulissen zu schauen und die Mühsal zu erkennen, die es bereitet hat, die Kulissen zu errichten und täglich zu erhalten, nicht auf Dauer, gar ein Leben lang dort seine Existenz fristen zu müssen, das verdirbt die Illusion. Die verführerische Kraft der Fremde schwindet umso mehr, je weniger der Fremde in der Fremde fremd bleibt. Bald braucht er womöglich eine neue Fremde. Und den bereisten Fremden zieht es vielleicht ebenso in eine Fremde, die für ihn fremd ist, es sei denn, er ist weise und verzichtet, weil er zu wissen glaubt, dass alles Reisen Illusion ist, dass er in heillos subjektiver Sicht doch nichts anderes zu sehen bekommt als sein eigenes Wunschbild von der Fremde. Und diese Träumerei kann man auch zu Hause kultivieren, vielleicht besser noch als in der Fremde, jedenfalls bequemer.

Ich wusste nicht, ob die Bewohner meines arkadischen Tales mich beneideten, wie ich so romantisch mit dem Rad durch die Welt tingelte, oder ob sie mich mit philosophischer Strenge für verrückt erklärten, weil ich mich bei dieser Hitze erstens überhaupt bewegte und zweitens auch noch aus eigener Kraft, statt im Schatten zu sitzen und auf kühlere Stunden zu warten. Ich nahm ihre philosophische Einladung an, setzte mich draußen vor ein Lokal und widmete mich dem Genuss des Nichtstuns und einiger Radler und eines schmackhaften Essens, dann fuhr ich hinaus in die Dämmerung und suchte mir ein idyllisches Plätzchen in einem Pinienhain.

Ich frühstückte in Babylon, so groß schien mir das kleine Aljezur zu sein und solch ein Stimmengewirr herrschte auf dem Platz vor dem neuen Tempel, der nach der Zerstörung der Stadt durch das Erdbeben von 1755 auf einem Berg gegenüber von Alt-Aljezur errichtet worden war. Unten im Tal floss ein Fluss, aber auch der Verkehr über die N 120, der ich ein Stück weit durch das Einstromland folgte. Der Wind fegte durch das Tal, pustete mir in den Rücken, doch ein Kollege ohne Gepäck, der mir entgegenkam und wohl nur nach Aljezur wollte, hatte mächtig zu kämpfen. Sein jämmerlicher Anblick machte mir nicht gerade Mut, die hundertfünfzig, hundertachtzig Kilometer gegen den Wind zurückzutrampeln. Ich würde treten und treten und schwitzen und schwitzen und doch kaum vorwärts kommen, der Wind bremste einen Radfahrer sicherlich um zwei Drittel seiner Normalgeschwindigkeit aus. Vielleicht gab es einen Bus von Sagres zurück nach Porto Covo oder Sines. Ich nahm mir vor, auf dem Restweg

nach Sagres die Augen offen und nach einem Linienbus Ausschau
zu halten. Doch hinter der Abzweigung der Straße nach Sagres
von der N 120 war kaum noch Verkehr, was mich einerseits be-
glückte, denn nun fuhr ich wieder durch friedvolles Gartenland
und Korkeichenwäldchen, andererseits beunruhigte, und zwar zu
Recht, wie sich herausstellen sollte.

EIN FLECKEN ERDE ZUM LEBEN

Carrapateira hielt sich schüchtern hinter dem Meer und traute
sich nicht zu wachsen oder war der Meinung, dass alles Wachsen
eitel ist. Von den Orten, die ich bislang gesehen hatte, war Carrapateira der am wenigsten entwickelte an der ohnehin touristisch
kaum erschlossenen Costa Vicentina. Die Küste der Entdecker
ist selbst noch zu entdecken – ging es mir durch den Kopf –,
bleibt aber hoffentlich unentdeckt von der Tourismusindustrie,
wobei dieser Wunsch allerdings eine Anmaßung des Individual-
reisenden ist.

Carrapateira lag träge, lautlos und lässig zerstreut in der Küstenebene und lehnte sich an einen Hügel. Ich entschied, dass ich
nach zwei Nächten in der Wildnis, drei Tagen ohne Seife, drei Lagen Sonnencreme, zwei Schichten Mückenspray und einigen
Schweißausbrüchen mal eine Dusche gebrauchen konnte, und
rollte durch die wenigen Sträßchen, um mir die Hotelszene anzu-
sehen. Sie war inexistent. Was es gab, waren *quartos,* Zimmer. An
der Straße zur Praia da Bordeira fragte ich im erstbesten, vielleicht sollte ich sagen: ersten und besten Etablissement des Turismo de Habitação und hatte Glück, von den fünf Zimmern war gerade eins frei. Trotz seines Namens war das einstöckige
›Bambushaus‹ nicht aus Bambus gebaut, sondern aus Lehm und
Holz, wie Isabel, die Besitzerin, erklärte, auch der Holzschutz
und die Farben waren ökologisch, man spürte das Händchen oder
das Köpfchen ihres Gatten Achim, Deutscher seines Zeichens.

Das Zimmer war geschmackvoll eingerichtet und dekoriert, für meinen Geschmack fehlte nur die wahrscheinlich aus ideologischen Gründen vernachlässigte Tür zum fensterlosen Badezimmer. Hinter dem Haus zog sich ein langer Streifen Garten Richtung Strand, von dem Isabel behauptete, er sei einer der schönsten an der Costa Vicentina. Isabel und ihr Mann hatten in Lissabon gelebt und unter der Enge, dem Stress, dem Verkehr, der Luft und dem Lärm gelitten, eines Jahres dieses Stück Küste und diesen Flecken Erde kennengelernt, sich in ihn verliebt und sich entschlossen, hierherzuziehen, ein Grundstück zu erwerben und ein Haus zu bauen. Womit sie nicht gerechnet hatten, waren die Steine, die die Bürokratie ihnen in den Weg legte, für alles und jedes, auch das kleinste Detail, brauchte man hier im Naturpark eine Genehmigung, und das Verfahren zog sich jahrelang hin. Typisch, dachte ich, im Traumland ist der Traum schnell zu Ende, der Alltag frisst ihn auf. Isabel verlor sich in Einzelheiten ihrer angefaulten Träume, aber ich hörte ihr gerne zu. Auch wenn sie klagte, war ihre Sprache ein Streicheln für den, dessen Ohren das Hämmern des harten Castellano gewohnt waren. Und wenn sie sich des Castellano bediente, spülte ihr Akzent es weich.

Ich ging zum Strand. Wo die Straße auf einen Bergrücken zu steigen begann, standen ein paar Wohnmobile auf dem kleinen Parkplatz, eine Handvoll Kitesurfer übten in der Lagune, die der Rio Bordeira bildete, kurz bevor er an der Südseite des Strandes ins Meer mündete. Ich ging durch Matten immergrüner Pflanzen an der Böschung entlang, durchquerte den Fluss und erreichte den Strand, aber noch lange nicht das Meer: Der Strand zog sich weit ins Land hinein, schmiegte sich an den mäandernden Fluss und erstreckte sich über Kilometer am Meer entlang, bei Ebbe soll es der größte Strand der Algarve sein. Ich hielt mich an der Seite des Flusses und stapfte durch den Sand, auf der anderen Flussseite planschten Wasservögel im pflanzenbewachsenen Sumpf und flatterten manchmal auf. Ich stieg auf eine Wanderdü-

ne und schleppte mich durch die Sandwüste bis zu einem Felsvorsprung an der Nordseite des Strandes, wo er bei Flut endet, nicht
aber bei Ebbe. Dort planschten ein paar menschliche Wasservögel ohne Federkleid im Meer und flatterten auf, wenn eine Welle
sich auf sie stürzte. Am Ufer entlang lief ich zurück, der feuchte
Sand kühlte angenehm meine wüstenverbrannten Fußsohlen, der
Wind und der Klang geräuschvoll sich brechender Wellen kühl-
ten meinen Kopf. Am Südende konzentrierten sich die teilver-
hüllten Badenden direkt am Wasser, dort, wo der Strand über einen Bohlenweg und ein Stück weit über Felsen zu erreichen war.
Ich stieg auf die Felszunge, der Weg führte zur Straße und zu Aus-
sichtspunkten, und der Panoramablick über den immensen
Strand und die vielen Schaumlinien der Brandung war grandios.
Und wenn ich den August hier verbringe?, schoss es mir durch den
Kopf.

   Die Idee ließ mich nicht mehr los. Wenn ich im Zenit meiner
Tour und der Sonnenkraft, im heißesten Monat des Jahres, an
diesem schönen, ruhigen und relativ frischen Flecken des äußersten Südwestens eine längere Pause einlegte, vermied ich nicht nur
die Tortur der Temperaturen, sondern auch die Überschwem-
mung meiner nächsten Ziele mit Urlaubern. August war der klassische Ferienmonat, eben weil er der heißeste war, und alle Welt
strömte ans Meer, wo es noch am besten auszuhalten war. Wenn
es im Landesinnern lähmende vierzig, zweiundvierzig Grad hatte,
waren es an der Küste zehn weniger. In Carrapateira sozusagen zu
übersommern wäre nicht die schlechteste Option, ich könnte lesen, etwas schreiben, baden, in den kühleren Stunden ein wenig
Fahrrad fahren oder Spaziergänge machen und abwarten, dass
Straßen und Strände der Algarve und Südspaniens sich wieder
leerten. Ich fragte Isabel, ob im August noch ein Zimmer frei sei,
doch das Bambushaus war ausgebucht. Aber sie wollte sich gern
im Dorf umhören, irgendetwas ließe sich schon finden. Ich dusch-
te, lief zum zehn Schritte nahen, weit hinter dem Strand gelege-

nen Strandrestaurant, aß ausgezeichnet, trank reichlich Wein
und schlief zehn Stunden.

Isabel hatte sich bereits informiert und zwei Quartiere aufge-
tan: ein kleines Apartment im Ort und ein Häuschen am Rand,
und sie begleitete mich beim Besichtigungsgang. Das Apartment
war der erste Stock eines kleinen Hauses, dessen Parterre ein älteres Ehepaar bewohnte, und das Häuschen mehr Hütte als Haus,
aber mit dem Notwendigsten versehen und mit dem Luxus einer
alten, ungepflegten, Schatten spendenden Korkeiche im verwilderten Garten ausgestattet. Ich entschied mich für die Kate und
reservierte sie per Anzahlung beim Besitzer, der in einem neueren
Haus in der Nähe wohnte. An diesem Tag fuhr ich noch nicht
weiter zum Cabo de São Vicente, sondern genoss den Vorgeschmack auf einen gemächlichen August. Ich ging durch den Ort,
der an Sehenswürdigkeiten ein Minifort mit Kapellchen und ein
modernes Sichtbetongebäude aufzuweisen hatte, das ausgerechnet der Tradition gewidmet war und ein lokalethnografisches
Museum beherbergte. Ich spazierte durch die Markthalle, trank
einen Pingão auf dem Platz, einen kurzen Kaffee mit einer An-
deutung Milch, legte mich an den Strand, sprang in die Wellen
und hielt Siesta im Sand. Am Abend rief ich Sabrina im schon so
fernen und doch noch so nahen Galicien an und fragte sie, ob sie
Lust und Zeit habe, im August nach Südportugal zu kommen. Sie
war überrascht, aber nicht unangenehm, wie ich aus der knistern-
den Funkstille herauszuhören glaubte, Lust hätte sie schon, sagte
sie, doch Zeit leider nicht, es sei Hochsaison. Das verstand ich,
schade war es trotzdem.

EIN ZIEL ZUM TRÄUMEN

Es machte wieder Spaß, über Land zu rauschen. Hinter Vila do
Bispo zweigte ein Sträßchen zum Cabo de São Vicente ab und
führte über ebenes, windgepeitschtes Terrain, aus dem sich die

Vegetation kaum eine Handbreit erhob. Am südwestlichen Ende
des Kontinents war das Land wie enthäutet und entfleischt, die
Knochen von Felsen waren vom Wind glattgeschmirgelt und die
Ödnis von beinah mystischer Schönheit. Das Kap bot sich an als
idealer Ort, sich an einen äußersten Punkt zurückzuziehen und
zugleich vorzustoßen, in eine andere Sphäre überzugehen. So hatten sich das wohl die Mönche gedacht, die an der Wende vom
Mittelalter zur Neuzeit dort zwischen Himmel und Meer auf dem
fliegenden Teppich der nackten Steilfelsen geschwebt und das
ebenso wärmende wie purifizierende Feuer entzündet hatten, das
den Schiffen ein Leuchtfeuer und dem Leuchtturm ein Vorbild
war. Nun waren die Mönche ausgerissen, selbst der Leuchtturmwärter, dieser erleuchtungstechnische Anachoret, war geflohen,
denn das portugiesische Finis terrae war entweiht durch Autos
und Busse und Touristen und Andenken- und Getränkestände
mit ihren Generatoren und von profanen Würstchenbuden wie
der, die das Himmelreich versprach und die »letzte Bratwurst vor
Amerika« wie Manna anpries – auf Deutsch.

Bis Sagres waren es nur noch ein paar windige Kilometer. Ich
logierte mich in der Pousada do Infante ein und fragte den Rezep-
tionisten, ob von Sagres ein Bus nach Porto Covo oder Sines gehe.
Das musste er im Internet eruieren. Ergebnis: Von Sagres fuhr
kein Überlandbus nach Norden, nur ein Nahverkehrsbus nach
Osten, nach Lagos, von dort gab es aber einen Bus nach Sines. Ich
könnte in Milfontes aussteigen und sehen, wie ich weiterkäme.
Fahrräder transportierte er allerdings nicht, wie ein Anruf im Busbahnhof von Lagos ergab. Als der mitfühlende Angestellte mir
meine aus der Furcht vor den atlantischen Gegenwinden genähr-
te Enttäuschung ansah, bot er mir an, das Fahrrad in der Pousada
stehen zu lassen und später abzuholen. Ich telefonierte mit dem
Refúgio da Praia, wo mein Wagen im Nichts stand. Man war
nicht nur bereit, sondern geradezu »entzückt«, mich in Milfontes
vom Bus abzuholen, ich sollte nur noch die genaue Ankunftszeit

durchgeben. Erleichtert lief ich in den Ort und weiter zur Ponta de Sagres, wo Infante Dom Henrique o Navegador seine Seefahrerschule installiert hatte, die Portugal den Weg auf die Weltmeere wies.

Sagres erwies sich als angenehm und trivial, voll touristischer Infrastruktur – außer einer Buslinie nach Sines. Sein Schmuckstück befand sich außerhalb des Städtchens, auf dem Landvorsprung, der wie ein steinerner Finger nach Südwesten zeigte. Der Glanz war allerdings ab, kaum etwas war erhalten aus der Brutzeit der Größe Portugals. Auf der Felszunge hatte Prinz Heinrich nach der Eroberung des nordafrikanischen Ceuta von den Muslimen im Jahr 1415, an der er teilnahm, sein Hauptquartier aufgeschlagen, den Gebäudekomplex der Vila do Infante errichtet und mit einem Befestigungswerk umgeben, um in Ruhe zu studieren und studieren zu lassen, wie Portugal die Welt erobern könne. Wie sah Afrika jenseits der Kanarischen Inseln aus? Gab es südlich des Kaps Bojador (Westsahara) jungfräuliches Land oder Waren, mit denen man in Europa Handel treiben konnte? Wie weit reichte die Macht der Mauren? Konnte man den Zwischenhandel der Mohammedaner, die den Landweg nach Asien beherrschten, auf dem Seeweg umgehen, zumal dieser profitable Zwischenhandel durch türkische Zölle noch verteuert wurde und die Osmanen weiter nach Europa vordrangen? Kurz: Gab es einen Seeweg nach Indien?

Heinrich der Seefahrer versammelte in seiner Seefahrerschule Astronomen, Kartografen, Schiffbauer, Kapitäne und Gelehrte aus verschiedenen Ländern um sich, die das damalige Wissen und vorhandene Material zusammentrugen, im Licht jener Fragen beleuchteten und nach Antworten suchten. Man durfte sich diese Seefahrerschule wohl nicht als Gebäude mit Klassenräumen oder als Seemannsuniversität mit Hörsälen vorstellen, sondern eher wie die Übersetzerschulen von Toledo aus dem 12. und 13. Jahrhundert, als jüdische und christliche Gelehrte aus verschiedenen

europäischen Ländern arabische Texte übersetzten, in denen die
Kenntnisse griechischer und hellenistischer Autoren aufbewahrt
waren. Mehr als eine festgefügte physische Institution dürfte
Heinrichs des Seefahrers Seefahrerschule ein lockerer Gesprächs-
kreis gewesen sein, ein Gelehrtenzirkel, so etwas wie ein Think-
tank, ein diffuses Zentrum für angewandte Meeres-, Erd- und
Himmelsforschung, ein zwangloser investigativer Stammtisch, an
dem berauschende nautische Ideen auszubrüten die Herausforderung darstellte.

Am Kap Bojador war nach mittelalterlichem Glauben die befahr-
bare See zu Ende. Die weit ins Meer reichenden Riffe und Sandbänke, die geringe Wassertiefe, die starken Strömungen und die
hohen Wellen machten eine Weiterfahrt unmöglich, zumal dort
Südwinde herrschten und die gängigen Schiffe nur mühsam gegen
den Wind zu kreuzen vermochten. Mit seiner roten Saharasand-
farbe galt das Kap des Schreckens als Pforte zur Hölle, dahinter
kochte die See in der sengenden Sonne, und alle Weißen wurden
schwarz. Henrique o Navegador sandte mehr als ein Dutzend Expeditionen aus, die alle am vermaledeiten Kap der Angst scheiterten, weil Kapitäne und Mannschaften eine Höllenangst ergriff.
Erst 1434 gelang es Gil Eanes aus Lagos, das Kap zu bezwingen.
Der Trick war, es zu ignorieren. Als er sich ihm näherte, nahm er
Kurs auf hohe See, schlug einen gewagten weiten Bogen, man
weiß nicht wie, steuerte wieder auf die Küste zu und gelangte südlich des Kaps in ruhige Gewässer. Weder verbrannte umgehend
seine Haut noch war die See siedend heiß, statt des Tors zur Hölle tat sich der Weg nach Indien auf.

Dom Henrique ließ einen neuen Schiffstyp entwickeln, die
Karavelle, die dichter am Wind segeln konnte, ließ in Lagos, das
über einen Hafen verfügte, ganze Flotten bauen und schickte eine
Flottille nach der anderen gleichsam zur Feldforschung auf See,
um die Küsten Westafrikas zu erkunden, wobei auch Madeira,

die Azoren, Kapverden sowie die Ilhas Selvagens, die Wilden Inseln zwischen Madeira und den Kanaren, entdeckt wurden, deren Gewässer nach wie vor zwischen Portugal und Spanien umstritten sind. Heinrich der Seefahrer selbst fuhr nicht zur See, ging nicht auf Entdeckungsfahrt, das ziemte sich nicht für einen Prinzen, es schickte sich jedoch, auf militärische Abenteuerfahrt zu gehen. So schiffte er sich 1437 noch einmal ein, um den Mohren nach dem Vorbild von Ceuta nun auch Tanger abzunehmen, doch das Unternehmen endete in einem kompletten Fiasko. Umso mehr konzentrierte er sich auf die Umschiffung Afrikas. Bei seinem Tod im Jahr 1460 waren seine Schiffe bis auf die Höhe von Sierra Leone vorgestoßen. Andere Seefahrer mussten aus seinem Traum Wirklichkeit machen. Henrique o Navegador hatte die Keimzelle geschaffen, aus der die Seewege nach Indien und China sprossen, Handelsniederlassungen aufblühten und Kolonien wuchsen. Er hatte die Grundlage für die portugiesische Expansion gelegt, Portugal als Entdeckernation in führende Stellung gebracht und die europäische Kolonialisierung der Erde angestoßen.

So vollgestopft mit Visionen die Köpfe damals gewesen sein mochten, so leergefegt mutete das Schulgelände nun an. Ein Wasserspeicher war aus Heinrichs Zeit übrig geblieben und eine mit Steinen auf dem Boden markierte Windrose von dreiundvierzig Metern Durchmesser, von der sich nicht mit Gewissheit sagen lässt, dass sie aus dem 15. Jahrhundert stammt, nicht einmal, dass es eine Windrose ist. Sonst verloren sich dort nur einige traurige Mauern und Gebäude aus Neuzeit und neuester Zeit, denn erstens hatte Francis Drake die Festung 1587 geschleift und zweitens das Erdbeben von 1755 zerstört, was seit Drake wieder aufgebaut worden war. Ich ging am Rand des weitläufigen Felsplateaus entlang, das steil zum Ozean hin abbrach, und schaute auf die benachbarten Klippen im Nordwesten und im Nordosten. An einer Stelle standen Angler fünfzig Meter über dem Meer und beweg-

ten sich nicht, sie schienen gebannt auf den Horizont zu starren
wie Zugvögel, bevor sie abheben. Schaute ich wie sie nach Südwesten, sah ich nichts als Wasser und Himmel, nirgendwo war die
Weite weiter, so weit, dass der Horizont sich bog und die Kugel-
form der Erde andeutete, und die Weite reichte bis Brasilien und
Indien und Hinterindien, vielleicht war dieser Blick das Beste,
was aus Dom Henriques Zeit erhalten war. Ich sah Angola,
Moçambique, Muskat, Goa, Ceylon, Macao, Malakka, die Mo-
lukken, Timor, die Namen lagen so nahe und die Orte und Länder
so weit weg und so weit zurück, und die Angler hoben nicht ab, sie
wussten, dass jede Sternstunde nur eine Sternschnuppe war, dass
sie sich ewig nach dem Paradies zurücksehnen konnten, es aber
nie wiedersehen würden, vielleicht erwuchs aus diesem Wissen
die Saudade.

Glücksucher –
Carrapateira

Der Bus von Sagres nach Lagos klapperte alle Dörfer ab. Dieser Teil der Algarve war zwar touristischer als die Costa Vicentina, doch die Bebauung hielt sich noch in Grenzen. Aber Lagos hatte sich mächtig ausgedehnt. Ich erkannte nur die Hafeneinfahrt wieder, die lange Mündungsgerade des Rio Bonsafrim parallel zur Avenida dos Descobrimentos, auf der mich vor nun fast vierzig Jahren ein Seemann um eine Zigarette und ich ihn daraufhin um ein Foto gebeten hatte. Er war mit Bartolomeu Dias um das Kap der Guten Hoffnung gesegelt, so sah er nicht nur in meinen heillos subjektiven Augen aus, sondern auch durch das Objektiv meiner Kamera. In Lagos hatte ich vier, vielleicht auch nur drei Tage im Parque de Campismo do Clube de Futebol Esperança unter einem Orangenbaum zweihundert Meter vom Ort gelagert. Auf dem Campingplatz standen sonst nur noch Dutzende

weiterer blühender Apfelsinenbäume und ein Campingbus aus
Marburg, dessen Bewohner aus Münster waren, ein Studenten-
paar, er Mineraloge, sie Pädagogin und im dritten Monat schwan-
ger. Eigentlich hatten sie beabsichtigt, auf Eselsrücken durch
Portugal zu tingeln, angesichts ihres Zustands aber davon abgesehen und das uralte Gefährt seines Bruders ausgeliehen, einen
grauen Fernmeldebus noch mit geteilter Frontscheibe, der so
störrisch war wie ein Esel und jeden Tag eine andere Panne und
eine so harte Federung hatte, dass sie auch gleich hätten Esel nehmen können, zumal Esel die iberischen Schlaglöcher besser weg-
steckten als diese Kiste.

Nun traf ich im Busbahnhof von Lagos zwei deutsche Studen-
tinnen, die barfuß nach Brasilien unterwegs waren, das heißt wie
ich nach Vila Nova de Milfontes fuhren, weil Milfontes so schön
sein sollte, und ihre Stiefel an ihre Riesenrucksäcke gebunden
hatten und womöglich durch Öllachen und Glassplitter stapften.
Ich wollte mich – bei dem Altersunterschied – nicht aufdrängen
und fragte sie nicht nach dem Woher, Wie-lange-schon-unter-
wegs, Wohin-noch, Wann-zurück und danach, ob die Toiletten
sauber waren. In Milfontes wartete schon der Herbergsvater des
Refúgio da Praia mit seinem klapprigen Pick-up auf mich, und es
war, als besuchte ich nach Jahren einen alten Freund. Wir saßen
wieder auf der Terrasse vor dem Haus, er trank Wasser und ich
Bier, und gemeinsam sahen wir aufs Meer wie damals, als wir auf
dem Indischen Ozean nach Calicut unterwegs waren. Als wäre
seitdem kein Tag vergangen – oder aber alle Tage der Geschichte
und die Welt gleich jung geblieben. Wir gingen ein Stück weit auf
dem Fischerpfad spazieren, und er zeigte mir sein schönes unnüt-
zes Land, das wie eh und je das gleiche war und sich ebenso wenig
verändert hatte wie das Meer, nur dass keine Kühe mehr über es
fuhren. Wir setzten uns ans Ufer, hörten und sahen die Wellen
rauschen und die Sonne mit einem Zischen in der Unendlichkeit
sterben.

Am nächsten Tag fuhr ich mit dem Wagen nach Sagres, um mein Fahrrad abzuholen. Auf der Nationalstraße kamen mir zwei Fahrradfahrer mit Gepäck entgegen, die stramm in die Pedale traten, während ich mit meinem Schiff vor dem Wind herflog. Wenn ich in meinem normalen Leben Radfahrer auf Tour sehe, beneide ich sie meist. Wenn ich selbst gerade eine Tour gemacht habe und auf dem Rückweg Radfahrer sehe, die den gleichen Schweineberg hinauftrampeln, den ich schon hochgefahren bin, empfinde ich von meiner Autowarte aus oft Schadenfreude. Die Jungs auf der N 120 aber waren nur zu bemitleiden, sie hätten mit ihren untauglichen Vehikeln, die nicht gegen den Wind kreuzen konnten, in die entgegengesetzte Richtung fahren sollen. Und doch kamen sie vorwärts, langsam zwar und unter Opfern, aber sie stießen in Neuland vor, während ich das Gefühl hatte, immer nur zurückzufahren. Von Sagres fuhr ich abermals zurück, nach Carrapateira. Ich holte bei meinem Vermieter den Schlüssel zu meiner Hütte ab und richtete mich nach meinen Bedürfnissen ein, entfremdete den Fernseher als Garderobe und das überflüssige zweite Bett als Ablage, gab dem Küchen-, Ess- und Wohnzimmertisch eine vierte Funktion und stellte ihn als Schreibtisch unter das Fenster zum Garten. Licht zum Lesen war wichtig, und so kamen die Nachttischlampen auf den Schreibtisch, beide fokussiert auf die Mitte, morgen musste ich erst einmal stärkere Birnen kaufen.

DORFLEBEN, STRANDLEBEN

Carrapateira war ein wenig voller als noch Ende Juli. Morgens frühstückte ich in einem der Cafés auf dem Platz, beobachtete das Spiel der matinalen Riten und zog meine zwangsläufig generalisierenden soziologischen Schlüsse. Die portugiesischen Frauen aus dem Dorf kamen zu Fuß, um im Frischmarkt und in dem kleinen Laden einzukaufen, den Tante Emma mit allem Möglichen vollgestopft hatte. Sie stießen auf dem Platz unwillkürlich auf ihresgleichen und tauschten ein paar zeremonielle Worte aus, waren in der Regel aber diejenigen, die am wenigsten Zeit mitbrachten. Die älteren einheimischen Männer standen an einer Seitenauslinie des Platzes oder saßen auf Stühlen der Straßencafés, ohne etwas zu konsumieren, schauten halb neugierig, halb gelangweilt in die Runde und auf die Uhr, als spielte die Zeit eine Rolle, und wurden ganz lebendig, wenn die Sprache auf Fußball kam. Derweil schoben Männer im arbeitsfündigen Alter Sackkarren zwischen Markt, Cafés und dem Laden sowie ihren Lieferwagen hin und her. Die portugiesischen Urlauber kamen im Auto, um Besorgungen zu machen und vielleicht eine Bica zu trinken, einen Espresso. Sie pflegten ebenso gesittet zu parken wie die ausländischen Urlauber, wohingegen die Einheimischen, die mit dem Wagen anreisten und gewohnt waren, viel Platz zum Parken vorzufinden, sowie die Ausländer, die sich in und beim Dorf niedergelassen und etwas vom lokalen Lebensstil angenommen hatten, dazu tendierten, chaotisch zu parken, quer, in zweiter Reihe und mitten auf einer angrenzenden Straße. Für die ausländischen Einheimischen war der Platz Treffpunkt, sie kannten sich alle, hier verbrachten sie lange Stunden. Als Semiportugiesen und Halbfremde unterschiedlicher Herkunft und Nationalität hatten sie den weitesten Horizont und sich am meisten zu erzählen.

Manchmal ritt ich vor dem Frühstück auf meinem Aluminiumesel aus und fuhr durch die feuchte Morgenfrische und den noch schläfrigen Wind nach Bordeira und weiter nach Chaboúco oder in entgegengesetzter Richtung nach Vila do Bispo, trank dort einen Orangensaft und kehrte über Raposeira und Pedralva zurück, Dörfer, die gänzlich portugiesisches Inland waren. Nach Frühstück und Einkauf von Brot, Obst, Salat, Gemüse für den Mittag setzte ich mich unter die Korkeiche in meinem Garten, um zu lesen, oder aber an den Schreibtisch, wenn ich etwas zu Papier zu bringen hatte. Zeitungen las ich nicht, der Fernseher blieb aus, Außenwelt und Aktualität passten nicht zum Gleichmaß der Abgeschiedenheit, die aufgeregte Welt war ein flatterndes Huhn auf dem Mond oder im Sommerloch, News waren so nichtig in der Zeitlosigkeit, ich war sicher, in zwei, drei Monaten noch die gleichen wichtigen Neuigkeiten zu erfahren, Varianten der Nachrichten von heute über dieselben Themen. Ich aß spät am frühen Nachmittag, und nach der Siesta ging ich meist an den Strand, nur mit einem Badetuch um den Hals.

Der Strand war auch im August mäßig belegt, nur an den Wochenenden füllte er sich ein wenig mehr, aber auch dann bot er noch reichlich Freifläche, um ungestört aufs Meer zu blicken, den Wellen zuzusehen, wie sie in steter, faszinierend gleichförmiger Bewegung und beruhigend festgefügter, vom Menschen nicht zu beeinflussender, allein in der Macht der Natur stehender Ordnung immer gleich und immer anders heranrollten und sich brachen, auf dem Sand ausliefen, mal nach rechts züngelten, mal nach links tasteten, einen Moment lang zögerten und sich nicht entscheiden zu können schienen, ob sie bleiben oder weglaufen sollten, bevor sie sich dann doch zurückzogen, um im nächsten Augenblick wieder vorzupreschen. Der Strand wahrte Stille genug, um mit den Möwen über das Wasser zu fliegen und sich am Horizont zu verlieren und vorübergehend den Durst nach Weite und Dauer zu stillen. Der Strand war ein Ort der Toleranz, man ließ einander in Ruhe, jeder war mit dem eigenen Nichtstun beschäftigt und ließ auch den anderen ausruhen, niemand stellte Ansprüche, Forderungen, Bedingungen, niemand fragte nach Namen, Adresse, Familienstand, Beruf, Einkommen, alle waren anonym. Und alle waren gleich, sie unterschieden sich nur nach dem, was sie mitgebracht hatten, Handtuch, Sonnenschirm, Kühltasche, Badeanzug. Wären alle nackt gewesen, hätten sie noch weniger Individualität verraten, nicht einmal eine Vorliebe für die Farbe der Badehose. Hier am Strand spielten Besitz, Statussymbole, Image, Prestige, Beziehungen keine Rolle, es gab keine Konkurrenz, Hierarchie, Herrschaft, Geschichte, hier war die Gleichheitsuto-

pie verwirklicht, der Strand war eine Insel im Meer der realen Gesellschaft, abgekoppelt und im Ausnahmestatus, ein Stück Utopia, glückliche Insel, ihn hatte Thomas Morus' Raphael, der
Portugiese, der mit Amerigo Vespucci über See gefahren war, bei
seiner Rückkehr aus Calicut mitgebracht.

Abends ging ich essen, oft in das Strandrestaurant weit hinter
Utopia, das ich schon kannte. Auf dem Weg schaute ich bei Isabel und Achim vorbei, nur um Guten Tag zu sagen, sie waren immer beschäftigt, Achim mit der Motorsense im Garten Eden oder
in seiner Traumwerkstatt mit der Kreation exotischer Motive
und der Fabrikation schöner Gebrauchsgegenstände, Isabel mit
der Zubereitung von Früchten der Erde und des Meeres oder mit
der Herstellung paradiesischer Sauberkeit. Die Strandkneipe
pflegte gut besucht zu sein, von Portugiesen wie von Ausländern,
ihr bester Gast war allerdings der Wirt selbst, der am Tresen
hockte und exotische Getränke schlürfte, später an einen Tisch
nahe der Küche wechselte, um schüssel- und plattenweise zu di-
nieren. Doch er tat es ohne rechten Appetit, nachlässig und lustlos, vielleicht war er Melancholiker oder Alkoholiker oder beides
zugleich oder einfach des Überflusses überdrüssig – trauriges
Schlaraffenland. Er wurde umsorgt und umhegt und aufgemun-
tert von einer Frau, die Portugiesisch mit ihm sprach, doch weder
Portugiesin war noch seine Frau oder Angestellte, sie trug wie er
Straßenkleidung und nicht den Kellner- oder Küchenpersonal-
einheitsdress. Eines Abends setzte sie sich zu mir an den Tisch,
weil sie mich schon öfter gesehen hatte, auch im Dorf. Sie war
Holländerin und hieß Renne, ich schätzte sie auf Mitte vierzig.
Von Beruf Dozentin für Bewegungstherapie, hatte sie ein beweg-
tes halbes Leben hinter sich, hatte in Schweden und in Deutschland gearbeitet und sich vor Jahren in Carrapateira niedergelassen, »das Meer, das Klima, du weißt schon.« Ihr Geld verdiente sie
jetzt als Teilhaberin des Restaurants, ohne sie lief es nicht. Doch
nicht dieser Laden, nicht das Dorf und nicht der Strand waren es,

was sie hier hielt, vielmehr ihre »Weekendkids«, ihre Pflegekinder, ein Geschwisterpaar von zwölf und neun Jahren. An den Wochenenden und zeitweise in den Ferien kamen die Kinder auf Besuch, und Renne konnte sie verwöhnen, sie waren ihr Ein und Alles. Sie lächelte beglückt. »Schön«, sagte ich, »da hast du ja dein Glück gefunden«, und lächelte zurück. Und sagte zu mir: Du musst deinen Begriff von Insel erweitern, eine Aufgabe, eine Person, Kinder können Paradiese sein, auch wenn es manchmal schwerfallen mag, es zu erkennen. Von einem Teilzeitparadies hatte ich allerdings noch nicht gehört. Aber vielleicht besteht gerade darin das Geheimnis: dass man periodisch das Paradies aus den Händen geben, es verlassen, ihm entfliehen muss, damit man sich seiner versichern und es erneut herbeisehnen kann.

DIE PHILOSOPHENSCHULE

Manchmal gesellte ich mich einer Gruppe Weiser zu, die sich mal morgens, mal nachmittags oder abends in einem Café, Restaurant oder in der Weinstube meines Gartens trafen. Es war ein lockerer Literaten- und Gelehrtenzirkel, ein zwangloser philosophischer Stammtisch, jeder war willkommen, der etwas beizutragen hatte, und sei es nur Wein, aus dem man Wahrheit schöpfen konnte. Zu Beginn jeder Sitzung wurden Themenvorschläge gesammelt und über das jeweils zu behandelnde Sujet mit einfacher Mehrheit abgestimmt, obwohl die Weisen demokratischen Verfahren nicht allzu viel Vertrauen entgegenbrachten. Einmal stand das Thema Reisen zur Debatte, genauer: Was ist der Sinn des Reisens?, das interessierte mich. Herr Tucholsky polterte los:

»Was tue ich eigentlich hier?«

»Das Gleiche hat sich Rimbaud in Äthiopien gefragt«, rief Mister Chatwin dazwischen: »Was soll ich hier?«

Herr Tucholsky ließ sich nicht beirren: »Da treibe ich mich nun schon seit zwei Monaten herum, laufe und fahre von einem

Ort in den anderen, wozu, was soll das, das ist ja alles lächerlich. Wenn jetzt einer hereinkäme und mich fragte: ›Sagen Sie mal, was machen Sie eigentlich hier?‹, ich müsste antworten: ›Ich vertreibe mir so mein Leben‹.«

»Mein lieber Herr Tucholsky«, nahm Herr Fontane das Wort, »Sie haben ganz recht. Auch ich bin gegen das Reisen überhaupt. Es ist doch eigentlich eine Qual, und die Welt wird auch wieder davon zurückkommen. Über kurz oder lang wird man nur noch von Berufs wegen reisen. Aber nicht um des Vergnügens willen. Und wozu denn auch? Es hat keinen rechten Zweck mehr. In alten Zeiten ging der Prophet zum Berge, jetzt kommt der Berg zu uns.«

»Es ist viel besser, Reisebücher zu lesen als selbst zu reisen«, stimmte Mister Maugham ein. »In Wahrheit genießt derjenige fremde Länder, der nie das eigene verlässt. Wer zu Hause bleibt, erhält sich seine Illusionen und hat ohne jeden Zweifel am meisten vom Reisen. Die Wirklichkeit ist voller Ernüchterungen. Je berühmter ein Bauwerk ist, desto herber ist die Enttäuschung.«

Monsieur Proust räusperte sich leise und hob an, mit belegter Stimme lang und breit von seinen Schlafgewohnheiten zu erzählen. Manchmal träumte er von einer Frau und der Lust, die sie ihm bereitete, und wenn sie die Züge einer Frau trug, die er im Leben getroffen hatte, setzte er alles daran, ihr wieder zu begegnen. Aber das war ein Fehler. »Es ging mir wie denen, die sich auf die Reise begeben, um mit eignen Augen eine Stadt ihrer Sehnsucht zu schauen, und sich einbilden, man könne der Wirklichkeit den Zauber abgewinnen, den die Fantasie uns gewährt.«

»Apropos Berg«, warf Herr Nietzsche ein, und sein imposanter, geradezu wissenschaftlich gepflegter Schnauzbart hüpfte fröhlich auf und ab. »Gehst du zum Berge, vergiss nicht, Distanz zu halten. Besteige ihn um Himmels willen nicht, sei nicht so unvernünftig zu glauben, dass dieser Berg, der der ganzen Gegend Reiz verleiht, selber das Reizvollste sei. Sobald du oben

bist, ist er und die ganze Landschaft um ihn, unter ihm entzau-
bert. Er will aus einer gewissen Entfernung gesehen werden – so
allein wirkt er.«

Wie eine Insel, dachte ich. Und: Wo bin ich hier? Bin ich in
ein Kolloquium unverbesserlicher Skeptiker und Nihilisten geraten? Oder raffinierter Genießer? War Reisen denn wirklich so
sinnlos, gar kontraproduktiv? Hatte nur virtuelles Reisen Sinn?
Bitte, meine Herren, ist dem realen Reisen denn gar nichts Posi-
tives abzugewinnen? Welche Ziele verfolgen, welche Motive bewegen so viele Millionen Menschen, auf Reisen zu gehen? Ich
spreche nicht von Geschäftsreisen, Erholungsreisen ans Meer
oder in die Berge, Aufenthalten in Kurbädern oder gar Wallfahr-
ten, sondern von Reisen aus Interesse an einem Land, einer Stadt,
den Menschen und so weiter, von dem, was früher Bildungsreise
hieß, von der Vergnügungsreise all exclusive sozusagen, auch exklusive fremder Organisation und Begleitung.

»Dieselben Dinge täglich bringen langsam um«, dozierte Professor Bloch mit allem Ernst. »Neu zu begehren, dazu verhilft die
Lust der Reise. Sie verspricht ein schönes Anderssein und erregt
Enthusiasmus. Das Glück der Reise besteht im zeitweiligen Entrinnen von zu Hause, in der Entfremdung vom Gewohnten. Es
mag sogar sein, dass sie auch das Gewohnte zu Hause verfremdet.
Der so entstehende Affekt heißt Heimweh. Das produktive Heimweh macht die verlassene, längst abgestumpft erfahrene Umgebung selber farbig und gewinnt ihr neue Seiten ab.«

»Ganz Ihrer Meinung, sehr verehrter Herr Kollege«, meldete
Señor Ortega y Gasset sich zu Wort. »Reisende suchen in der Reise stets spirituelle Erneuerung. Eine Reise in fremde Länder, je
fremder, desto besser, ist ein Kunstgriff, der eine Wiedergeburt
unserer Persönlichkeit möglich macht, also eine neue Kindheit,
eine neue Jugend, eine erneuerte Reife, ein neues Leben. Mit dieser künstlichen Kindheit erlangen wir gewisse kindliche Tugen-
den zurück, zum Beispiel Aufrichtigkeit.«

»Sehr wahr, Don José«, sprach Geheimrat Goethe, »so habe ich es vor mehr als zweihundert Jahren schon empfunden, eine wahre Wiedergeburt, von dem Tage an, da ich Rom betrat. Überhaupt ist mit dem neuen Leben, das einem nachdenkenden Menschen die Betrachtung eines neuen Landes gewährt, nichts zu vergleichen. Ob ich gleich noch immer derselbe bin, so mein' ich bis aufs innerste Knochenmark verändert zu sein.«

»Darf ich mir an dieser Stelle erlauben, meine junge Erfahrung von einer Paddeltour durch die Inselwelt Ozeaniens zum Besten zu geben?«, fragte Mister Theroux in die Runde. Er durfte. »Reisen, das meist als Flucht vor dem eigenen Ich angesehen wird, ist meiner Meinung nach genau das Gegenteil. Es gibt nichts, das so sehr die Konzentration fördert oder das Gedächtnis anregt wie eine unbekannte Landschaft oder eine fremde Kultur, und es ist schlicht unmöglich, sich – wie romantische Seelen immer meinen – an einem exotischen Ort selbst zu verlieren. Viel wahrscheinlicher ist eine Erfahrung von tiefer Vergangenheitssehnsucht, die geistige Rückkehr in ein früheres Lebensstadium.«

»Um den Garten aufzusuchen, in dem wir als Kind geweilt, ist es nicht nötig zu reisen«, erwiderte Monsieur Proust lapidar. »Man braucht nicht in die Weite hinauszupaddeln, muss bloß in die Tiefe steigen, um den Garten wiederzufinden, eine stille, einsame Entdeckungsreise in die Tiefe des eigenen Ichs unternehmen, das ist alles.«

»Mais, cher ami«, wandte Mynheer Nooteboom ein, »ich glaube, es ist nicht zu leugnen, dass Reisen die Fantasie anregt, von der Sie so große Stücke halten, vor allem dort, wo sich das Sichtbare nicht ganz benennen lässt. Es ist die gleiche Erregung wie früher: Dinge zu sehen, die man nicht begreift, Zeichen, die man nicht lesen kann, eine Sprache, die man nicht versteht, eine Religion, die man nicht wirklich kennt, eine Landschaft, die einen zurückweist, Lebensweisen, die man nicht teilen könnte. Der Schock des völlig Unbekannten ist aus leiser Wollust gemacht.

Und: Wenn man nicht teilhaben kann, gibt es vieles, was man zu Hause lassen kann. Damit wird das Reisen zu einer Art angenehmer Leere, einem Zustand der Schwerelosigkeit, man treibt in fremdem Gebiet, sieht, schaut, sieht, verschwindet wieder und kehrt leerer zurück, freilich auch mit Worten.«

»Und da liegt der Hase im Pfeffer«, rief Herr Tucholsky. »Ich habe immer Furcht, dass mich ein Baske, ein Katalane, ein französischer Unterpräfekt eines Tages auf der Straße anhalten wird, sich meine Notizen geben lässt, sie liest und dann spricht: ›Mensch! Was weißt denn du?‹ Ist einer eine langweilige Type, dann nimmt er alle Tatsachen korrekt auf und darf schreiben: ›Reise durch die Pyrenäen‹. Ist er ein Kerl, dann steht er sich selbst im Wege, bei allen Schilderungen, und wenn er fertig ist, darf er nicht sagen: ›Reise durch die Pyrenäen‹. Er müsste sagen: ›Reise durch mich selbst‹.«

Wiedergeburt, spirituelle Erneuerung, Heimweh nach der Kindheit und der verlorenen Welt, Sehnsucht nach dem Anderen und Alten, Ichsuche, Ichfindung, Icherregung und -entleerung, Selbstbeschreibung – am Ende war die Reise eine Wallfahrt zu sich selbst, ein Jakobsweg nach Hause? Ich tappte nach wie vor im Nebel, aber vielleicht trug der Wein daran die Schuld, der durch mich gereist war.

WO BITTE GEHT'S HIER ZUM GLÜCK?

Das Ergebnis der Sitzung befriedigte mich nicht, doch wurde meine Anregung wohlwollend aufgenommen, bei einer der nächsten Versammlungen nach Reisezielen und -motiven zu suchen, die nicht in der Vergangenheit und im eigenen Zuhause liegen, sondern in der jeweiligen Jetztzeit und äußeren Welt verortet werden können. Als es so weit war, begründete ich meinen Vorschlag gleichsam lexikologisch, es gab so viele Wörter, die darauf hinwiesen, dass es jenseits vom Ich und Gestern noch etwas ge-

ben musste, das zu suchen und aufzusuchen sich lohnen mochte.
Zum Beispiel den Begriff Paradies und zusammengesetzte Wörter wie Inselparadies oder Paradiesgarten oder Paradiesfrau, die
umso bedeutungsschwerer wogen, als von Tal-, Berg- oder Flach-
landparadiesen, Paradieswüsten oder Paradiesmännern nicht gesprochen zu werden pflegte. Es waren nicht alle Teilnehmer der
letzten Reiserunde erschienen, andere waren neu hinzugekommen, doch Professor Bloch war wieder dabei und leitete systema-
tisierend ein:

»Im Grunde besteht der geografische Wunschtraum oder Rei-
sewunsch in der Auffindung des irdischen Paradieses. Im Zeitalter der Entdeckungen ist das Paradies Eden und Eldorado zugleich, die materielle Grundabsicht und die Fantastereien vom
Paradies auf Erden sind ineinander verwoben, Unterbau und
Überbau so ununterscheidbar verschränkt, dass man nicht weiß,
wo Eldorado aufhört und Eden anfängt. Kolumbus jedenfalls, der
Indien auf dem Seeweg nach Westen erreichen zu können meinte, glaubte fest, die von ihm entdeckten Inseln seien die der Hes-
periden, der Nymphen, die im Göttergarten die goldenen Äpfel
des Lebens hüten, und hinter dem Land an der Orinocomündung
sei Eden versteckt. Dort spürte er auf seiner dritten Amerikafahrt
Paradiesluft und hinter dem Orinocodelta das Paradies selber und
schrieb aus Haiti an die spanischen Monarchen: ›In jenem vorzüg-
lichsten Teil der Erde, von welchem im Augenblick der Schöpfung der erste Lichtstrahl ausging, vom ersten Punkt nämlich im
Osten, dort liegt das irdische Paradies!‹ Als Kolumbus Indien betreten zu haben glaubte und eben auf der Seite, wo es ihm dem irdischen Paradies am nächsten zu liegen schien, schlug die uto-
pisch-aktive Intention um, sie schien am Beginn ihrer Erfüllung.
Die Menschheit war im Paradies angekommen und wurde kon-
templativ. Heute ist der Göttergarten zum Urlaubsparadies säku-
larisiert und zum Strandparadies zusammengeschrumpft, in dem
drei Wochen lang Bier und Honig fließen, oder er wird mit dem

Inselparadies identifiziert, in dem es sich bei schönem Wetter sorgenfrei überwintern lässt. Doch auch diese moderne Spielart der Sehnsucht nach dem goldenen Irgendwo einer nicht in den Sündenfall hineingerissenen Enklave Glück ist utopisch.«

»Das kann ich bestätigen«, seufzte Madame Sand, die einen Winter auf Mallorca verbracht hatte. »Ich habe stets vom Leben auf einer einsamen Insel geträumt, und jeder aufrichtige Mensch wird bekennen, dass er die gleiche Sehnsucht gehabt hat. Wer von uns hätte sich nicht dem Traum hingegeben, sich auf eine verwunschene Insel zu begeben, um dort ohne Sorgen und Scherereien, ohne Verpflichtungen und vor allem ohne Zeitungen zu leben? Aber meine Erfahrung ist: Der Mensch ist nicht dafür geschaffen, mit den Bäumen und Steinen, dem klaren Himmel und dem blauen Meer, mit Blumen und Bergen zu leben, sondern mit seinesgleichen, den Menschen.«

»Und doch sucht der Mensch nach einer Insel«, gab Mister Theroux zu bedenken, »sehnt sich nach Einfachheit und Glück, nach einer eigenständigen, geschlossenen, selbstgenügsamen kleinen Welt für sich, von Wasser umgeben, abgeriegelt, beschützt, unsinkbar.«

»Ich glaube«, erwiderte Madame Sand, »dass der gelegentliche Reiz einer solchen Zuflucht in herrlicher Szenerie zwar erfrischt und wohltut, dass jedoch der ständige Reiz eine Gefahrenquelle ist. Man gewöhnt sich daran, mit dem Außergewöhnlichen zu leben, und mit der Übersättigung stumpfen die Sinne ab.«

»Wie selten ist der Mensch mit dem Zustande zufrieden, in dem er sich befindet; er wünscht sich immer den seines Nächsten, aus welchem sich dieser gleichfalls heraussehnet«, bedauerte der Geheimrat sentenziös, und ein allgemeines, affirmatives Gemurmel setzte ein. Väterchen Turgenjew zitierte ein russisches Sprichwort: »Dort ist es am schönsten, wo wir nicht sind«, Mister Chatwin Baudelaire: »Mir scheint immer, dort, wo ich nicht bin, wäre ich glücklich.« Es war wie bei einer Auktion. »Das Paradies ist nebenan«, flüsterte Herr Nooteboom in den Saal, wobei unklar war, ob er meinte: so nah und doch so fern, unerreichbar, immer woanders, oder aber: real existent und unverschlossen, oder ob er sich entschuldigte, um einen stilleren Ort aufzusuchen.

Vielleicht bedarf es nicht einmal der Ferne, um sich im Paradies zu fühlen. Oder ist das Paradies per definitionem immer fern von uns? Vielleicht merken wir gar nicht – bei unseren abgestumpften Sinnen –, dass wir in paradiesischen Zuständen leben, bis wir aus ihnen vertrieben werden. Und wenn wir das Paradies einmal entdeckt zu haben glauben und uns in ihm eingerichtet haben: Entwischt es dann nach gewisser Zeit an einen anderen Ort und wir gehen erneut auf die Suche? Vielleicht muss man sein Leben lang nach seiner Insel suchen oder sein Leben lang von Insel zu Insel hüpfen. Wo also wohnt das Glück?

Der Mensch könne gar nicht glücklich sein, er könne sich nämlich nicht im Kreis bewegen, warf Herr Kundera scheinbar tiefgründig, doch mit großer Leichtigkeit dahin und griff zum Glas. Das Leben im Paradies gleiche nicht dem Verlauf einer Geraden, die ins Unbekannte führe, es sei kein Abenteuer. Vielmehr bewege es sich zwischen bekannten Dingen im Kreis, seine Gleichförmigkeit sei nicht Langeweile, sondern Glück. Die menschliche Zeit hingegen drehe sich nicht im Kreis, sondern verlaufe auf einer Geraden. Dies sei der Grund, warum der Mensch nicht glücklich sein könne. Die Sehnsucht nach dem Paradies sei mithin das Verlangen des Menschen, nicht Mensch zu sein.

Gegen diese Sichtweise erhob sich ein Sturm der Entrüstung. Im ersten Paradies hätten sehr wohl Menschen gelebt, hieß es, und im Olymp sei es längst nicht immer paradiesisch zugegangen. Auch könne der Mensch heldenhaft über sich hinauswachsen und dabei doch Mensch bleiben. »Im Verzicht liegt das Glück«, hörte ich rufen. »Sehr richtig«, nahm Herr Moritz, Vater Anton Reisers, den Faden auf, »wie groß ist die Seligkeit der Einschränkung! Sie ist wie ein kleines glückliches Eiland in einem stürmischen Meere.«»Glück ist nicht die Befriedigung, sondern das Erlöschen eines Verlangens«, hüstelte Monsieur Proust. »Hoffnung, nicht Erfüllung ist das Beste im Leben«, gab Herr Mann, Thomas, zu bedenken. Es gab Glück für jeden Geschmack. »Glück ist Liebe, nichts anderes«, rief Herr Hesse apodiktisch in den Raum, und Herr Keller, Vater des grünen Heinrichs, sekundierte, während er Madame Sand einen Verzeihung heischenden Blick zuwarf: »Mit Verlaub, die ewige Heimat des Glücks ist die Brust einer Frau.« Herr Schopenhauer protestierte: »Das höchste Glück ist geistiges Glück!«, und manch andere gaben ihm recht und sahen das Glück in der Vita contemplativa, im Umgang mit Natur, Büchern, Kunst, in der Einsamkeit und Innerlichkeit, wieder andere darin, so wenig wie möglich Unglück zu erleiden.

Die Sitzung endete in geistigem Tumult, jedenfalls in meinem Kopf. Ich ging nach Hause, setzte mich unter meine alte, steinharte Korkeiche, die so fix in der Erde stand wie die Sterne am Himmel, und lauschte in die laue Nacht. Wie alle Abende hörte ich Fortunas laute Stimme, aber sie drang nur leise an mein Ohr. Irgendwo in der Nachbarschaft spielte eine Gruppe von Leuten ein Würfelspiel, jeden Abend, bis in die Nacht hinein. Sie schienen die Würfel in einer Blechdose durcheinanderzuschütteln, einer ausgedienten Konservendose womöglich, so klang es, und dann hörte man eine Frauenstimme die Augen zusammenzählen. Ich wusste nicht, welches Spiel sie spielten, vielleicht ging es nur darum, wer die höchste Augenzahl warf, und der Gewinner jeder Runde bekam einen Punkt, und wer die meisten Punkte machte, dem winkte als Preis die Befriedigung, gewonnen zu haben, nichts weiter. Es war ein archaischer Zeitvertreib im Kreise, und das allabendliche Drehen des Glücksrads war so beruhigend wie das in der stillen Nacht deutlich vernehmbare, gleichförmige, obgleich nicht kreisförmige Rauschen der Wellen am Strand.

Die Welt in Armen –
Formosa

Zum Auftakt der zweiten Halbzeit fuhr ich nach Formosa. Nicht auf die Insel Taiwan, die die Portugiesen Formosa, die Formvollendete, Wohlgestalte, Schöne genannt hatten, sondern in die Inselwelt der Ria Formosa an der östlichen Algarve. Keine Inselgruppe Iberiens sieht auf der Karte besser aus. Ach, die Karten! Mit siebzehn, neunzehn Jahren hatte ich abendelang über Karten gehockt und Pläne geschmiedet für Fahrten über die Türkei und Afghanistan nach Indien zum Beispiel oder für eine Tour durch Afrika, den Nil hinauf und den Kongo hinunter. Auf Karten sieht die Welt so vielversprechend und abenteuerlich aus und ist so überschaubar wie das Reisen einfach. Und all die exotischen Namen wie Valparaíso, Daressalam, Surabaya, Maracaíbo klingen so verführerisch. Auf meiner Portugalkarte reihten sich – beginnend im Westen der Stadt Faro und fast

bis zur spanischen Grenze reichend – fünf lang gestreckte Inseln
und zwei schmale Halbinseln auf sechzig Kilometern längs der
Küste aneinander, den friesischen Inseln ähnlich, nur ein paar
Nummern kleiner und dichter beieinander, und man konnte von
Insel zu Insel schwimmen oder sogar springen und Seitensprünge
zu einer Unzahl von Marschinseln in der Ria machen und über
diese Inseln hinter den Inseln ans Festland hüpfen, so sah es aus.
Doch Karten schwindeln wie Fotos, die nur einen Ausschnitt zeigen oder eine Relation abbilden oder ihr Objekt verklären.

Die Portugalkarte log auch insofern, als sie Faro zehn Kilometer südlich der Autobahn verortete. In Wahrheit beginnt die
Hauptstadt der Algarve an der Autobahnausfahrt. Über die ge-
bührenfreie Schnellstraße zur Stadt und ihrem Flughafen, der die
Algarve mit Briten und Deutschen versorgt, schob sich dichter
Verkehr, und an ihr zogen sich Betriebe und Lagerhallen bis zum
Häusermeer von Faro hin. Das sah ich noch rechtzeitig von der
hochgelegenen Autobahn aus und fuhr an Faro vorbei. Zwei Ausfahrten weiter bog ich nach Olhão ab. Aber auch Olhão war größer und vor allem dichter besiedelt, als es auf der Karte den An-
schein hatte. Die kubischen, kalkweißen Häuser im Ortskern,
von deren Dachterrassen aus die Sardinenfischer einst den Gezei-
tenstand in der Ria kontrolliert haben mochten, waren längst in
der Minderheit. Der große Hafen dagegen war dünn mit kleinen
Booten besiedelt, vielleicht rentierte sich der Fischfang nur noch
für wenige moderne Kutter. Deshalb womöglich war die Hafenpromenade voll spazierender und im Schatten sitzender Einhei-
mischer und portugiesischsprachiger Zuwanderer. Die andere
Straßenseite schien für europäische Touristen reserviert zu sein,
so sehr dominierten sie dort in der langen Reihe der Restaurants
und Straßencafés.

Vor einer kleinen Kaffeebar trank ich einen Garoto, der mehr
Milch enthielt als ein Pingão, aber weniger als ein Café com leite.
Womöglich steht und fällt der Kaffee- und Lebensgenuss mit der

Kunst der Dosierung. Am anderen Tisch saßen untypischerweise vier Einheimische, und ein Jüngling mit halb geöffnetem Hemd und glattrasierter Brust und goldenem Kettchen und Kreuz stand breitbeinig wie Cristiano Ronaldo bei einem Freistoß vor ihnen, alberte lautstark mit ihnen herum und spielte mit dem Schlüsselbund wie mit einem Rosenkranz in den Fingern, während sein BMW-SUV mit eingeschalteter Warnblinkanlage dickfellig in zweiter Reihe parkte und den Verkehr behinderte. Bevor er ihn wieder bestieg und weiterfuhr, bekreuzigte er sich. Ich suchte mir ein Zimmer für die Nacht im Hinterhof der Promenade und fand eine Pension im ersten Stock eines Wohnhauses. Der dunkle und steile Treppenaufgang war so schmal, dass man sein Gepäck vor oder hinter sich hertragen musste. In einem Knick des langen Flurs saß eine dicke *mamãe* von den Kapverden – wie sie mir später verriet – festgewurzelt auf ihrem Stuhl und brüllte in den Gang; ein Gast hatte die Zimmertür zugeschlagen, dass die Wände wackelten. Während sie misstrauisch meinen Pass begutachtete und die Daten abschrieb, kam ein anderer Gast in die Ecke und bat sie um Nachschub an Toilettenpapier. Sie wies ihn an, sich aus einer Kommode selbst zu bedienen, doch nicht wieder eine halbe Rolle zu verbrauchen. Mein Zimmer war so klein, dass gerade einmal zwei Betten hineinpassten. Die einzige Glühbirne warf ein Funzellicht von der Decke, dessen sie sich selbst schämte. Die brüchigen Fenstervorhänge fasste ich besser nicht an.

IM TAUMEL DER RIA

Die Ria war ein Labyrinth aus Wasserläufen, Sandstreifen, Marschen und Meeresarmen. Von der kleinen Personenfähre aus gesehen schien sie nicht nur viel weiter und verschlungener zu sein als auf der Landkarte mit ihrer unumstößlichen Ordnung, sie veränderte zudem ständig ihr Gesicht, und von einem Augenblick zum andern blieb nichts, wo es gewesen war. Diese Dynamik kann

selbst eine Seekarte nicht reproduzieren. Wenigstens sah der Kapitän, wo die Sonne stand. Ich hatte einen Fahrschein zur Ilha do
Farol gelöst und wollte schon an Land gehen, als wir vor einem
kleinen Ort mit niedrigen Häuschen anlegten. Da steckte der Kapitän den Kopf aus der Luke seiner Kabine und rief: »Culatra, Ilha
da Culatra«, und bedeutete mir, an Bord zu bleiben. Offenbar lag
die Culatra-Insel am Weg zur Farol-Insel. Ich konsultierte meine
Karte; auf ihr gab es gar keine Ilha do Farol. Na ja, der Kapitän
musste es ja wissen. Er fuhr an der Culatra entlang weiter nach
Südwesten, steuerte erneut eine Anlegestelle an und nickte mir
zu: »Ilha do Farol.« Es war dieselbe Insel. Sie hatte zwei Orte, Culatra und Farol, und deshalb gleich zwei Namen.

Farol war viel zu groß für die fünf Dutzend ständigen Bewohner, die der Ort aufweisen sollte. Die meisten der einstöckigen,
weißen oder pastellfarbenen Häuschen mit kleinen Gärten standen leer, viele waren zu mieten oder zu kaufen. Es handelte sich
offenbar um ein Sommerdorf für Festlandportugiesen, und der
Sommer war schon fast vorbei. Ich schlenderte durch die sandigen Sträßchen, es gab keine Autos und keine Geschäfte, nur eine
Handvoll Bars und Restaurants, von denen die Mehrzahl geschlossen war, und einen hohen, schlanken, wie von einem Naïf-
Bild abgekupferten Leuchtturm, der den Kirchturm vertrat. Hinter den letzten Häusern blickte ich auf die unbewohnte
Nachbarinsel im Westen, die Ilha Barreta, vielleicht nannte sie
sich aber auch Ilha Deserta, oder es war ein und dieselbe. Sie lag
zum Greifen, zum Schwimmen nah; ob Strömungen zwischen den
Inseln tobten, verriet meine Karte mir nicht.

Ich wandte mich nach Osten und lief am Meer entlang. Am
Hausstrand von Farol lagen ein paar Leute, dann wurden Sand
und Dünen endlos jungfräulich, und ich vergaß, dass die Insel bewohnt und die Zeit endlich war. Ich spürte die Stunden nicht, nur
den Sand unter den Fußsohlen, den Wind um die Ohren, das
Wasser zwischen den Beinen und das Salz auf der Haut. Ich wuss-

te nicht mehr, ob ich schon zu Mittag gegessen hatte oder noch
essen würde, ob ich das Meer oder meine Flasche Wasser ausge-
trunken hatte, kam nicht einmal auf den Gedanken, mein Gedächtnis anzustrengen und an die nächste Zukunft zu denken,
vergaß, wann das Fährboot angekommen war und nach Olhão zu-
rückfahren würde. Vor lauter Freiheitsgefühl und Einsamkeits-
rausch und Wohlbefinden verlor ich das Zeitgefühl und mit ihm
womöglich auch die letzte Fähre. Aber ich war ja im Glückstau-
mel und lief beizeiten wieder in Farol ein, so zeitig, dass mir noch
Zeit blieb, in dem einzigen Strandrestaurant des Ortes einzukeh-
ren, das ich geöffnet fand. Ich glaubte, meine Seele schwebte
durch den Äther, so unwiderstehlich sentimental, beinah pathe-
tisch war es, dass in dem Lokal Sambamusik zwischen Sandboden
und Schilfdach wogte. Man sprach Brasilianisch, und der ephe-
benschöne, Glücksgefühl versprühende Bronze-Brasileiro tänzel-
te so nebenbei um meinen Tisch und mich herum und tanzte zwischen meinen Gängen mit einem jungen Mädchen, seiner kleinen
Schwester oder Kusine oder Nichte vielleicht, durch die familiäre
Welt des Lokals, die zugleich die ganze Welt in sich schloss.

Die Zeit war doch endlos, die Fähre ließ noch lange auf sich
warten. Handwerker, die in Farol für einen Tag Arbeit gehabt
hatten, unterhielten sich derweil auf dem Landesteg, die Kinder
der Tagesurlauber spielten am Lagunenstrand, Angler mit ver-
packten Ruten und vollen Kühltaschen schauten weit über den
See nach Olhão und Faro hinüber oder dem alten bärtigen Seebä-
ren zu, der in seiner Nussschale von Boje zu Boje und Boot zu
Boot ruderte und eine Miniyacht nach der anderen nachtfest
machte. Dann tuckerte die schäbige Fähre im letzten klaren Son-
nenlicht durchs Amazonasgebiet oder den Sambesi hinab oder am
Zeitalter der Entdeckungen entlang, der kaffeebohnenschwarze
Gelegenheitsarbeiter aus Angola oder sonst woher schaute durch
das kajütentürgroße Loch in der Bootswand übers Wasser aufs
Ufer, sein Kollege, der Mulatte aus Moçambique, schlief auf der

Holzbank im Sitzen ein, die Weltteile und Epochen verschwammen wie die Konturen der schilfgrünen, sandgelben und him-
melblauen Kleckse und wie die Gewissheit, wer man war, und bei
der Ankunft im Hafen von Olhão erwies sich das Glück als vollkommen, denn der leuchtende Äquatorabendhimmel tauchte die
Welt in ein rot-blau-gold-gelb-schwarzes Zwitterlicht, das überall
und ewig war.

DIE SCHÖNE UND DAS TRAGISCHE

Die *mamãe* von den Kapverden bedauerte es sehr, dass ich schon
nach zwei Nächten unter Segel ging; ich sei so angenehm still und
unauffällig gewesen. Ich fuhr zum Informationszentrum des Naturparks, der die Ria Formosa samt Inseln seit 1987 umschloss und
die Städte und den Flughafen von Faro aussparte, nicht aber dessen
Lärm. Das Besucherzentrum nahe Olhão war ein großes Areal, ein
Park im Park, in dem man durch die verschiedenen Ökosysteme
der Ria spazieren konnte. Dort fiel ich auf, da ich der einzige Infor-
mationsdurstige an diesem Morgen war, und die beflissene Angestellte löschte meinen Durst ausgiebig. Sie zeichnete eine Route in
einen Plan, auf der ich durch Pinienhaine, Marschen, Dünen, Binsen laufen, an den Resten römischer Bassins zum Einsalzen von Fischen, an einem Schöpfrad mesopotamisch-maurischer Tradition,
einer intakten Gezeitenmühle und einem alten Thunfischfänger-
boot vorbeikommen sowie seltene einheimische Vögel wie das
blauschwarz gefiederte, rotschnäblige Purpurhuhn, Wahrzeichen
des Naturparks, und Wandervögel aus anderen Breiten und die Europäische Winkerkrabbe sehen würde. Dann erklärte sie mir, was
ich nicht sehen würde, aber wissen sollte, nämlich die Probleme des
Naturparks wie die fortschreitende Bebauung der Küstenzone und
der unrechtmäßige Hausbau auf den Inseln, das wilde Ablagern von
Bauschutt und Müll in den Marschen, die Wasserverschmutzung
durch ungeklärte Abwässer und Rückstände aus der Landwirt-

schaft und von den Golfplätzen, die Zerstörung der Dünenvegeta-
tion infolge ungehinderten Zugangs selbst für Kraftfahrzeuge, die
Überfischung der Lagune mit zum Teil illegalen Fangmethoden
und die Wilderei.

»Um die Natur zu schützen, muss man den Menschen zäh-
men«, sagte sie voller Überzeugung. »Er ist das einzige wilde Wesen, das die Wildnis zerstört.« Sagte es und merkte nicht, dass die
Alternative, die sie repräsentierte, in dieser abgezäunten Enklave
bestand. Ich dankte ihr für die erschöpfende Auskunft und ging
des Weges, ging wie durch eine sterile, leblose Welt und fragte
mich, ob die arrangierte Natur der gefährdeten wohl vorzuziehen
sei oder vielmehr die freie einem Gehege, auch wenn der Mensch
sich in ihr Freiheiten nahm, deren er sich schon allein aus allge-
meinem Eigeninteresse besser nicht bedient hätte. Das Purpurhuhn ließ sich nicht blicken.

Tavira war bildschön, obwohl sie ein wenig in die Jahre gekommen war. Oder gerade deswegen. Tavira war gelöst, gelassen,
großzügig, empfänglich, zum Genuss bereit wie eine reife Frucht.
Eine rassige Portugiesin, zum Verlieben. Die großen Plätze mit
ihren Restaurant- und Caféterrassen strahlten Weitherzigkeit,
Offenheit aus. Die schmalen Gassen bargen kleine Geheimnisse
wie die blauädrigen Muster der Kachelfassaden, die gelockten
Balkongitter und ockergelben Umrandungen der Fenster- und
Türöffnungen. In versteckten Ecken warteten kleine Kaffeebars
darauf, dass Freier eintraten und eine Bica verlangten und sie
schlürften und wie ein Bonbon lutschten. Ich bekam Lust, Sabrina anzurufen und ihr vorzuschlagen, einen Flug nach Faro zu nehmen, aber sie hatte sicherlich noch ihr Programm zu absolvieren.

Der Fluss, der Tavira in zwei Hälften teilt, heißt zum Landesinnern hin Rio Séqua, wohl weil er manchmal austrocknet, und
zur Ria hin Rio Gilão. Man muss diesen Namen auf der Zunge
zergehen lassen, er schmeckt nach Schokoladeneis, das schmilzt

und flüssig wird wie der Fluss dank des Gezeiteneinflusses. – Der
Gilão war wie die geschwungene Wirbelsäule Taviras, zu deren
Seiten ausladende Gebäude lagen, die Markthalle, die Fischbörse,
alte Palais. Am Kai lagen Kutter und Barkassen, und das Bild von
Fluss und Stadt war so portugiesisch schön, als wäre Tavira die rei-
zendste, üppigste, begehrteste Stadt der Algarve – wie im 16. Jahrhundert, als der Hafen sie reich und anziehend machte. Dabei gab
es die Brücke noch, die die Römer über Taviras Rückgrat gelegt
hatten, und aus der Zeit, da die Mauren Tavira besaßen, klebten
noch kleine Festungsreste auf dem Hügel, und der achteckige Al-
mohadenturm stand nach wie vor aufrecht. Am Abend bot Tavira
sich dar, als wäre es ihre letzte Nacht: geschminkt mit künstlicher
Beleuchtung, mit Zwielicht geschmückt, lebensvoll und jung dank
der vielen Liebhaber, die kamen, sich über sie beugten, ihr Kom-
plimente ins Ohr flüsterten und wieder gingen. Dann schlief sie
tief und ruhig. Jede Nacht war ihre letzte Nacht.

Über eine schmale Straße fuhr ich zu einer kleinen Insel hinaus, die zwischen Rio und Ria, Sümpfen und Salinen schwamm.
Auf ihr standen die Reste eines Forts, das einst Mohren, Piraten,
Spaniern und anderen Barbaren widerstanden hatte, und ich wollte schon den Schlafsack aus dem Wagen holen und mich abseits
im Gras oder Sand niederlassen, aber dann zog es mich doch zu
dem anderen Gebäude der Insel, das wie eine Kaserne oder ein
rechteckig ummauertes, wehrhaftes Dorf aussah und in einer
Ecke des Komplexes einen Wachtturm aufwies. Der Turm gehörte in Wahrheit einer Kapelle, und den Kasernenhof nahm ein
Garten mit weitläufigem Swimmingpool ein. Es war ein Hotel
und hatte ein Zimmer frei, und ich widerstand nicht. Auch nicht
dem Gedanken, dem gelangweilten Nachtportier ein wenig Gesellschaft zu leisten und von ihm eventuell etwas über diesen ei-
genartigen Bau zu erfahren.

»Ein ungewöhnliches Hotel«, konstatierte ich.

»Inwiefern?«, fragte der Mann.

»Von außen sieht es so abweisend aus wie eine Kaserne oder Fabrik, allerdings mit Balkonen.«

»Es war tatsächlich eine Art Fabrik. Ein Thunfischercamp. Hier arbeiteten und lebten sie mit ihren Familien während der Fangsaison. Mein Vater war einer von ihnen. Ich wurde hier geboren.«

Inzwischen war er Rentner. Er hatte in der Stadtverwaltung gearbeitet und war frühpensioniert worden. Seine Rente besserte er mit gelegentlichem Nachtdienst auf.

»Der Arraial Ferreira Neto war das letzte Thunfischerlager, das an der Algarve eingerichtet wurde. Das war 1945, da ging es mit dem Fang schon bergab, aber das erkannte man damals noch nicht oder man hoffte, dass es wieder besser wurde. In den besten Jahren um 1900 gab es mehr als ein Dutzend *almadravas* an der Algarve. 1971 oder 1972 wurde hier die letzte *almadrava* lanciert. Ein einziger Thun ging in die kilometerlangen Netze.«

Almadrava (span. *almadabra*) stammt aus dem Arabischen und bezeichnet die Gesamtheit der im Meer installierten Vorrichtungen für den Thunfischfang, der heute noch auf diese Weise an der spanischen Costa de la Luz praktiziert wird. Aber nicht die Araber hatten dieses System erfunden, sondern die Phönizier. Genuesen und Sizilianer brachten es dann im 14. Jahrhundert an die Algarve. Die groben Netze wurden auf dem Meeresboden verankert und an der Oberfläche an Schwimmkörpern befestigt, sodass sie senkrecht im Wasser standen. Sie schleusten die Fische, die im Frühjahr aus arktischen Breiten zum Laichen an die Küsten des Mittelmeers zogen, in ein Labyrinth von Kammern, aus dem sie umso weniger zu entrinnen vermochten, je weiter sie auf der Suche nach einem Fluchtweg vordrangen. Die letzte Kammer wies auch ein auf dem Meeresboden horizontal ausgelegtes Netz auf, und wenn sie voller Thune war, rückten die Boote zusammen, bildeten einen geschlossenen Kreis, und die Männer zogen mit bloßer Muskelkraft das Grundnetz an die Wasseroberfläche, die ein brodelnder Kessel voll wütender, verzweifelter, springender und mit den Schwänzen um sich schlagender Tiere war.

Der Portier war ganz wach geworden, entschuldigte sich für einen Augenblick und kehrte nach einer Weile mit zwei Caipirinhas zurück, die er in der Hotelbar gemixt hatte.

»Proust – oder wie sagt man auf Deutsch?«

»Prost.«

»Wenn die Thune sich vor den Booten ratlos im Kreis drehten, holten die Männer sie mit Enterhaken an Bord, zuerst die kleineren Tiere, damit das Boot tiefer im Wasser lag, bevor die schwereren Exemplare von zwei-, dreihundert Kilo und mehr über die Bordkante gehievt wurden, wozu zwei, drei, manchmal auch vier Männer nötig waren. Im Kessel kochte dann nicht nur das Wasser, sondern auch Blut. Einige Tiere blieben vielleicht erschöpft oder erstickt im Wasser liegen. Um sie zu bergen, sprangen dann einige Männer über Bord. Sie mussten vorsichtig sein. Ein kleiner Thun konnte mit einem Schlag seiner Schwanzflosse einen Mann verletzen, ein großer aber konnte ihn töten. Mein Vater bekam einmal einen Schlag vor die Brust. Es war nicht weiter schlimm, ihm blieb nur die Luft weg, und er musste eine Zeitlang aussetzen. Der Thunfischfang war ein Kampf Körper an Körper wie der Stierkampf. Die Schriftsteller haben ihn *tourada marinha* genannt. Die Tiere beschädigten auch die Fangvorrichtungen und zertrümmerten so manche Bootsplanke. Es gab immer Arbeit im Arraial, hier in unserer Siedlung. Das Hotel hat in einem Raum ein kleines Museum eingerichtet. Dort können Sie sich morgen das Modell einer *almadrava* und alte Fotos anschauen.«

ZUM SCHÖNEN LEBEN

Tavira hatte vom Seestierkampf und der Konservenindustrie auf Tourismus umgestellt. Im Frühstückssaal sprach man Englisch, Deutsch, Holländisch. Seinen Gästen bot das Hotel einen exklu-

siven Fährdienst zur Ilha de Tavira an. Fünf Minuten dauerte die
Überfahrt an dieser schmalen Stelle der Ria. Durch einen Pinienhain und an großen Strandrestaurants vorbei ging ich zum Meer
und dann am Strand entlang. Zwischen Brandung und Dünen lief
ich kilometerweit gen Horizont, badete in Licht, Salzluft und
Weite, ab und zu sprang ich ins Wasser. Der ganze Strand hätte
›A vida è bella‹ heißen müssen und nicht nur der kurze Abschnitt
an der engsten Stelle der Insel. Noch einmal so weit wie bis zum
schönen Leben war es bis zum ewigen Leben, zum Strandfriedhof,
einem Friedhof für die Anker einer *almadrava,* die verstorben war,
als die Thunfische anderswo ein besseres Leben suchten. Die Anker waren nicht begraben, vielmehr auf dem Sand beigesetzt. To-
tengräber war der Wind, der noch viel Arbeit vor sich hatte.

Dort, wo die Ankerflotte gestrandet war, hatte sich eine weitere Operationsbasis der Thunfischer befunden. Die langen, einstöckigen Gebäude, Baracken oder Ställen ähnlich, waren zur
Strandkneipe konvertiert. An einigen Tischen saßen Paare älterer
Mittel- oder Nordeuropäer, an einem langen Tisch lärmte eine
Großfamilie feister, fettiger spanischer Gitanos, deren ganz normaler Gesprächston Schreien war. Gipsy King fingerte ein dickes
Bündel Geldscheine aus seiner schwer zugänglichen Hosenta-
sche, wozu er sich vom Stuhl erheben musste, was nicht ohne neu-
erliches Geschrei abging, und gab seinem kleinen fetten Ebenbild
einen Fünfziger für das nächste Eis. Spanien war nicht weit weg.
Die anderen Gäste schwiegen betreten.

Hätte es die Schmalspurbahn nicht gegeben, die Bar- und Badegäste vom Festland zur Strandkneipe brachte, wären die Gitanos sicherlich nicht dort aufgekreuzt. Ich ging zu Fuß über den
Fahrdamm durch die Marschen und versuchte, seltene Vögel in
freier Wildbahn zu erspähen, doch sie waren vermutlich längst
verscheucht. Die Zweibeiner, die durch den Ebbeschlick stakten,
waren Menschen, die Krebse oder Muscheln suchten. Ab Pedras
de El-Rei, einer Feriensiedlung direkt an der Ria, ging ich über die

Straße zurück nach Tavira. Die Außenbezirke der Stadt waren natürlich weniger schön als ihr Kern. Das Schicksal der Städte ist invers zu dem der Menschen, dachte ich, je jünger sie werden, desto unästhetischer sind sie.

Die Luft glitzerte über den Salinen. Von dem Straßendamm, der zu meinem Exthunfischercamp führte, sah ich gegen die Sonne in die rosafarbenen, schneeweißen, silbrigen Salzgärten. Das Salz schwamm wie Rahm auf Ostfriesentee und schwebte blütenblattweiß in der Luft. Hier wurde feinstes Tafelsalz per Hand geerntet und auf die Dämme zwischen den Becken gehäuft. Auf meiner Insel angekommen, setzte ich mich an den Ria-Strand. Die späte Sonne stand noch auf dem Sandstreifen und dem Pinienhain der Ilha de Tavira, Boote mit Außenbordern lagen lässig vertäut am Ufer, die eine oder andere Yacht ruhte in der Mitte des hybriden Gewässers, das nicht mehr Fluss und noch nicht Meer war. Nur eine gedämpfte Portugiesenstimme war dann und wann zu hören und der Herzschlag der öffentlichen Fähre, die zur Anlegestelle von Tavira tuckerte. Eine Segelyacht glitt vom Meer herein, Surfer schwammen auf ihren Brettern ans Festland zurück. Dann, als die Sonne untergegangen war, glättete sich das Wasser vollkommen und färbte sich so blau wie der Himmel, auf dass beide ineinanderflossen.

Atlantis taucht wieder auf –
In der Doñana

An der Grenze stand ich Schlange. Die Auto-
fähre über den breiten, braunen Rio Guadiana wies keine allzu geringe Transportkapazität auf, doch es verkehrten nur zwei dieser
Eisenvehikel zwischen Portugal und Spanien, Vila Real de Santo
António und Ayamonte. Motor abstellen, aussteigen, eine Stunde
warten. Dann drückte der portugiesische Beamte den falschen
Stempel in meinen Pass: »V. R. Sto. António – Entrada«, bemerkte es und überschrieb »Entrada« per Hand mit rotem Kugelschrei-
ber: »Saída«. Jetzt war alles in Ordnung, und ich konnte den Kongo überqueren, zwischen Brazzaville und Kinshasa.

So war es vor fast vierzig Jahren gewesen. Nun flog ich auf der
weit geschwungenen Autobahnbrücke in fünf Minuten von Europa nach Europa. Ich flog gleich weiter an Huelva und seiner petrochemischen Industrie franquistischer Provenienz vorbei, nahm

die Ausfahrt Richtung Moguer, kam über den rot-blau-gelb-grün-rostfarbenen, metallisch glänzenden Río Tinto aus dem Bergbau-gebiet von Riotinto und landete in Mazagón am Meer. Es war noch zu früh am Morgen, um schon ein Nachtquartier zu suchen, also deckte ich mich in dem Nullachtfünfzehn-Ferienort mit Pro-viant ein, setzte mir den Tropenhelm auf und zog zu Fuß weiter, immer unter der afrikanischen Sonne am schattenlosen Strand entlang. Rund sechzig Kilometer Sandstrand lagen vor mir.

Die Schirme der Pinien warfen Schatten, doch nicht auf den Strand. Auch spendeten die Bäume ihre Kerne, aber nicht einem Strandläufer. Sie standen hinter dem breiten Sandstreifen über den Steilwänden aus windgepresstem Sand, Wände, Kegel, Pyra-miden von intensivem Ocker vor dem tiefblauen Himmel, hier und da auch von blendendem Weiß. Mit ihren kapriziösen For-men waren sie ein Blickfang und lockerten die Eintönigkeit auf, wohingegen das Meer – obschon ständig in Bewegung – immer gleich war. Auf dreißig Kilometern begleiteten die Sandsteinwän-de den Strand, bis Matalascañas. Schon bald sah ich den Ort als weiße Schachtelburg am Horizont aus der transparenten Luft auf-tauchen, aber er wurde kaum größer. Ab und zu blickte ich zurück und sah Mazagón hinter mir liegen, aber Mazagón wurde kaum kleiner. Ich hatte das Gefühl, dass die Zeit nicht verging und auch nicht der Raum, dass ich lief und lief und mich weder von dem ei-nen Ort entfernte noch dem anderen näherte. Eigenartig, viel-leicht ein Gleichnis für die Nutzlosigkeit meiner Bewegung im All oder die Sinnlosigkeit des Fortkommens im Leben oder dafür, dass die Geschichte sich im Kreis dreht.

MIT PLATON AM STRAND

Ein Lichtblick: Auf dem Strand stand ein Fels einsam und verlas-sen weit vor der Wand seiner Verwandten, und ihm näherte ich mich merklich. Der Felsbrocken war gar kein Felsbrocken, vielmehr der Trümmerhaufen eines alten, vom Meer zerbrochenen und umspülten Wachtturms. Ansonsten zog das Strandgut meine Aufmerksamkeit auf sich: Plastikflaschen, Kunststoffkanister, losgerissene Bojen, Netzfetzen, Taue, Bretter, Pappschachteln, Thunfisch- und Coladosen, Joghurtbecher und ein meterlanger, angefressener, sandbestäubter grauer Fischkadaver, konserviert, als wäre der Sand Salz. Menschen ahnte ich mehr, als dass ich sie sah. Ein kleines Fischerboot zog nah am Ufer vorbei, ein Geländewagen der Naturparkverwaltung huschte über den feuchtfesten Sand und schenkte mir seine Reifenspuren, auf die sich meine Augen hefteten, bis die Wellen sie verwischten. Dann gewährte mir ein Flugzeug die Gunst der Kurzweil. Es zog tief und langsam Schleifen über dem Meer, dem Strand und dem Land, immer wieder, immer wieder, und ich argwöhnte schon, dass es meine Bewegungen kontrollierte. Doch da erinnerte ich mich, gelesen zu haben, dass im Naturpark Doñana, der dem Nationalpark Doñana vorgelagert ist, eine Raketenbasis des spanischen Militärs existiert und Maschinen auf Übungsflug manchmal durch die Stille brummen.

Als ich die Lauferei leid war, ließ ich mich weit oben auf dem Strand vor der Felswand nieder. Es war zwei Stunden vor Sonnenuntergang, noch zu früh zum Schlafen, nicht zu spät für ein Abendbad. Danach schluckte ich ein Kilo Kompaktfutter hinunter. Und nun? Zum Glück begleitete mich Platon, sonst hätte ich womöglich Schaden an Geist und Seele genommen. Ich zog ihn aus dem Rucksack, und er begann zu erzählen, mehr oder weniger mit folgenden Worten:

»Als die Götter einst die Erde unter sich verlosten, fiel Poseidon die Insel Atlantis zu. Sie lag jenseits der Säulen des Herakles und war größer als Asien und Lybien zusammengenommen. Mit einem sterblichen Weibe zeugte Poseidon fünf männliche Zwillingspaare, den Erstgeborenen des ersten Paars nannte er Atlas und bestimmte ihn zum König, und nach ihm wurde auch die gan-

ze Insel und das Meer genannt. An der Seeküste lag eine Ebene,
die schöner und fruchtbarer war als irgendeine gewesen sein soll.
In der Nähe dieser Ebene befand sich ein Hügel, den Poseidons
Weib bewohnt hatte. Diesen Hügel machte Poseidon zu seiner
Wohnstatt und befestigte ihn, indem er ihn ringsum durch drei
Gürtel von Wasser und zwei von Erde abgrenzte, die er aus der
Insel gleichsam herausdrechselte, sodass der Hügel für Menschen
unzugänglich war. Auf der Insel war für alles gesorgt, das meiste
für den Lebensbedarf lieferte die Insel selbst, zuvörderst, was da
an Starrem und Schmelzbarem durch den Bergbau gewonnen
wurde, auch die an vielen Stellen der Insel aus der Erde gegrabene
Gattung des Bergerzes, welche unter den damals Lebenden, mit
Ausnahme des Goldes, am höchsten geschätzt wurde.«
      Ich bot Platon meine Wasserflasche an, und er nahm einen
kräftigen Schluck. Dann fuhr er fort:
      »Die Nachkommenschaft des Atlas erwarb eine solche Fülle
des Reichtums, dass sie die Insel mit Tempeln und königlichen
Palästen auszuschmücken trachtete. Zuerst überbrückten Atlas'
Nachfahren die um den alten Wohnsitz des Gottes laufenden
Wassergürtel und errichteten auf dem Hügel eine Königsburg.
Dann führten sie vom Meere aus einen dreihundert Fuß breiten,
hundert Fuß tiefen und fünfzig Stadien langen Durchstich nach
dem äußersten Gürtel, führten auch durch die Erdgürtel Durch-
stiche, bauten Brücken, Türme und Tore und errichteten Mauern
aus weißen, schwarzen und roten Steinen. Den ganzen Umfang
der den äußersten Gürtel umgebenden Mauer versahen sie mit einem Überzuge von Kupfer, übergossen den des inneren mit Zinn,
den um die Burg selbst ausgeführten aber mit wie Feuer glänzendem Bergerz. Inmitten der Königsburg befand sich ein Poseidon
und der Mutter des Geschlechts geweihtes Heiligtum, dessen
Mauer auf der Innenseite mit Gold, außen aber mit Silber überzogen war. Im Tempel stellten sie goldene Standbilder auf, die den
Gott darstellten und hundert Nereiden auf Delfinen um ihn he-

rum. Außen umstanden den Tempel die goldenen Bildsäulen aller von Poseidons zehn Söhnen Abstammenden und ihrer Frauen. Der königliche Palast war ebenso prächtig ausgeschmückt. Indem aber in späterer Zeit gewaltige Erdbeben und Überschwemmungen eintraten, versank mit einem Male, in nur einem Tag und einer Nacht, die Insel Atlantis in das Meer. Dadurch wurde das dortige Meer unbefahrbar und undurchforschbar, weil der in geringer Tiefe befindliche Schlamm, den die untergehende Insel zurückließ, hinderlich wurde.«

Vielleicht war der Erderschütterer Poseidon, der mit seinem Dreizack Seebeben, Stürme und Tsunamis hervorrufen konnte, mit dem Werdegang seines Geschlechts nicht ganz einverstanden gewesen und hatte seine von Goldgier, Prunksucht und schuldenfinanzierter Bauwut besessenen Nachkommen strafen wollen, kam es mir in den Sinn. Besser wäre es wohl gewesen, der finstere, zu Groll und Wut neigende Gott wäre nie aus dem Meer aufgetaucht. Statt seinen unersättlichen Trieben nachzugeben und es mit einem sterblichen Weibe zu treiben, hätte er seinen Unterwasserpalast nie verlassen sollen. Denn nun hatte man den Schlamassel: ein Schlammmeer. Aber so war das: Auch die Götter hatten menschliche Schwächen und verliebten sich im Handumdrehen. Wäre Kolumbus, der im nahen Palos in See stach, um Indien im Westen zu suchen, nicht so stur gewesen, die Spanier wären womöglich nie nach Amerika gekommen, wegen des ganzen Schlamms in den Köpfen. Hoffentlich zürnte Poseidon in dieser Nacht nicht schon wieder und schleuderte das Schlammmeer gegen die Felsen, unter denen ich lag.

AUFERSTANDEN AUS DEM SAND

Die Atlantissage war bereits uralt, als Platon sie im 4. Jahrhundert vor Christus aufschrieb, vertraute er mir an. Solon hatte sie in Ägypten aus dem Munde eines Priesters gehört. Sie geriet nie

ganz in Vergessenheit. Es begab sich aber erst zu Beginn des
3. Jahrtausends nach Christus, dass deutsche Wissenschaftler auf
Luftaufnahmen und Satellitenbildern im Herzen des von Naturparks umgebenen Nationalparks Doñana eigenartige geometri-
sche Figuren entdeckten. In der Marisma de Hinojos, einer weiten, im Winter versumpften, im Sommer ausgetrockneten Ebene,
identifizierten sie zwei große Rechtecke, umgeben von weiten
konzentrischen Kreisen. Da auszuschließen war, dass die Natur
gerade Linien zeichnete, musste es sich bei den Rechtecken wohl
um Gebäudestrukturen im Untergrund des Marschlandes han-
deln, also um eine verschüttete menschliche Siedlung. Platons Atlantis? Eine spanische Forschergruppe nahm sich des Themas an,
machte weitere Luftaufnahmen, stellte elektromagnetische Mes-
sungen an und führte Probebohrungen durch. Diese ergaben, dass
dort, wo man ausschließlich auf Tonerde hätte stoßen müssen,
sich auch zwei meterdicke Schichten Sand befanden, was bedeutete, dass es zwei Episoden mit Naturkatastrophen gegeben hatte, wahrscheinlich Tsunamis. War die Siedlung wie Platons Atlantis mit einem Male versunken? Grabungen förderten zunächst
nur Keramikreste aus der Bronzezeit zutage. Im Jahr 2010 rückte
ein amerikanischer Archäologe mit einem Aufnahmeteam des
National Geographic Channel an, sondierte das Terrain, verglich
die Lagebeschreibungen und genauen Größenangaben Platons
mit den Gegebenheiten in der Doñana und an anderen Orten, die
Atlantis für sich reklamierten, zum Beispiel Kreta, und kam zu
dem Schluss: Wenn Atlantis je existiert hatte, dann lagen seine
Reste mit höchster Wahrscheinlichkeit unter dem Matsch der
Marschen von Hinojos.

Gegen Mittag erreichte ich Matalascañas, tatsächlich. Als wäre
Atlantis vor mir aus dem Schlamm gewachsen. Am Ortsrand gab
es auch einen Turm, halb im Strandsand versunken. Doch hatte
Matalascañas weder kupfer- und zinnüberzogene Mauern noch

goldene Bildsäulen. Matalascañas war eine braungelbweiße Betonburg, nein, doch eher eine flache Ferienfestung, die sich ausgerechnet an der Flanke des Nationalparks hatte einnisten müssen, nicht um Doñana zu beschützen, sondern zu bedrohen.

Die Betonburg zog sich über fünf Kilometer am Strand hin, vervielfachte im Sommer ihre Einwohnerzahl um dreitausend Prozent, wies einige Hotel- und Apartmentklötze auf, vor allem aber Chalets, Chalets, Chalets und Bars, Bars, Bars. Das einzige historische Gebäude war der weggesackte, schiefe Wachtturm. Eine Retortenstadt aus den Siebzigerjahren, die immer noch nicht ganz fertig gebaut und nicht in Viertel, sondern Sektoren von A bis T aufgeteilt war, die größte Touristenagglomeration der Provinz Huelva, ausgerechnet im bedeutendsten Feuchtgebiet Iberiens. Eine Hybris, ein Affront gegen die Natur, eine frevelhafte Herausforderung der Götter! Wussten die Bodenspekulanten und Baulöwen und Schuldenhasardeure denn nicht, wozu Poseidon fähig war? Und damit nicht genug, sie hatten auch noch eine ebenso voluminöse Luxusurbanisation mit dem schönen, wie Hohn klingenden Namen Costa Doñana gleich nebenan in die Dünen setzen wollen. Daraus war nichts geworden, das war selbst den Menschen zu viel, besonders der internationalen Menschen- und Wissenschaftlergemeinde.

Ich aß zu Mittag und ging weiter.

An der Grenze zwischen Matalascañas und dem Strand des Nationalparks zeigte ein Hinweisschild eine Schlange und einen Skorpion und sprach: »Sie befinden sich im natürlichen Lebensraum dieser Tiere. Zu Ihrer eigenen Sicherheit: Stören Sie sie bitte nicht. Seien Sie vorsichtig. Danke.« Der Strand war äußerst breit und zur Landseite hin nicht länger von Felsen begrenzt, sondern von Dünen. In breiten Dünentälern, die auf den Strand mündeten, standen *chozas* auf erhöhtem Posten und blickten aufs Meer, Bretterbuden, Wellblechhütten, mit Ziegelsteinen, Schiffsholz, Schilf, Segeltuch- oder Plastikplanen zusammengestückelt. Manche wa-

ren verlassen und fielen in sich zusammen, andere wurden noch benutzt und hatten Antennen und Solarpaneele auf dem Dach.
Trinkwasserbrunnen bohrten sich in den Strand, Boote lagen kieloben auf dem Sand. Vor einer *choza* stand ein Mann auf seiner Ve-
randa und schaute in die Welt, die sich im Kreis drehte.

»Buenas tardes, darf ich Sie etwas fragen?«, fragte ich ihn.

»Claro.«

»Die Boote, die vor Kurzem hier vorbeifuhren, was fangen
sie?«

Am Vormittag hatte ich einen Konvoi von vierzig Fischerboo-
ten gesehen, die in Ufernähe Richtung Mazagón gezogen und nun
wieder umgekehrt waren.

»Muscheln, das waren Muschelfänger aus Sanlúcar. Sie pflügen
den Grund und ziehen Kästen, Käfige hinter sich her, in denen
sich die Muscheln fangen.«

Er selbst war Fischer und *mariscador* und lebte seit 1962 hier am
Strand. Sein Vater hatte an dieser Stelle schon gewohnt, doch ob sein
Sohn die Hütte erben würde, stand in den Sternen. Es gab nicht mehr
viele Fischer am Strand, die Nationalparkverwaltung wollte sie los-
werden. Sie mussten während neun Monaten im Jahr hier wohnen
oder zumindest die Hütten nutzen, sonst verloren sie ihr altes Recht.
Die meisten waren bereits nach Sanlúcar, Almonte oder Mazagón
gezogen und kamen nur tagsüber her. Da hatte man Hotels und Chalets für hundert-, zweihunderttausend Nichtstuer gleich nebenan in
den Sand gesetzt, aber die neun *chozas,* die es noch gab, sollten weichen. Krieg den Hütten, Friede den Palästen, dachte ich. Die Bruch-
buden mussten neun Monate im Jahr bewohnt sein, doch Matalascañas durfte neun Monate im Jahr leerstehen.

»Sagen Sie«, sagte ich, »ist das Brunnenwasser nicht salzig, hier
so nah am Meer?«

»Nein«, sagte der Mann, »selbst hier unter dem Sand stößt man
auf das Süßwasser der Doñana, falls Matalascañas uns etwas übrig
lässt.«

DIE SUCHE NACH TARTESSOS UND EINEM SCHLAFPLATZ

Eine Karawane motorisierter Wüstenkamele zog über den Doñanastrand, grüne Unimogs der grünen Ausflugskooperative, die das Privileg und Monopol innehatte, Besucher durchs Gelände zu schaukeln. Für Leute, die sich weder als Wissenschaftler noch als Wallfahrer und Verehrer der Muttergottes vom Morgentau ausweisen konnten, war dies die einzige Möglichkeit, in den Nationalpark zu kommen. Allein der Strand war für Strandläufer, Reiter und Fahrradfahrer frei zugänglich, allerdings durfte man ihn nicht verlassen und nicht die Dünen betreten. Auf dem Nationalparkstrand herrschte mehr motorisierter Verkehr als auf dem Naturparkstrand geringerer Kategorie zwischen Mazagón und Matalascañas. Die grünen Ungetüme von Unimogs und ihre singenden Motoren ließen die Möwen allerdings völlig unbeeindruckt, sie waren das gewohnt. Sobald ich mich dagegen in einer ruhigen Minute einer Kolonie Möwen näherte, wunderten sie sich und flogen auf und ließen sich weit draußen auf dem Wasser nieder. Ein Fahrradfahrer kam mir entgegen; bis ich erkannte, dass der bewegliche Punkt in der flimmernden Luft ein Fahrradfahrer war, verging eine halbe Stunde. Er stieg immer wieder ab und schob sein Rad, der Sand war wohl zu schwer, zu feucht, zu locker oder schlicht zu sandig, man sah dem Mann die Strapaze an. Auf den Packtaschen hatte er Schlafsack und Matte festgeschnallt, also am Strand geschlafen oder in den Dünen oder im Wald, wer weiß.

Ich wartete ab, bis der Verkehr versiegte, dann suchte ich mir vor den Dünen ein Plätzchen für die Nacht. Es war gar nicht so einfach, etwas Passendes zu finden. Einerseits wollte ich die Dünen nicht belästigen, andererseits aber auch nicht ungeschützt auf dem übersichtlichen Sandstrand liegen, für den Fall, dass nachts Patrouillen des Nationalparks unterwegs oder die Unimogs Frühaufsteher waren. Ich fand schließlich die Ruine einer auf ei-

nem Sandhügel errichteten Sandburg, die vom Ufer aus, an dem
der Verkehr entlangzurollen pflegte, nicht einsehbar war. Ich
grub das Innere der Burg noch etwas aus, dann legte ich mich in
mein Sandbett. Ich musste mich mehr oder weniger auf der Höhe
des Cerro del Trigo befinden, der hinter mir jenseits der Dünen
im Wald lag. Auf dem Weizenhügel hatte Adolf Schulten Anfang
des 20. Jahrhunderts nach Tartessos gegraben, der Hauptstadt
von Tartessos am Fluss Tartessos alias Guadalquivir, jenes legendären Reiches der Bronzezeit, das in der Antike das Dorado des
Westens war.

Das Tharsis des Alten Testaments, das Tarschisch der Phönizier,
Tartessos der Griechen war ein mythisches Land, ein sagenum-
wobenes Reich des Reichtums und der Glückseligkeit. Dort ge-
diehen die Früchte der Erde und des Meeres in rauen Mengen, die
Getreidefelder waren endlos und die Rinderherden riesig. Herakles, selbst ein Mythos, begab sich dorthin, um dem tartessischen
König Geryon die roten Rinder zu stehlen und sie nach Mykene
zu bringen, das war seine zehnte Aufgabe. Vor allem aber verfügte Tartessos über schier unerschöpfliche Metallressourcen. Im
Bergland gab es achthundert große Minen, die Gold, Silber, Kupfer, Zinn, Eisen, Blei förderten. Über schiffbare Flüsse brachten
die Tartesser die Bodenschätze in ihre Städte, in denen die Me-
tallverarbeitung blühte. Sie betrieben auch Seehandel, fuhren
längs der Atlantikküste nach Norden, nach Galicien zumal, auch
zur Bretagne und nach Britannien und versorgten sich dort zusätzlich mit hochwertigem Zinn. Und tartessische Schiffe brachten die Erzeugnisse der hochentwickelten heimischen Bronzefa-
brikation nach Sardinien, Sizilien, an die nordafrikanischen
Küsten und auf die Äolischen Inseln. Tartessos war nicht nur ein
Mythos, ein ideales Land, sondern auch ein reales. Die tartessische Monarchie des 2. Jahrtausends vor Christus, deren Kernge-
biet zwischen Gibraltar, dem Guadiana und der Sierra Morena

rund um den Unterlauf des Guadalquivir lag, war die älteste Zivilisation des europäischen Okzidents.

Zinn als unentbehrlicher Rohstoff zur Herstellung von Bronzegegenständen, zum Beispiel Waffen, kam in den Ländern des östlichen Mittelmeerraums und des Orients nur in ganz geringen Mengen vor. Die schlauen Phönizier, dieses Seehandelsvolk der Antike schlechthin, fanden um 1000 vor Christus den Weg nach Tarschisch, gründeten mit Einwilligung der Tartesser eine Faktorei, Gadir, das heutige Cádiz, handelten ihnen Zinn, aber auch Gold und Silber, Blei und Kupfer ab und monopolisierten mit der Zeit den Metallexport in den östlichen Mittelmeerraum. Das ärgerte die Griechen. Um den phönizischen Zwischenhandel auszuschalten, gingen sie selbst auf die Suche nach Tartessos. Entdecker des Wunderlandes unbegrenzter Möglichkeiten war ein gewisser Kolaios von Samos, den widrige Winde von seiner Route nach Ägypten abtrieben und ins Schlammmeer jenseits der Säulen des Herakles verschlugen, wie Herodot berichtet. Herodot gibt aber auch zu verstehen, dass ein griechischer Purpurhändler, der mit den Phöniziern in Nordafrika Geschäfte machte, dem Kolaios einen heißen Insidertipp gegeben und ihm die Seeroute nach Tartessos verraten haben könnte, die die phönizischen Fuhrleute des Meeres penibel geheim zu halten versuchten. Aber nicht die Griechen aus Samos beuteten ihre Entdeckung wirtschaftlich aus, sondern die griechischen Phokäer von der kleinasiatischen Küste, die vom langlebigen tartessischen Silberkönig Argantonios freundschaftlich empfangen wurden und den Metalltransport in die griechischen Stadtstaaten übernahmen.

Doch das war nur ein kurzes Zwischenspiel, das kaum ein halbes Jahrhundert währte und endete, als Phokaia um 540 vor Christus von den Persern eingenommen wurde und die Phokäer in der Seeschlacht gegen die Karthager und Etrusker bei Alalia auf Korsika ihre Flotte verloren. Karthago, die phönizische Tochter in Nordafrika, seit Unterwerfung der phönizischen Mutterstädte durch die Assyrer Schutzmacht der phönizischen Handelsinteressen und -niederlassungen im westlichen Mittelmeergebiet, erreichte im ersten Vertrag mit Rom um 508 die Anerkennung des punischen Handelsmonopols im westlichen Mittelmeer durch Rom und dessen griechische Alliierte. König Argantonios war der phönizisch-griechische Wettbewerb sicherlich gelegen gekommen, hatte er doch das Handelsmonopol der Phönizier angeknackst und deren Preismacht geschwächt. Nun aber wurde Tartessos erneut von der phönizischen Handelsmetropole Gadir abhängig und zugleich Gadir von Tartessos unabhängiger, da die Gaditaner den Tartessern auf die Schliche gekommen waren und die atlantische Zinnroute entdeckt hatten und nun direkt mit dem Norden Handel trieben.

Tartessos verschwand um 500 vor Christus von der historischen Bildfläche, ging unter, ohne Spuren zu hinterlassen. Mit der Kaltstellung der Griechen versiegen die griechischen Quellen, und punische sind nicht überliefert. Um Tartessos rankten sich erneut Legenden. Möglich, dass die tartessische Kapitale von den Karthagern, Gaditanern oder den aus dem Norden vordringenden Kelten zerstört wurde. Möglich, dass das reiche Reich Tartessos in Rezession, Depression und Dekadenz versank und die Monarchie sich auflöste. Mag auch sein, dass ein Planetoid oder Meteorit oder ein Tsunami Tartessos versenkte. Wie dem auch gewesen sein mochte, man fand wertvolle archäologische Spuren der tartessischen Zivilisation an verschiedenen Orten, aber die Kapitale fand man nicht. Adolf Schulten, seinerzeit der beste Kenner des spanischen Altertums, hätte der Schliemann des Westens werden können, aber auch er fand Tartessos nicht, das vielleicht sogar mit Atlantis identisch war, die beiden Mythen hatten so viel gemein. Für seinen Entwurf des Idealstaats hatte Platon sich womöglich am Idealland Tartessos orientiert. Schulten fand auf dem Cerro del Trigo ›nur‹ eine spätrömische Siedlung, obwohl er sieben Meter tief grub.

AUTOSTOPP IM PINIENHAIN

Tartessos, Atlantis, der Weizenhügel und das alles lag hinter mir und meiner Sandburg aus der Sandzeit. Vor mir lagen die Lichter von Chipiona und die Positionslichter der Schiffe, die vor der Guadalquivir-Mündung ankerten und darauf warteten, dass die Flut kam und sie den Fluss hinauf nach Sevilla trug. Der Leuchtturm von Chipiona warf sein Licht in die Weite, er sollte der höchste Leuchtturm Iberiens sein, aber das hatte ich schon von mehreren Leuchttürmen gehört und gelesen. Und dahinter lag die Costa de la Luz, die Lichtküste von Cádiz im Dunkeln, vor der nach wie vor *almadrabas* montiert wurden, aber die sah ich nicht, weil sie erstens nicht beleuchtet waren, zweitens unter Wasser lagen und drittens gerade keine Saison für den Thunfischfang war. Was ich ebenso wenig sah, weder in der Nacht noch bei Tag, waren die Steinquader, die einmal Mauern von Tartessos oder Tempel von Atlantis gebildet haben mochten und von Forschern der Universität Huelva auf dem Meeresboden direkt vor dem Strand von Doñana entdeckt worden waren.

Am Morgen sah ich Wildschweinspuren im Sand. Die Tiere mussten aus dem Wald an den Strand gekommen sein, um zu schnuppern, ob die Flut tote Fische oder die Reste eines Delfins angeschwemmt hatte. Ich lief weiter bis zur Guadalquivir-Mündung, gegenüber lag Sanlúcar nicht mehr so flach und unschuldig weiß am anderen Ufer wie noch vor Jahren, als ich mit den Planwagen, Maultieren, Geländewagen und schwerfüßigen Pilgern einer der Bruderschaften aus der Provinz Cádiz mit der Fähre über den breiten Fluss gesetzt hatte, um durch die Doñana nach El Rocío zu laufen. Hohe Neubauten verunschönten nun Sanlúcars Antlitz, beruhigend war immerhin, dass der Leuchtturm von Bonanza noch an seiner Stelle stand, der den Indienfahrern die letzten Lichtgrüße der Alten Welt zugewunken und Magalhães alias Magellanes viel Glück bei der ersten Weltumsegelung gewünscht

hatte, das ihm nur zum Teil zuteil wurde, denn er fand zwar an der
Südspitze Südamerikas eine Durchfahrt zum Pazifik, aber auch
den Tod auf den Philippinen.

Auf dem Rückweg schlief ich wieder in meiner aus der Ma-
talascañas-Kultur stammenden Sandburg, das Bett war noch
warm. In Matalascañas aß ich wieder zu Mittag, aber die Leute
waren irgendwie kälter. Sie sahen mich misstrauisch oder erschro-
cken an. Der Kellner fragte: »¿Qué le pasa?«, was passiert sei, und
riet mir, mal in den Spiegel zu schauen. Auf der Toilette sah ich,
dass meine linke Gesichtshälfte blutverschmiert war. Das konnte
ich mir nicht erklären, ich hatte nichts gemerkt. Ich wusch das
Blut ab, es war keine Wunde zu sehen. »Vielleicht ein Skorpion«,
meinte der Kellner.

Schwerfällig machte ich mich auf den Weg nach Mazagón. Zusätzlich zum vollen Magen bremste mich der Gegenwind aus, und
ich stapfte vornübergebeugt durch den lockeren Sand. Bald hatte
ich die Nase voll und überlegte, an einer weniger steilen Stelle die
Klippen hochzukraxeln, um quer durch den Naturpark zur Straße
zu laufen. So ganz geheuer waren mir die brüchigen und rutschi-
gen Sandwände zwar nicht, aber ich konnte es am Fuße ja erst einmal probieren. Da erinnerte ich mich, auf dem Hinweg einen
Bohlenweg gesehen zu haben, der vom Strand wegführte. Er war
nur gut einen Kilometer lang. Ich stellte mich an den Straßenrand
und spielte Anhalter. Viel Verkehr herrschte nicht, gerade deshalb vielleicht hielt bald ein Wagen an. Gut, dass ich mir das Blut
abgewaschen hatte, dachte ich. Vom Auto aus sah ich, dass der
Naturpark zu beiden Seiten der Straße von hohem Maschen-
drahtzaun abgesperrt war. Gut also auch, dass ich nicht querfeldein gelaufen war, sonst wäre ich wie ein gefangenes wildes Tier
an Gitterstäben entlanggelaufen. Die Straße zog sich lang und gerade und eintönig hin. Auch das Bild, das der Park bot, war langweilig. Ein Blick, und man hatte alles gesehen: Schirmpinien. Der
junge Mann brachte mich zu meinem Wagen, und ich fuhr die

sechs Kilometer zum Parador Nacional Cristóbal Colón zurück, der einsam und ruhig auf den Klippen stand, und spendierte mir eine Nacht bei Kolumbus.

DIE TANZENDEN SCHWESTERN DER BRUDERSCHAFT

Pedro preschte über den Strand, was das Zeug hielt. Wenn er von einer tiefen Reifenspur in die andere wechselte, um einen Kollegen zu überholen, schlingerte der Unimog durch den lockeren Sand. Dabei redete Pedro unaufhörlich, denn er war Fahrer und Führer zugleich. In Spanien gebe es noch hundert Kilometer jungfräulichen Strand, siebenunddreißig davon im Nationalpark Doñana, sang er mit melodischem westandalusischen Akzent, während er das Steuer herumriss, denn der Wagen schwamm gerade auf ebendiesem jungfräulichen Strand. Die Verschmutzung des Strandes, welche die verehrten Fahrgäste sicherlich schon bemerkt hätten, rühre von den Schiffen her, die ihren Müll auf hoher See entsorgten, vom Guadalquivir her, der Müll an seine Mündung spucke und ihn den Meeresströmungen überlasse, und von Ortschaften wie Mazagón und Matalascañas her, deren Müll ebenfalls mit der Strömung angetrieben werde. »Was nicht des Meeres ist, wirft es an Land.« Das war zwar schön gesagt, aber natürlich Unsinn, sonst hätte das Meer schon längst Atommüllfässer an die schönsten Strände der Welt gewürgt. Angeblich gab es einen Strandreinigungsdienst des Nationalparks, jeden Montag sollte der angeschwemmte Abfall aufgesammelt werden. Das bezweifelte ich im Stillen, hatte ich doch verrostete Dosen und Glasdeckel und brüchiges, von der afrikanischen Sonne verbackenes Plastik gesehen, das bei Berührung in tausend Stücke zerfiel, und zwar schon am Dienstag.

Pedro fuhr uns zu einer Eingeborenensiedlung am Ufer des Guadalquivir, besser gesagt: zu einem aufpolierten Museumsdorf. Es gab nur noch einen Überlebenden, der dort zwar nicht mehr seinen festen Wohnsitz hatte, doch am Tag mit dem Boot von Sanlúcar herüberkam, um seine Hühner zu versorgen und seinen Tomaten gut zuzureden. Der alte Mann war in diesem aus einer Handvoll schilfgedeckter Holzhütten bestehenden Palisadendorf das letzte Exemplar des Homo doñanensis, der sich einst mit Köhlerei, Rinder- und Pferdezucht, Imkerei, Jagd und Pinienkernesammeln beschäftigt, die Latifundien des Adels beaufsichtigt und Jagdgesellschaften als Treiber gedient hatte. Pedro donnerte durch den Wald, stöberte ein paar Rehe, Hirsche und Wildschweine auf, die er uns stolz zeigte, rutschte den Cerro del Trigo hinauf – »zurzeit keine archäologische Aktivität« – und fuhr dann an die Marisma heran, eine weite, trostlose Ebene, die so früh in der Saison noch keinen Regen und keine Vögel empfangen hatte, doch im Oktober, November würden Abermillionen Wasservögel aus Nordeuropa eintreffen. Mit Schwung kreischte Pedro einen Sandberg hinauf und zeigte uns die Schirmpinien von oben, die in einem Wellental der Wanderdünen wuchsen und noch grüne Kronen trugen. In einigen Jahren würden auch sie vom Sand verschluckt werden. Die Dünen wanderten windgetrieben mit einer Geschwindigkeit von fünf bis zehn Metern im Jahr unaufhaltsam weiter und hinterließen bleiche Baumskelette, nur der Zedernwacholder ließ sich nicht ersticken, streckte vielmehr seine Wurzeln in die Luft und ans Licht und trieb neu.

Pedro raste über die jungfräuliche Strandautobahn zurück zum Besucherzentrum El Acebuche, dem wilden Ölbaum. Ich fuhr weiter nach El Rocío, um der Jungfrau vom Morgentau einen Besuch abzustatten. Links der Straße lagen die künstlich bewässerten Felder in Augenhöhe mit dem Nationalpark, auf denen das mit Kunstdünger, Herbiziden und Pestiziden behandelte rote Zinn von Huelva in Plastiktunneln wächst, das bereits zur Winterzeit in den östlichen Mittelmeerraum, den Ostsee- und den Nordseeraum exportiert wird: Erdbeeren, die der Doñana das Wasser abgraben. Nach offiziellen Angaben existieren in dem

Gebiet rund tausend illegale Grundwasserbrunnen, nach Angaben aus Kreisen ihrer Betreiber zweitausend. Doñana droht, ausgesaugt zu werden. Das Problem ist seit Jahrzehnten bekannt, aber man handelt hier nicht nach der Devise: Gefahr erkannt, Gefahr gebannt. Es muss wohl erst eine Katastrophe über Doñana hereinbrechen wie 1998, als hundert Kilometer weiter nördlich das Auffangbecken einer Erzmine barst und der schwarze Giftschlamm mit Schwermetallen wie Quecksilber, Zink, Kupfer, Blei, Kadmium durch Flussbetten zur Doñana floss.

Die Straßen von El Rocío sind Sandwege, für Pferde, Maultiere, Ochsen, Karren, Planwagen, Reiter gedacht. Pferde einer uralten autochthonen Rasse laufen durch das seichte Wasser der Marisma del Rocío und grasen am Ufer. Zu Pfingsten pflegen die roten Ochsen Geryons aus den umliegenden Dörfern und Provinzen, aus dem ganzen Land und dem Ausland zu kommen; Herakles bringt sie aus Mykene zurück. Im Zweiergespann ziehen die zwei Tonnen schweren Kolosse die Karren mit Unimogkraft durch den Sand. Sie ziehen sie zum Heiligtum der Mutter des Geschlechts, das unbefleckt und blendend weiß an herausragender Stelle sich über das Dorf erhebt und das Standbild der Heiligen Jungfrau birgt.

Jetzt war nicht viel los in dem Flecken, ein paar Touristen stapften durch den Sand, Lieferwagen quälten sich vorwärts. In einem Devotionalienladen feilschte ein Britannier mit dem tartessischen Händler um eine Marienstatue. Ein Hebräer saß im Schatten vor einer Bar und bestellte bei seinem phönizischen Geschäftspartner Baustoffe für den Tempel Salomons. Ich setzte mich unter einen der wilden Ölbäume, die Stämme biblischen Alters und Kronen wie Kirchenkuppeln ihr Eigen nennen, Methusalems aus der Zeit, da die Hispanier es noch nicht von Phöniziern und Griechen gelernt hatten, den Ölbaum zu kultivieren. Die Sandstraßen und großen Sandplätze waren nahezu leer, die niedrigen weißen Häuser fast alle unbewohnt, kein Pferd vor den

Veranden festgebunden. Vor dem Tempel für Poseidons Weib
drängelten sich allerdings einige Altertumsbesucher, dort war die
Bildsäule der Großen Mutter ausgestellt, und die Spanier berührten sie, das brachte Glück.

In dieser Religion zum Anfassen sind die Götter vermensch-
licht und haben doch übermenschliche Kräfte, die sich durch Berührung übertragen. Die jungen Brüder der ältesten Bruderschaft
aus Almonte raufen in der Nacht von Pfingstsonntag auf Pfingst-
montag miteinander um die Ehre, die Heilige Jungfrau aus ihrem
Tempel zu holen und sie in einem wilden Umzug durch das Wild-
westdorf zu tragen. Dann sind eine Million Gläubige und Schaulus-
tige versammelt, und die Mitglieder der hundert Bruderschaften
feiern in ihren Klubhäusern das Fest in kulinarisch-alkoho-
lisch-erotischem Rausch. Die Frauen vor allem – nicht nur, aber
hauptsächlich – tanzen zur plärrenden Musik der Sevillanas Ro-
cieras, tanzen, wie die Puellae Gaditanae tartessisch-phöni-
zisch-gaditanisch-karthagischer Abstammung für die alten Römer
in Rom getanzt hatten, deren müde Glieder sie zu neuer Stärke er-
weckten. Mit dem Flug ihrer Volantkleider und den geschmeidi-
gen Bewegungen ihrer Schlangenarme beschwören die Frauen die
Verführungskünste ihrer lasziven historischen Mütter, die sich
aufreizend in den Hüften gewiegt und zum rhythmischen Klappern der Bronzekastagnetten provokativ mit ihnen gezuckt hatten, um ihre entfesselten Betrachter ins sinnliche Delirium zu treiben. Salome, die tänzelnd Herodes umgarnte, um den Kopf
Johannes des Täufers serviert zu bekommen, musste in die Schule
dieser Art unkultivierter, wilder Geishas des europäischen Altertums gegangen oder aber ein Waisenkind gegen sie gewesen sein.
Wenn die Schwestern der Bruderschaften auf tartessischem Boden tanzen, ist es ein Fest für die Götter und für gottgleiche Menschen. Dann ist El Rocío eine goldene Insel im Schlammmeer der
Matschmarschen und des Schuldensumpfs, des Treibsandes und
der menschlichen Schwächen.

Im Schlund des Vulkans –
Cabo de Gata

Die Hälfte der Bevölkerung Spaniens lebt an der Küste, in Gemeinden, deren Territorium nur sieben Prozent des Landes ausmacht. Die andere Hälfte, also die im Landesinneren lebenden Spanier, verbringt ihre Ferien und Kurzurlaube zum allergrößten Teil an der Küste. Auch vier Fünftel der jährlich rund sechzig Millionen ausländischen Spanienurlauber zieht es an die Küsten, hauptsächlich ans Mittelmeer. Diese Größenordnungen lassen ahnen, welch gigantische Infrastruktur für den Tourismus vorgehalten werden muss. Muss?

In einem Streifen von zwei Kilometern Breite längs der Mittelmeerküste Festlandspaniens nahm zwischen 1987 und 2005 – das Jahr, für das die letzten verfügbaren Zahlen vorliegen – die bebaute Fläche um neunundsechzig Prozent zu. Unter Zement und Ziegelsteinen verschwand in diesen Jahren so viel Boden wie in all

den Jahren zuvor, also seit der Schöpfung. Allein in den Jahren
2000 bis 2005 fraß der Beton die Küste doppelt so schnell wie
zwischen 1987 und 2000, hundertvierzigtausend Quadratmeter
täglich. Rein rechnerisch ergibt sich daraus, dass bei diesem
Rhythmus es im Jahr 2071 in dem zwei Kilometer breiten Küstenstreifen keinen einzigen unbebauten Quadratmeter mehr geben wird. Zurzeit sind noch knapp zwei Drittel der Fläche unbebaut. Zwischen den einzelnen Provinzen bestehen allerdings
große Unterschiede. An den Küsten der Provinz Barcelona sind
zwei von drei Quadratmetern bebaut, im bergigen Granada dagegen ›nur‹ jeder achte Küstenquadratmeter, in Alicante und Málaga
wiederum jeder zweite. Und dort, wo das Bauland besonders teuer ist – hinter dem Strand –, baut man gerne besonders hoch in die
Höhe und dicht aneinander. Ich schlug einen weiten Bogen um
Málagas Costa del Sol.

Über die Autobahn fuhr ich an Sevilla vorbei, kam durch dünn
besiedeltes Olivenland, hinter Granada durch noch dünner besiedeltes Bergland und Wüstengebiet und stieß bei Almería auf Plas-
tikland. Bei meiner ersten Iberienumrundung war ich nach Sevilla
hineingefahren, hinein in die schönste der Großstädte Europas
nächst Rom, wie ich fand. Sevilla, *¡qué maravilla!*, ein Wunder von
Stadt. Wenn nur nicht die Sevillaner gewesen wären, diese graziö-
sen, witzigen, extrovertierten, exaltierten, selbstverliebten Sevillanos. Ich konnte den Dichter Antonio Machado verstehen, der –
selbst aus Sevilla – geschrieben hatte: »*Sevilla sin Sevillanos, ¡qué
maravilla!*«, wie wundervoll musste Sevilla erst ohne Sevillaner sein!
Vor Algeciras hatte ich mein nächstes Wunder erlebt, da standen
sie noch, die Säulen des Herkules, der Felsen von Gibraltar und der
Dschebel Musa, und bildeten den Eingang zum Mittelmeer. Dort
blickte ich von den grünen Höhenzügen Afrika ins Gesicht, der
Kontinent war zum Berühren nah. In Estepona erholte ich mich
dann einige Tage von Sevilla auf einem Campingplatz am Meer.
Warum Estepona? Vielleicht weil es gerade so auskam und weil am

Mittelmeer bereits Anfang April Sommer herrschte. Estepona war schon damals ziemlich touristisch, den Campingplatz gab es nun vermutlich nicht mehr, Hotels und Apartmentblocks warfen höhere Renditen ab. In Nerja quartierte ich mich später in einem kleinen Hotel ein, es stand an einer Hauptstraße, die zum Meer führte, und hinter dem Haus lagen Obst- und Gemüsegärten und Zuckerrohrplantagen. Inzwischen waren dort längst Wohnungen angepflanzt worden.

Die Nationalstraße hatte sich wie ein Wurm durch die Küstenberge gewunden, und ich kroch so langsam durch die unaufhörlichen Kurven wie eine Schnecke. Nun gab es zwei neue Generationen von Straßen, davon eine Autobahn mit Brücke, Tunnel, Brücke, Tunnel, aber sie war immer noch nicht ganz fertiggestellt. Vor Almería streckte sich die Straße damals lang aus, lief schnurgerade durch eine öde Ebene, eine Steppe vor nackten Bergen, jetzt war diese Halbwüste ein Plastikmeer.

Man hat das Land mit Plastikplanen abgedeckt, weil es so hässlich und unfruchtbar war. Gewächshaus neben Gewächshaus in einem riesigen Areal. Zwar ist das Land dadurch nicht schöner geworden, im Gegenteil, doch das Plastik hat dessen Fruchtbarkeit erhöht. Auf angekarrtem Sand reifen bei rechnergestützter Bewässerung und Düngung in der Tropenhitze des Plastikdschungels zwei bis drei Ernten pro Jahr: Tomaten, Gurken, Auberginen, Zucchini, rote, grüne, gelbe Paprikaschoten. Das Plastik sprießt nicht nur aus Ebenen und Senken, es frisst sich auch in die Berge, bedeckt jedes einigermaßen ebene Stück steinige Erde, und wo der Berg es nicht aus freien Stücken hergibt, wird er kurzerhand abgetragen.

SALZ OHNE SUPPE

Am Flughafen von Almería bog ich von der Autobahn ab, kam durch eine Urbanisation so groß wie eine Stadt, Retamar, die von

nichts weiter lebte als Ferienmachen, und fuhr an der Grenze des
Naturparks Cabo de Gata entlang. Rechts der Straße ein Meer
von Agaven mit Masten von Blüten und mit langen, gekrümmten
Blättern, die in der Luft taumelten wie Fangarme von Riesenkra-
ken im Wasser; links der Straße Gewächshäuser, Berge alten, von
der Sonne mit Blindheit geschlagenen Plastiks, herumliegende
Fetzen, ödes, verbrauchtes oder nie genutztes Land und in der
Wüste zurückgelassene Gewächshausskelette. Bis an den Rand
des Naturparks wuchs das Plastik aus dem sterilen Boden.

»Haben Sie ein Zimmer frei?«, fragte ich den Mann an der Rezeption.

»Eins? Dutzende!«, antwortete er.

San Miguel de Cabo de Gata lag im Naturpark am Meer und
verfügte über einen schönen langen Sandstrand, aber das Hostal
spürte die Wirtschaftskrise, jedes Jahr mehr. Vor der Krise war es
auch im September immer noch gut belegt gewesen, jetzt blieb
das heimische Publikum aus, auch der Juli und selbst der August
waren schwach gewesen. Die Spanier verkürzten ihren Sommer-
urlaub immer mehr und gaben immer weniger Geld aus. Und für
ausländische Touristen war San Miguel noch nie das richtige
Pflaster gewesen. Der Mann zuckte die Achseln.

An der Strandpromenade gähnten die Bars und Restaurants
vor Langeweile. Das Dorf hatte sich dem Strand zugewandt, als es
sich dem Tourismus öffnete. Die Häuser kehrten dem Meer nicht
länger den Rücken zu, um die Angriffe des Windes und des Sandes abzuwehren. Es gab sie zwar noch, die niedrigen, rechtecki-
gen, zum Teil kubischen Häuser mit schmalen Eingängen und
kleinen Fensterlöchern, vier Wänden und einem leicht geneigten
Flachdach, das Regenwasser auffängt und in Zisternen leitet, falls
es einmal regnet. Eine primitive Architektur reduzierten Raumes
und bar aller Schnörkel, archaisch, archetypisch. Doch nun wurde
sie von der Moderne in den Schatten gestellt, San Miguel war
dank neuer Häuser in die Breite gegangen, wenn auch nur unwe-

sentlich in die Höhe. Viele der alten Häuser hatten sich das Gesicht gewaschen und geschminkt und sich mit Schmuck nicht immer treffsicheren Geschmacks behängt, zum Beispiel ostentativen Kacheln. Auf dem Strand hatten früher Fischerboote gelegen, und die aufgegebenen Holzboote verwesten, bis sie nur mehr Skelette waren und Gräten glichen. Nun war der Strand Badestrand, der täglich gesäubert wurde und mit Duschen bestückt war, die funktionierten.

Ich ließ den Wagen am Hostal stehen und machte mich zu Fuß auf den vielleicht fünfzig Kilometer langen Weg entlang der Küste. Der Strand lief in gerader Linie nach Südosten und mit ihm die Straße, ihrerseits auf fünf Kilometern begleitet von Salinen, Dutzenden Salzbecken, die je nach Verdunstungs- und Erwärmungsgrad und Salzkonzentration blaugrau, rosa, weiß leuchteten. Stelzenläufer spazierten durch das seichte Wasser, Störche staksten durch den Schlamm, in der Ferne zeichnete sich die Silhouette von Flamingos ab. Ein Schaufellader und Transportbänder türmten das geerntete Salz zu Bergen auf, die ebenso krass und blendend vom Dunkelbraun der nahen Berge abstachen wie die salzweißen Häuser der Salinenarbeitersiedlung. In einer der langen Reihen kleiner, einfacher Behausungen mit blauen Türen und Fensterrahmen saßen zwei alte Frauen und ein Mann vor einem Haus auf der Bank.

»Buenos días, ¿cómo va la vida?«, wie ›geht‹ das Leben?

»Tranquila«, ruhig, antwortete der Mann.

»Jetzt zur Erntezeit? Produzieren die Salinen nicht mehr viel?«

»Doch doch, aber jetzt wird mit Maschinen geerntet, und dafür genügt eine Handvoll Angestellte. Früher waren wir hier mehr als hundert feste Arbeiter, und zur Ernte kamen so viele Saisonarbeiter hinzu, wie Arbeitsgeräte vorhanden waren.«

»Da war die Siedlung voller Leben«, krähte eine der Alten, »es gab einen genossenschaftlichen Lebensmittelladen und einen öffentlichen Backofen und sogar einen Kinosaal.«

»Damals ankerten die Salzfrachter vor dem Strand und warteten auf ihre Beladung, bis sie schwarz wurden«, fuhr der schnippi-
sche Alte fort. »Das Salz wird immer noch ausgeführt, nach Island
und Norwegen zum Einsalzen der Fische und in andere Länder
zum Einsalzen der Winterstraßen. Aber das Leben ist nicht mehr
wie früher, die Angestellten haben jetzt Autos und wohnen woanders, in komfortableren Verhältnissen, hier leben nur noch ein
paar Rentner und Witwen von Rentnern. Sogar die Kirche ist
zwischenzeitlich in den Ruhestand geschickt worden.«

Abseits stand die kleine Kirche neben der Siedlung, errichtet
zur Blütezeit des Salzes Anfang des 20. Jahrhunderts, zu einem
Wahrzeichen des Cabo de Gata aufgestiegen, dann herunterge-
kommen, von strahlendem Weiß auf das Altersgrau der Verwitte-
rung gesunken, wegen Baufälligkeit geschlossen, abgezäunt, nun
restauriert. Ihr übertrieben hoher, schlanker Turm ragte aus der
Küstenebene wie aus einer vergangenen, hochmütigen Zeit. Wenige hundert Meter weiter hatte eine weitere Siedlung überlebt,
La Almadraba de Monteleva, der einmal Thunfischer Leben ein-
gehaucht hatten, die vor der Küste ihrem blutigen Handwerk
nachgingen. Man sah es dem Dorf an, dass es sich verjüngen wollte, neue Häuser hatten sich dort niedergelassen, mehr oder weniger im traditionellen Stil gebaut, wie es im Naturpark nicht anders sein konnte, doch hatten sie noch nicht viel frisches Blut
angelockt, viele schliefen hinter geschlossenen Fensterläden und
warteten darauf, von Käufern wachgeküsst zu werden. Hinter
dem Ort stieg die schmale Straße bald zum Kap hinauf, zum Abhang hin war sie alle paar Meter mit niedrigen Begrenzungsstei-
nen gesichert, mit *quitamiedos,* Vorläufern der Leitplanken, die genauso hießen: Angstnehmer. In der Bucht vor dem Kap, in die ich
hinabsah, lagen einige Villen frech am Strand. Vor nicht allzu langer Zeit hatten Mönchsrobben noch am Cabo de Gata gewohnt,
das eines ihrer letzten Refugien im Mittelmeer war, 1974 wurden
sie zum letzten Mal auf den Riffen unter dem Leuchtturm gese-

hen, dann wanderten sie vermutlich an die Küsten der Westsahara und Mauretaniens aus.

SAN JOSÉ – DAKAR

Am Kap, diesem südöstlichsten Punkt Iberiens, der auf gleicher geografischer Breite liegt wie Algier und Tunis, sogar etwas südlicher, macht Spanien einen Knick und läuft ab sofort nach Nordosten. Die Landschaft verändert sich, verzieht ihr Gesicht und wird zerbrechlich. Trümmer von Felsen, Ruinen von Vulkanen bilden eine bis zu hundert Meter hohe Steilküste, erkaltete Magmasäulen stürzen sich ins Meer, unterhöhlte Lavazungen beugen sich über das Wasser, horizontale Schichten versteinerter Vulkanasche schweben in der Luft – Felsengedärm der Vulkane, die aus dem Meer hervorgebrochen sind. Es handelt sich um die wohl eigenwilligste Küstenlandschaft Iberiens, eine der fremdartigsten Zonen Europas: ein Wüstengebiet wie aus Nordafrika verschlagen, eine Vulkaninsel wie von den östlichen Kanaren angeschwemmt. Eine prähistorische Landschaft in launischen Formen und chaotischer Farbgebung, gelb, grau, rot, weiß, violett, schwarz. Stachelige Sträucher bedecken das Vulkanland, widerspenstige Pflanzen, die kaum kniehoch werden. Zwergpalmen fächern sich Luft zu, iberoafrikanische Endemismen und Exklusivflora des Cabo de Gata setzen zaghaft Farbtupfer, andere Felsrücken sind völlig kahl.

Ich lief mit Iberien und der Straße nach Nordosten, über dieses weiche Asphaltband, das ab dem Kap für den Verkehr gesperrt ist und am nächsten hohen Landvorsprung, auf dem ein Antennenhain wächst, in eine Stein- und Staubpiste übergeht. Ich blickte ins Land und sah rot-blau leuchtende Berge am Horizont und in der Nähe ockerfarbene, hier und da mit dem Blassgelb harten Espartograses oder dem bleichen Grau des Dorngestrüpps betupfte Erde. Wie lange hatte es hier nicht mehr geregnet, Monate? Es kann vorkommen, dass es jahrelang nicht regnet. Oder dass in wenigen Stunden die gesamte Niederschlagsmenge eines Jahres fällt, was nicht viel besser ist. Und es kann passieren, dass es Lehm regnet, mit Wasser verrührten Sand und Erdstaub. Damit war jetzt nicht zu rechnen. Das Felsgestein knisterte in der Sonnenglut, der Wind riss Grasbüschel los und trug sie fort, Sandwirbel tanzten durch die Landschaft, eine Eidechse verkroch sich in eine Erdritze. Trockener, harter, zerissener Boden, elementares, essenzielles Land, streng, ernst, schweigsam, vom Wind bis auf die Haut entblößt, bis auf die Knochen abgenagt, ein Gerippe von Land, ein Stück Afrika.

An der Küste lassen die Krater und Kegel Buchten und Stränden Raum, die zum Teil nur vom Meer aus zugänglich sind. An der Playa de Mónsul, über Land zu erreichen, haben Wind und Wasser in Millionen Jahren wie mit Meißeln den Stein modelliert. Die Felsen wölben sich über den feinen Sand wie Wellen, die eine Tube bilden und in voller Bewegung erstarren. Der nächste Strand, die weite Playa de los Genoveses, ist eine Mondsichel, die sich in einen halben Krater bettet. Hinter dem Strand hat die Vegetation eine Eruption, hat Pinien und Eukalyptusbäume aus der Erde gespien, dort blieb ich die Nacht über. Es waren noch einige Leute auf dem Mond verstreut und im Kratersee. Ich streifte Kleidung und überzählige Jahre ab und nahm ein Bad, wusch Staub und Schweiß und Sonnencreme ab, dann lag ich bewegungslos auf dem Rücken im Wasser, unter dem Abendhimmel, der sich über Meer und Vulkane beugte, Prometheus, Hephaistos, Vulcanus und die anderen Mittelmeergötter sahen herab, und die Zeit hielt den Atem an.

Vorbei an dicht bestandenen Agavenpflanzungen und Opuntienplantagen, die einmal den Rohstoff für Textilfasern geliefert hatten, kam ich nach San José, dem Hauptort im Naturpark. Er hatte sich mächtig ausgedehnt, war die Hänge hinaufgeklettert und ins Hinterland geflossen, allerdings mit Stil, im traditionellen

Stil und in weißer Unschuldsfarbe. Vor fünfzig Jahren hatten dort
zehn Familien gewohnt, und auf den katalanischen Schriftsteller
Juan Goytisolo, der Ende der Fünfzigerjahre durch die Gegend
getrampt war, hatte das traurige, vom Wind gepeitschte Dorf den
Eindruck von Verlassenheit und Fatalismus gemacht. Mehr als irgendwo sonst in der Provinz schienen die Leute hier die Lust zu
leben verloren zu haben, wie er in »Campos de Níjar« schrieb. Nun
konnte sich der Ort vor Leben kaum retten, jedenfalls nicht im
Hochsommer. San José verfügte über das größte Betten- und
Tischangebot, einen Yachthafen, Firmen für Freizeitsport und
einige der größten und schönsten Strände in der Umgebung, wie
mir die Señorita vom Tourismusamt nicht ohne Stolz mitteilte.

»Wir hatten so viel Zulauf, dass wir den Privatverkehr zu den
Stränden einschränken mussten. Hunderte von Autos fuhren täglich in einer Staubwolke über die Piste zur Playa de los Genoveses
und zur Playa de Mónsul, stauten sich hinter den Stränden und
parkten die Piste zu, sodass kein Feuerwehr- oder Rettungswagen
mehr durchkam. Daraufhin wurde am Ortsrand ein Schlagbaum
installiert, und die Leute mussten mit dem Bus zu den Stränden
fahren. Doch der spanische Autofahrer, der am liebsten auf dem
Strand parken und sich neben sein Auto legen würde, zeigte sich
nicht sehr begeistert, und die Einwohner San Josés waren auch
nicht alle einverstanden. Man probierte eine andere Methode,
nämlich den Individualverkehr über den Geldbeutel auszubrem-
sen. Man erhob am Schlagbaum eine Mautgebühr und ließ ihn herunter, sobald die hinter den Stränden vorgehaltenen Parkplätze
belegt waren. Der heimische Tourist wurde – wider seine Natur –
zum Frühaufsteher, andernfalls musste er mit dem Bus vorlieb-
nehmen.«

»Und das funktioniert?«, fragte ich ungläubig.

»Die Frage ist noch nicht entschieden, die Krise hat das Problem vertagt, es sind weniger Touristen gekommen, der Druck ist
aus dem Reifen, sozusagen.«

LEBEN VON FEIGEN UND EIDECHSEN

Zu Goytisolos Zeiten hatte es am Cabo de Gata keine Badegäste gegeben, nur ein paar reiche Franzosen und Amerikaner, die sich der spektakulären Küste auf ihren Yachten näherten. Almería war damals die ärmste Provinz Spaniens, *el culo de España,* der Arsch der Welt, der Franco-Staat bestrafte sie für ihre im Bürgerkrieg bezeugte republikanische Gesinnung. Goytisolo erzählte von Männern mit Zweitagebart und Zahnlücken und anhänglichen Fliegen im Gesicht, doch von edlen Zügen und natürlicher Würde, deren einzige Perspektive in der Auswanderung bestand. Er berichtete von früh welkenden Frauen mit einem Bündel Kinder am Rockschoß, resigniert und stumm, ohne jede Hoffnung, jemals ein besseres Leben zu führen als das ihrer Trauerschwarz tragenden Mütter. Von Menschen, die sich den Magen mit Dutzenden Kakteenfeigen vollschlugen, wenn nichts anderes da war, und Eidechsen aßen, wenn sie nichts anderes fingen. Auch nach dem Einzug des Massentourismus in Spanien blieb das Cabo de Gata den Spaniern noch lange Zeit unbekannt. Doch dann begannen sie, die Ursprünglichkeit der Landschaft und ihren exotischen und ariden Charakter zu schätzen. Es scheint so, als hätte das spanische Wirtschaftswunder, das bis gestern andauerte, seine Wohlstandskinder aus der Wüste der Städte gejagt und in die wahre Wüste geschickt.

Der Pfad führte hoch über dem Meer am Berghang entlang, aus der zerbröckelnden, von Wind und Sonne verwitterten Felswand hatten sich Steine und Felsbrocken gelöst und waren bis ins Wasser geflogen. Ich kletterte über Geröll und schaute abwechselnd auf den Weg und in die Wände über mir, die Steine schienen bloß von ein bisschen Erde gehalten zu werden. Die Gefahr lauerte nicht im Abgrund, sondern in der Höhe, doch wenn man allzu lange in die Höhe starrte, kam der Abgrund schnell näher. Dann weitete sich der Pfad zur Piste und die Landschaft zu sicher

begehbarem Hügelland, das an manchen Stellen aufgerissen war.
Der Mensch hatte dem Boden die dünne Haut der Vegetation abgezogen und Wunden ins Fleisch der Felsen gerissen, um
Amethyste, Achate, Granate, Rubine aus den Eingeweiden zu holen oder prosaischen Kalkstein zu gewinnen. Die sich selbst über-
lassenen Löcher klafften in schreienden Farben in der Erde, als
riefen sie nach jemandem, der ihnen einen Verband anlegte, doch
nicht einmal die Natur hatte Mitleid mit ihnen. Da waren vereinzelt auch Ruinen von Häusern, die sich schon nicht mehr an ihre
Vergangenheit erinnern konnten – Gehöfte, Bergarbeiterunter-
künfte? –, Häuser, die wie Agaven abstarben, wenn sie ihre blühende Erektion gehabt hatten, und eine Ruine von Pflanze waren,
bis sie zu Staub zerfielen.

Los Escullos bestand aus wenig mehr als San Felipe, der felsen-
fest auf einer versteinerten Düne errichteten Festung aus dem
18. Jahrhundert, die Piraten hatte abschrecken sollen. Der Flecken war immer noch so, wie Goytisolo ihn sah: ein elendes, von
Stürmen verwüstetes Nest, dessen wenige Häuser wild durchein-
anderstanden und dessen zwei Straßen diese Bezeichnung nicht
verdienten. Erstaunlich, wie klein er geblieben war. Vielleicht
hatte das restaurierte Fort nun die Funktion, dem Tomaten- und
Immobilienanbau und der Touristeninvasion die Stirn zu bieten.
Doch dann erkannte ich, dass die Jetztzeit sogar in Los Escullos
Einzug gehalten hatte, in Form eines Hostals, eines Hotels und einer Diskothek. Aber es war eine leere Gegenwart, in dem Hostal,
in dem ich zu Mittag aß, war ich vermutlich der einzige Fremde
der Woche. Der Bedienung im adretten bunten Kleid quoll der
Hunger aus den Augen, nicht der Hunger von damals, sondern der
Hunger nach Leben.

Über den Strand und über Hügel lief ich querfeldein zur nahen Isleta del Moro, die malerisch und ein wenig geschützt
hinter zwei meerumspülten Felsnasen lag. Das Inselchen des
Mohren wies inzwischen mehr als die zwanzig Häuser auf, aus

denen es früher bestanden hatte, weit mehr, doch die meisten hielten schon Winterschlaf. Der Ort war genauso leer wie Los Escullos. Das mochte jedoch auch an der Uhrzeit liegen, mittags um vier flickte man vielleicht keine Fischernetze, wusch nicht am öffentlichen Waschplatz in der Mitte des Dorfplatzes schmutzige Wäsche, ging nicht mit dem Tonkrug zum Brunnen, um ein Schwätzchen zu halten. Ein paar Boote hielten Siesta auf den Dorfstränden, Bettlaken ließen sich vom Wind an der Leine wiegen, sonst bewegte sich nichts. In der Dorfkneipe spielten vier alte Männer Domino, ich trank am Tresen einen Cortado.

»Sagen Sie«, fragte ich den Wirt, »gibt es noch geschmorte Eidechse bei Ihnen?«

Er sah mich misstrauisch an, vielleicht durfte man im Naturpark keine Eidechsen mehr schmoren.

»Ich habe gelesen, Eidechse mit Tomaten, Knoblauch und Petersilie sei eine Spezialität Ihres Hauses, sie wird als Delikatesse gerühmt.«

Sein Gesicht hellte sich etwas auf, aber er blieb vorsichtig.

»Früher gab es sie manchmal.«

»Jetzt nicht mehr?«

Statt zu antworten, fragte er mich:

»Sagen Sie mal, woher kommen Sie?«

»Von Los Escullos.«

»Ja. Und aus welchem Land sind Sie?«

»Aus Deutschland.«

»Ah, Deutschland! Viele Männer des Dorfes sind nach Deutschland ausgewandert.«

»In den Sechzigerjahren?«

»Sí Señor, um die Zeit wird es gewesen sein. Nach Francos Tod kamen die meisten zurück, renovierten ihre Häuser und kauften sich neue Boote. Sie waren Fischer, die Frauen arbeiteten für die Großgrundbesitzer, schnitten Espartogras, ernteten Gerste,

pflückten Palmherzen von den Zwergpalmen. Heute lohnt sich
der Fischfang kaum noch, heute muss man Touristen angeln.«
   »Aber nicht mit Eidechsen als Köder?«
   »Nein.«

LOCKRUF DES GELDES

Hinter der Isleta del Moro lag eine Oase, ein Dattelpalmenhain
an einer Wasserstelle, exorbitante Vegetation im Territorium des
Durstes. Ich hielt mich auf der kaum befahrenen Straße, stieg mit
ihr auf einen Bergrücken und sah Eldorado vor mir liegen, einen
Talkessel mit Feldern, Gärten, einem Dorf aus frischen weißen
Häusern und viel Grün zwischen dem Weiß: Rodalquilar. Es dauerte noch eine Stunde, bis ich im Ort war. Er hatte sogar eine Fußgängerzone. Eine Fußgängerzone in der Wüste – beachtlich. Dort
nahm ich ein Zimmer in einem Hostal und eine Dusche, dann
streifte ich durchs Dorf. Es war ein Ferienort ohne Strand und
Meer, stattdessen mit einem Bergwerk, das hinter dem Ort rot-
braun am rotbraunen Berghang klebte. Das sparte ich mir für den
nächsten Tag auf. Am westlichen Ortsrand verrottete eine alte
Siedlung, die Fassaden waren vom Lehmregen gelbbraun getüncht,
stellenweise bröckelte der Putz ab, verdorrtes Gestrüpp überwucherte die Wege. In einer Bar nahm ich Tapas und viel Flüssigkeit
zu mir. Mein Tresennachbar starrte gelangweilt auf die Batterie
Flaschen im Regal vor uns.
   »Entschuldigen Sie, sind Sie von hier?«, wandte ich mich an
ihn.
   »Un poco«, ein bisschen, antwortete er lächelnd und fügte hinzu, als er meinen verständnislosen Gesichtsausdruck sah: »Manchmal bin ich hier, ich habe ein Apartment im Ort, aber eigentlich
bin ich aus Madrid.«
   »Ist das Bergwerk noch in Betrieb? Es sieht von Weitem nicht
sehr betriebsam aus.«

»Nein, schon lange nicht mehr. Es gab mehrere Versuche, den Betrieb wieder aufzunehmen, vor allem, wenn der Goldpreis hoch stand. In den Achtzigerjahren wurde die Mine noch einmal geöffnet, aber nur für kurze Zeit. Einen kontinuierlichen Minenbetrieb gab es eigentlich nur bis Mitte der Sechzigerjahre.«

»Eine Goldmine also.«

»Vorher wurden in der Gegend Alaunstein und Kaolinit abgebaut und nach Edelsteinen gegraben, aber Ende des 19. Jahrhunderts fand man Gold. Das durften sich die Engländer holen, bis Franco die Ausbeutung nationalisierte, er hatte etwas gegen die Briten, wegen Gibraltar und so, überhaupt wollte er die vaterländische Wirtschaft von ausländischem Einfluss befreien. 1966 machte unsere patriotische Bergwerksgesellschaft dicht, wegen mangelnder Rentabilität.«

»Ich habe im Dorf eine alte Siedlung gesehen. Bergarbeiterwohnungen?«

»Nein, die Unterkünfte, die die spanische Minengesellschaft für ihre Arbeiter errichtete, sind längst abgerissen worden. Was Sie gesehen haben, sind die verwilderten Reihenhäuschen für die distinguierten Angestellten des britischen Unternehmens, sie sind etwas solider gebaut.«

Manolo, mein Tapa- und Zechbruder, hatte seine Wohnung in Rodalquilar vor dreizehn Jahren von der Abfindung gekauft, die ihm die spanische Telefongesellschaft auf Staatskosten zahlte, damit er mit fünfundfünfzig in Frührente ging. Er kam drei-, viermal im Jahr nach Rodalquilar, für ein langes Wochenende, über die Feiertage oder für ein, zwei Wochen im September. Der September war der beste Monat, meinte er, es war nicht mehr so heiß und der Strand nicht mehr so voll, aber das Wasser noch angenehm warm. Den Massenbetrieb zu meiden war auch der Grund gewesen, warum er sich für Rodalquilar entschieden hatte. Der Minenort lag gleichsam unter Tage.

»Inzwischen ist es auch in Rodalquilar voller geworden, dabei aber familiär geblieben. Mit der Zeit kennt man sich. Zur Zeit des Goldrauschs arbeiteten vierhundertfünfzig Kumpel hier, mit Familien waren es zweitausend Leute. Der Goldfund hatte eine kleine Völkerwanderung ausgelöst, endlich gab es Arbeit in dieser Gegend, mehr als ein Goldrausch war es ein Arbeitsplatzrausch. Rodalquilar wurde eine richtige kleine Stadt mit Kirche, Schule, Arzt, Lebensmittelgeschäft, Kino und Fußballfeld. Als die Mine geschlossen wurde, blieben kaum hundert Menschen übrig, fast ausschließlich Rentner, die eine kleine Pension von der Minengesellschaft bezogen und alle Silikose hatten. Wer akut erkrankte, tat das am besten dienstagmorgens, denn dienstags kam ein Arzt für ein paar Stunden ins Dorf, um nach seinen Patienten zu sehen.«

»Und wenn sie mittwochs krank wurden?«

»Dann mussten sie beten, dass sich gerade ein Auto im Dorf befand.«

Am Morgen ging ich hinauf zum Bergwerk, das eine Goldwaschanlage war. Die Vorrichtungen zur Zerkleinerung des Erzgesteins, die Riesenbecken zur Herauslösung des Metalls, die brüchigen Steintreppen ohne Geländer, die Wege – alles war mit Gesteinsbrocken und rotem Staub übersät. In manchen Bassins schimmerte der Boden grün, Restalgen vom letzten Regen, die noch nicht ganz verdurstet waren. Ich parkte meinen Rucksack im Haus der Vulkane, dem geologischen Museum, das in einer Werkshalle der Minengesellschaft eingerichtet war, und schaute hinter die Kulissen der Waschanlage, in die Berge, die das Erz beigesteuert hatten. Die Piste zog sich durch glühendes mineralisches Land, in dem der Wurm von Mensch mit der Spitzhacke gewühlt hatte. Eine Marslandschaft mit Löchern im Fels, Stollen- und Schachteingängen, an denen Schilder vor Einsturzgefahr warnten, auch auf Deutsch: »Bergbau Schacht. Gefahr des Fallens«. Und mit Trichtern im Fels, kreisrunden, halbrunden,

ovalen terrassierten Tagebaugruben, auf deren Grund Ruinen von
Sträuchern sich krümmten. Ich ging zurück, holte den Rucksack
ab und lief querfeldein durch das schüttere Grün des Hangs Richtung Straße. Die niedrigen Büsche drangen aus rotem Steinboden
hervor, aus dem versteinerten Schlackeschlamm der Goldwäsche-
rei, der den Rand des Vulkankessels übergossen hatte und ins Tal
geflossen war, eine rote Zunge, die aus der Fratze der Vergangenheit hing.

Am Weg zum Playazo, dem nächstgelegenen Strand: mattgrü-
ne Tupfen zwischen Staub und Stein, ausgemergelte, struppige
Olivenbäume, Reste welker Gerste, ein aufgegebener Hof, hohle
Räume ohne Gedächtnis, rachitische Palmen, ein Gerippe von
Schöpfrad, das nach Grundwasser lechzte, Zikaden knatterten
verrückt vor Hitze. Aber auch restaurierte Brunnen und Zisternen
– das ethnografische Erbe –, neue Villen mit fast schon unver-
schämtem Grün, ein kleines, flaches Hotel und eine Palmenpflan-
zung. Und die Festung San Román am Nordende des weiten, gelb-
sandigen Playazo. Sie befand sich nun in Privathand, ein
Schäferhund ging auf der Mauer Wache und böllerte aus dem
Maul. Dort stieg ein Pfad die Felsen hinauf und lief weiter an der
Küste entlang, die in den kühnsten Farben strahlte. Nach einer
halben Stunde fiel mein Blick auf die weißen Häuser von Las Ne-
gras unten an der Mündung einer sandführenden Rambla. Der Ort
hatte Speck angesetzt, früher lag er schlank an einer einzigen, ungepflasterten Straße, die schnurgerade zum Strand führte. Wie
vergessene Fische lagen einige Boote auf dem Sand, vielleicht standen sie im Dienste des Tourismus und gaukelten Fischerdorfambi-
ente bloß vor. Neben dem Dorf dösten Felder hinter dem Strand,
mit sehr viel Liebe schienen sie nicht bebaut zu werden, vielleicht
warteten sie auf ihre Bepflanzung mit Ziegelsteinen.

Dann wieder kein Mensch und kein Haus, nur Berge und
Meer, eine Stunde lang, bis zur nächsten Bucht, und die war etwas
ganz Spezielles: eine Blumenkinderkolonie. Die Cala de San Pe-

dro war nur zu Fuß oder per Boot zu erreichen, sie sperrte sich gegen das Diktat der Automobilität, huldigte vielmehr einem Kult
der Abkoppelung. Die Junghippies hatten die Hänge locker besiedelt und gemischt bebaut, lebten verstreut in Steinhütten,
Bretter- und Plastikverschlägen, Felshöhlen, aufgegebenen Häusern oder in Zelten auf ehemaligen Terrassenfeldern. Manche Behausungen wiesen Solarzellen oder Generatoren auf, eine Quelle
versorgte die Sonnenkinder mit Süßwasser, alte Johannisbrotbäume versorgten sie mit Schatten, aber auch in ihm war es so warm,
dass selbst leichte indisch-chinesisch-ibizenkische Tücher vielen
zu viel der Kleidung waren. Eine junge Frau erhob sich nackt vom
niedrig ummauerten Abort neben dem Pfad, ein Schild predigte
in zehn Sprachen: »Bitte nehmt euren Müll mit ins nächste Dorf
und vergrabt eure Notdurft.«

»Darf ich Sie mal was fragen?«, fragte ich die junge Frau.

»Hau ab, Alter!«

»Wie weit ist es bis Agua Amarga?«

»Zwölf Kilometer.«

»Vielen Dank.«

SPANIEN WAR EINE FIESTA

Die Cala de San Pedro lud mich nicht zum Übernachten ein, zumal ihr Nachtleben mich wohl nicht hätte schlafen lassen. Tatsächlich hörte ich in der Nacht die Trommeln von San Pedro, deren Klänge bis in meine Felshöhle drangen, die ich oben auf dem
Bergkamm gefunden hatte. Sie war freundlicherweise mit trockenem Gras ausgelegt, möglicherweise schlief manchmal ein Ziegenhirte in ihr. Am Morgen passierte ich eine weitere Hippiebucht, doch hier handelte es sich um motorisierte Aussteiger, die
Playa del Plomo war durch die Rambla del Plomo auf Rädern erreichbar. Die äußerst betagten und fantasievoll bemalten Lastwagen, Busse und Transporter standen hinter dem Strand, ihre jun-

gen Bewohner saßen ungeschmückt und unbetucht vor ihren
Kutschen und schauten den Jüngern Aphrodites und Adonis' zu,
die über den Strand liefen. Ich lief weiter nach Agua Amarga, das
einmal einen anderen Typ Aussteiger beherbergt hatte. In spät-
franquistischer Zeit war Bitteres Wasser ein Rückzugsort spanischer Intellektueller und Bohemiens gewesen, die nicht ins äuße-
re Exil gegangen waren. Das kleine Fischerdorf hatte vollkommen
abgeschieden im Culo de España zwischen den mächtigen Gesäß-
backen seiner Felsen gelegen, die zehn Gassen hatten keine Namen, die Häuser waren kubische Löcher, die immer offen standen, und die Fischer waren verschwiegen. Das war nun nicht mehr
so, vielleicht weil es keine Fischer mehr gab oder weil es nichts
mehr zu verschweigen gab, weil die Straßen inzwischen Namen
trugen und voll leerer, verschlossener Apartments waren, die nur
in der Hochsaison sich öffneten, wenn sie etwas zu verdauen hatten, und weil Almería nicht länger ignoriertes Niemandsland war.
    Ich aß auf dem kleinen Hauptplatz zu Mittag und fragte die
Kellnerin, wie ich wohl zurück zu meinem Wagen fände.
    »Por favor, wie komme ich nach San Miguel? Gibt es einen Bus?«
    Das konnte sie mir nicht sagen, das musste sie ihre Kollegen
fragen. Ergebnis der Besprechung war, dass es keinen Bus nach
San Miguel gab, nicht einmal nach Almería, wohl aber in die entgegengesetzte Richtung, nach Carboneras, und von dort ging ein
Bus nach Almería, und zwar ohne Zwischenstopp, vielleicht gab
es von Almería einen Bus zurück nach San Miguel. Da aber heute
Sonntag war, ging überhaupt kein Bus.
    »Gibt es eine andere Möglichkeit, nach San Miguel zu kom-
men?«
    »Das Taxi«, sagte sie, »aber das kostet dich ein Vermögen, und
ich weiß auch nicht, ob der Fahrer heute im Ort ist.«
    Sie brachte mir den zweiten Gang, aber keine Lösung des Pro-
blems, doch versicherte sie mir, dass man der Sache auf den Grund
gehe.

»Wir werden schon etwas finden.«

Mit dem Nachtisch brachte sie die Nachricht, dass ich mit dem Kellner fahren konnte.

»Wenn der Mittagstisch vorbei ist, fährt er zurück nach Granada, so gegen sechs, sieben Uhr.«

Ich legte mich an den Strand und ließ die Stunden versanden. Es wurde acht Uhr, ehe wir losfuhren.

Der junge Kellner hieß Andrés, war aus Agua Amarga, wohnte jedoch in Granada. Dort hatte er Betriebswirtschaft studiert, das Studium aber abgebrochen und im Studentenviertel einen Laden für Mobiltelefone aufgemacht. Am Wochenende half er in der Bar der Familie aus.

»Gefällt dir das Cabo de Gata?«, fragte er.

»Mucho«, antwortete ich, »es ist so anders, hat einen ganz eigenen Charakter. Aber gebaut wird hier auch viel, habe ich den Eindruck.«

»Das ist vorbei. Hast du viele Baukräne gesehen?«

»Nein.«

»Es ist wahr, über Jahre hinweg wurde einiges gebaut, kleine Hotels, Reihenhäuser, Apartments, Chalets, nicht immer legal, doch wenn sie einmal standen und sich ins Ortsbild fügten, wurden sie normalerweise legalisiert, indem man das bebaute Land nachträglich als bebaut katalogisierte. Aber größere Bauvorhaben scheiterten meist. Agua Amarga sollte eine Marina bekommen, einen Komplex von dreihundertfünfzig Apartments und einem Hotel mit dreihundert Betten, das Projekt ging durch alle Instanzen bis zum Obersten Gerichtshof. Sicher, es hätte Agua Amarga einige Arbeitsplätze gebracht, aber es war überdimensioniert, das Dorf hat nur zweihundert ständige Bewohner, und nicht gerade im besten Arbeitsalter. Außerdem hätte der Komplex im Landschaftsbild gestört, er wäre ein Fremdkörper gewesen.«

»Mir scheint, der Naturpark ist der Fremdkörper, der Störfaktor im Getriebe der Rentabilität.«

»Ja, andernorts wäre das Projekt locker durchgewunken worden, obwohl klar ist, dass solche Objekte die Spekulation anhei-
zen und oft der Geldwäsche dienen. Weißt du, wie man in Spani-
en den Fünfhundert-Euro-Schein nennt? – Bin Laden, es gibt ihn,
aber er ist unauffindbar. In Spanien sollen vier Fünftel aller Fünf-
hunderter in Umlauf sein, das heißt eben nicht in Umlauf, sondern versteckt. Ich habe noch nie einen gesehen. Alles Schwarzgeld. Jeder Elektriker, jeder Klempner fragt dich: ›Mit oder ohne
Mehrwertsteuer?‹ Welcher Schlauberger will schon die Steuer bezahlen, wenn er keine Rechnung braucht? Steuerhinterziehung ist
unser Volkssport, wir sind die besten Anarchisten Europas. Und
dann will auch das Drogengeld gewaschen werden, Spanien ist ja
ein beliebtes Einfallstor für Stoff aus Marokko, Kolumbien und
so weiter.«

Mir wurde etwas schwindlig, aber das lag wohl an den Kurven.

»Hast du schon einmal den Namen Algarrobico gehört?«

»Das Johannisbrotbäumchen? Greenpeace hat es bekannt gemacht, nicht?«

»Ja. Das ist ein Strand nördlich von Carboneras. Der Naturpark macht einen Bogen um das Kraftwerk, die Meerwasser-
entsalzungsanlage und die Stadt und stößt an die Playa del Algarrobico wieder ans Meer. Da war nichts, nur nackte Berge. Die
terrassierte man und setzte ein Mammuthotel auf die Terrassen:
zwanzig Stockwerke, mehr als vierhundert Zimmer an oder sogar
auf der Grenze zum Naturpark. Greenpeace und andere Organi-
sationen schlugen Alarm, der Naturpark ist ja immerhin auch Biosphärenreservat. Das Hotel Algarrobico wurde zum Symbol für
die Zerstörung der Küste, Synonym für die Gefräßigkeit des Ze-
ments. Aber es hatte alle behördlichen Genehmigungen. Als das
Hotel zu neunzig Prozent fertiggestellt war und fünfundsiebzig-
tausend Tonnen Beton in die Landschaft gegossen waren, wurde
der Bau gerichtlich gestoppt. Jahrelang beschäftigte er alle juristi-
schen Instanzen, die Gemeindeverwaltung, die Landesregierung

Andalusiens, mehrere Ministerien der Zentralregierung und ein
Heer von Anwälten und Gutachtern, bis unwiderruflich entschieden wurde, dass das Hotel illegal war, weil es zu nah am Wasser
stand, nicht hundert gesetzliche Mindestmeter hinter dem höchsten Punkt, den das Meer jemals – soweit bekannt – erreicht hatte,
sondern achtundzwanzig. Was nun mit dem Hotel geschehen
wird, ist ungewiss. Ob der Bau abgerissen und die Landschaft in
ihren ursprünglichen Zustand zurückversetzt wird, was ungeheu-
re Kosten verursacht; ob er als Denkmal der Gier und des Chaos
einfach so stehen bleibt, wie er ist; ob er in ein Alters- und Pflege-
heim oder so etwas umgewandelt wird, was ihn nicht gesetzes-
treuer macht; ob er legalisiert wird – alles unklar. Vielleicht hat
die letzte Option die besten Chancen. Einen Ablass für begange-
ne Bausünden, eine Amnestie für Gesetzesbrecher, warum nicht?
Die jetzige Regierung will das Gesetz zum Schutz der Küsten ändern und den Hundert-Meter-Freiraum auf zwanzig Meter redu-
zieren. Mit einem Schlag ist sie dann eine Menge Probleme los,
nicht nur am Cabo de Gata.«

Andrés scheuchte seinen alten Renault an dreckigen Plastik-
gewächshäusern hinter dem Naturpark und an der Reifentest-
strecke einer bekannten französischen Marke vorbei.

»Das ist ein probates Mittel, um krumme Sachen glattzubügeln
und neue Konflikte mit dem Gesetz zu vermeiden. In Valencia,
Kastilien und León, auf den Balearen, in Murcia haben die Landes-
regierungen Naturschutzzonen per Gesetz oder Dekret eliminiert
oder verkleinert, um Bauprojekte rechtskonform, besser gesagt:
das Recht baukonform zu machen. Man ändert kurzerhand das
Gesetz, nötigenfalls mit parlamentarischen Verfahrenstricks, und
schon ist die Welt in Ordnung. Die Oberanarchisten sitzen in den
Regierungen. Manchmal denke ich, wir werden von einer Mafia
aus Politikern, Baubonzen, Tourismusmanagern und Banken ge-
steuert. Bau-, Tourismus- und Kreditgewerbe haben wortlos eine
Allianz geschmiedet und unter Mithilfe der Politiker, besonders

der Lokalpolitiker, egal welcher Partei, Pepe Normalverbraucher hypnotisiert. Wir Spanier kaufen ja alles auf Kredit, bis hin zum Toaster, die Rate spürt man nun wirklich nicht. ›Wohneigentum verliert nie an Wert‹, hieß es, im Unterschied zum Toaster. Beim Immobilienkauf bekam man eine Reise als Prämie geschenkt, die man über den Hauspreis natürlich selbst bezahlte. Die Banken und Sparkassen vergaben Hypothekendarlehen in Höhe von hundertzwanzig Prozent des Kaufpreises, damit man die Wohnung auch schick möblieren konnte. Und die Immobilienfirmen, die wie Bankfilialen aus dem Boden schossen, führten Wartelisten mit Kaufinteressenten. Wie viele Wohnungen, die vom Plan weg gekauft wurden, wechselten zwei-, dreimal den Besitzer, bevor auch nur der Grundstein gelegt war! Pure Spekulation auch seitens der Käufer, die wie alle Welt mit einem weiteren Anziehen der Preise rechneten. Und die Preise zogen weiter an, bis zu dreizehn Prozent im Jahr. Bis die Blase platzte. Wehe dem, der auf seiner teuer erworbenen Immobilie sitzen blieb. Wehe dem vor allem, der seinen Kredit nicht mehr bedienen konnte, wenn er im Zuge der globalen Krise und im Strudel der heimischen Abwärtsspirale seinen Arbeitsplatz verlor. Pepe verlor seine Wohnung an die Bank, wurde aber nicht seine Schulden los. Die Banken wollten die Wohnungen nicht, die immer mehr an Wert verloren, aber sie wollten sehr wohl das Geld zurück. Die Wohnungen wurden zu Paketen geschnürt und an Investoren verschleudert. Keine Sorge, der nächste Boom kommt bestimmt. Die Bürgermeister haben noch die alten Großprojekte in den Schubladen liegen. Wo wir vorhin vorbeigefahren sind, soll eine Megaurbanisation mit tausend Wohneinheiten, zweitausendfünfhundert Hotelbetten und einem Siebenundzwanzig-Loch-Golfplatz in der Wüste entstehen, außerhalb des Naturparks, aber direkt am Rand, das ist sicherer und geht schneller. Überhaupt plant die Gemeinde Níjar, zu der der allergrößte Teil des Parks gehört, den Bau von zwanzigtausend Wohnungen in den nächsten fünfzehn bis zwanzig Jahren. Für

ihre achtundzwanzigtausend über das riesige Gemeindegebiet verteilten Einwohner werden sie nicht sein. Wie oft habe ich in den
letzten Jahren die stolze Nachricht gehört, dass in Spanien so viele Wohnungen gebaut wurden wie in England, Frankreich und
Deutschland zusammengenommen! Jetzt sollen zwei Millionen
unverkaufter Wohnungen leerstehen, abgesehen von den Millionen Zweit-, Dritt- und Viertwohnungen, die weder vermietet sind
noch auf den Markt drängen.«

Andrés war in Redelaune, ich war in überhaupt keiner Laune.
Er setzte mich am Hostal in San Miguel ab, und ich ging ins Bett.

Gespräch mit einem Gecko –
Am Mar Menor

Die neue, gebührenpflichtige Küstenautobahn durch Murcia war gähnend leer. Sie hatte Ausfahrten, die ins Nichts führten, in die Steppe, zu verschlafenen Buchten, doch zu keinem Ort – noch nicht. Hier hatte man mit viel Voraussicht spekuliert, aber die Krise nicht einkalkuliert. Es war eine Erschließungsmaßnahme für neue touristische Großprojekte wie Marina de Cope, eine Ferienstadt für sechzigtausend Personen, mit neuntausend Wohneinheiten, zweiundzwanzigtausend Hotelbetten, fünf Golfplätzen, Kongresszentrum und einem landeinwärts anzulegenden Yachthafen mit zweitausend Liegeplätzen. Und zwar an einem der letzten ziemlich unberührten Küstenabschnitte, einem Gebiet am Cabo Cope, wo bereits ein Naturpark existierte, den die Regionalregierung zum Teil ›entschützt‹ hatte, indem sie bei Verabschiedung eines Gesetzes in

letzter Sekunde einen scheinbar formalen Zusatz anfügte, der es
erlaubte, den Naturpark um einige tausend Hektar zu erleichtern.
Die Krise legte Marina de Cope und einen neuen Flughafen im
Hinterland auf Eis, der bereits fertiggestellt war und die Küste
über die Autobahn mit Touristen hatte versorgen sollen, aber
noch kein Flugzeug gesehen hatte.

Die Gegend um La Unión hatte etwas Dramatisches. Im
Amphitheater der Berge war ein Kampf zwischen Mensch und
Natur ausgefochten worden. Ich verstummte innerlich angesichts der Dimensionen und der Folgen. Man sah die zerstörte
Welt nach einer Katastrophe und schwieg unwillkürlich. Der
Tod war allgegenwärtig, die Landschaft gespenstisch, verwüstet,
von Schächten durchbohrt, von Stollen durchwühlt, die Einge-
weide der Erde hingen schwefelgelb, bleigrau, totenbläulich aus
den Wunden, das Blut war zinnoberrot ausgeflossen, Erbroche-
nes ockergelb ausgespien. Eines der größten Bergbaureviere
Spaniens. Und eines der ältesten, fünftausend Jahre auf dem Bu-
ckel. Hannibal hatte seinen Elefantenfeldzug gegen Rom mit
dem Silber dieser Berge finanziert, Rom mit dem Silber seine
Legionen. Im 19. Jahrhundert bäumten sich die Berge ein letztes
Mal auf, 1990 verendeten sie.

Die tiefe Bucht von Portmán – einst ein natürlicher Hafen, der
Portus Magnus der Römer – war erheblich geschrumpft. Ein fran-
zösisches Bergbauunternehmen hatte dreiunddreißig Jahre lang,
bis 1990, Zinkblende, Schwefelkies, Bleiglanz, silber- und goldhal-
tiges Erz aus den Bergen gesprengt, unter Zusatz von Chemikalien
gewaschen und die Rückstände in die Bucht geleitet. Millionen
Tonnen, Millionen Kubikmeter graubraunen Schlamms. Das
Meer wich zurück, der Strand schob sich vor, er war aus schwar-
zem Sand mit metallischem Glanz. Die Bucht von Portmán war einem der schwersten Attentate gegen das Mittelmeer zum Opfer
gefallen. Ein Monument der Rücksichtslosigkeit, mit der Land
und Meer ausgebeutet wurden.

ZWISCHEN NATURSCHUTZ UND VERMARKTUNG

Murcia stolpert von einem Extrem ins andere. Dem Umweltde-
saster der Bucht von Portmán schließt sich das vorgeschichtliche
Paradies des Naturparks Calblanque unmittelbar an. Unversehrte
direkt neben vergifteter Natur, jungfräuliches neben prostituier-
tem Land, unbefleckte Buchten im Naturzustand gleich neben
der mit schwermetallhaltigem Schlamm verseuchten Bucht von
Portmán. Calblanque ist ein Stück uralter Erde, das eines langen
natürlichen Todes stirbt und schon halb vertrocknet und verstei-
nert ist. Wenn die alte Jungfer sich im Spiegel betrachtet, sieht sie
ein Ebenbild Nordafrikas, eine extreme Landschaft, die unter der
Tyrannei der Trockenheit steht, sieht fossile Dünen, von Wind
und Sonne erodierte Felsen, Sandböden in der Farbe vergilbten
Holzes und iberoafrikanische Pflanzen, die im unbarmherzigen
Sommer ihre Blätter verlieren und nur noch Stacheln sind. Und
sie sieht den methusalemalten Sandarakbaum, der – könnte er laufen und schwimmen oder sogar fliegen – nach Afrika auswandern
würde, wo seine Familie wohnt. Denn in dieser Ecke Südostspani-
ens fühlt er sich einsam, nirgendwo sonst in Europa außer auf
Malta kommt er vor, und er hat nur noch wenige Brüder. Dieser
Verwandte des Zedernwacholders, der Zypresse und der Lärche
hat Dinosaurier, Eiszeitgletscher und Vandalen der Spätantike
wie der neuesten Zeit kommen und gehen sehen. Von vorüberge-
gangener menschlicher Präsenz zeugen nur die Reste zweier An-
sammlungen kubischer Häuser, deren frühere Bewohner von der
Schafzucht und der Espartograsernte lebten und deren jetzige
Genossen Feigenkakteen, Zwergpalmen und gigantische Agaven
sind.

Ich wanderte kreuz und quer durch den Naturpark, kam an ein
paar verlassenen Bauernkaten und Terrassen für den Trocken-
feldbau und an einigen Miniminen vorbei, die für einen Sekun-

denbruchteil der Erdgeschichte geöffnet worden waren. Und an Salinen, die vor langer Zeit aufgegeben worden zu sein schienen, denn sie wurden nur von Möwen genutzt. Die Tamarisken nahe den Becken sahen halb verdurstet aus.

An den Stränden lagen Leiber im Naturzustand. Ich legte mich dazu und ließ die Weltgeschichte verstreichen. Eine junge Frau aus der Nachbarschaft bat mich – so, wie sie auf die Welt gekommen war – um Feuer, und ich rieb die Feuersteine aneinander. Die Nacht verbrachte ich im Mondschatten einer majestätischen Palme zwischen den Mauerresten einer Steinhütte, die kein Dach mehr hatte, das auf mich und die Welt hätte stürzen können. Ein Mauergecko wunderte sich über die seltene Abendgesellschaft und schnalzte vor Freude mit der Zunge. Wir unterhielten uns über die Steinzeit und über die Frage, ob ein Teil der europäischen Menschheit in Reaktion auf die Technisierung und Kommerzialisierung der Welt und die Beschleunigung des Lebens sich aus der Ziegelsteinzeit in einen Zustand der Wildheit zurücksehnte, und sprachen und dachten so lange, bis wir wegsackten, er in seine Ritze und ich in den Schlafsack.

Am Cabo de Palos fiel mir die Dichotomie Murcias auf einen Rundblick ins Auge. Das Kap markierte die Grenze zwischen Fels- und Flachküste, Natur und Rendite. Im Südwesten träumten die Sandbuchten aus der Schöpfungszeit und die dunklen Felsen der wild zerklüfteten Küste Calblanques von kostenloser Ewigkeit, im Nordwesten lachte das Mar Menor in der Morgensonne und genoss das Hier und Jetzt klingender Münze. Den größten Salzwassersee Iberiens, das Kleinere Meer, trennte ein schmaler Streifen Land vom Mar Mayor oder Größeren oder Mittelmeer, nein, nicht ein Streifen Land, sondern eine kilometerlange Betonlinie. Die Betonklötze lagen auf dem Wasser, als hätten Vulkane sie aus dem Meer gestemmt. Es war eine hypertrophe Amphibienstadt wie die künstliche Palmeninsel Jumeirah vor Dubai, nur dass es sich hier um einen einzigen, dafür aber umso längeren, massiver bebauten und geradegebogenen Palmwedel handelte: die Manga del Mar Menor, den ›Ärmel‹, aus dem Murcia das größte touristische Ballungsgebiet der Region geschüttelt hatte.

Die Manga stach so sehr ins Auge, dass ich beinahe die kleinen Inseln übersehen hätte, die im Mar Menor schwammen und nahezu unbebaut aussahen. Ich musste wohl schon lange am Leuchtturm des Cabo de Palos gestanden und allzu ratlos in die antagonistische Welt geblickt haben, als ein älterer Herr mit Spazierstock mich unvermittelt ansprach.

»Die Isla del Barón ist Privatbesitz, landen verboten. Wenn Sie zu einer der Vulkaninseln wollen, müssen Sie mit der zweitgrößten vorlieb nehmen, der Isla de Perdiguera. Die wird von Ausflugsbooten angelaufen, weil es dort Strandbars gibt. Und einen Rundweg um die Insel, allerdings ist sie ziemlich kahl. Aber ein paar Vögel nisten dort, wie auf den anderen Inseln auch, deshalb sind sie geschützt. Keine Steine ins Wasser werfen! Dadurch wird die Insel abgetragen. Sehen Sie die Isla Grosa?«

Er wies mit dem Stock den Ärmel entlang.

»Dort draußen im Meer, vor der Manga. Sehen Sie sie?«

Ich sah zwei Inseln.

»Die größere ist die Isla Grosa. Sie war einmal ein Piratennest, ein Unterschlupf der Seeräuber aus Nordafrika, ihre Operationsbasis für Razzien an der Küste. Sie stahlen das Vieh und fingen Fischer, Hirten und Bauern ein, um sie zu Hause als Sklaven zu verkaufen. Da stand auf der Manga noch kein einziges Haus. Wenn Sie Spaß am Tauchen haben – die Tauchschulen fahren zur Grosa. Aber betreten darf man sie nicht. Erst recht nicht die Islas Hormigas hier vor dem Kap. Die gehören zum Seereservat. Doch tauchen darf man dort in der Zone der Felsspitzen, die drei, vier Meter unter der Wasseroberfläche lauern und von Schwertfischen, Meeraalen, Muränen und Tintenfischen umschwärmt werden. An einer Untiefe hinter der Hauptinsel, der mit dem Leuchtturm,

liegen Wracks auf dem Grund, die Inseln waren für die Schifffahrt jahrhundertelang ein offenes Grab. In den Wracks wohnen
jetzt Fische. Die Taucherboote zu den Hormigas gehen unten im
Hafen ab.« Der Herr drückte mir den Werbezettel einer Tauchschule in
die Hand und verabschiedete sich. Ich schlenderte hinunter zum
Hafen, der Ort bewahrte noch eine Idee von Fischerdorf. Aber
tauchen ist nicht mein Ding. Ich fuhr auf die Manga.

IM BETONDSCHUNGEL DER SANDZUNGE

Sie begann am Kilometer Null, und das musste einem auch gesagt
werden, man hätte es sonst womöglich nicht bemerkt, die Bebauung war nahezu übergangslos und verstellte den Blick für die Enge
des Streifens. Auf der vierspurigen Längsachse rollte ich an Hoteltürmen und Apartmentblocks vorbei, aber auch an Chalets und
Anlagen mit kleinen Ferienhäuschen entlang, an Supermärkten
und Bankfilialen, Boutiquen und Gastronomiebetrieben, Immo-
bilien- und Reisebüros, Yachthäfen und Diskotheken, Tauch-,
Surf- und Segelschulen. Zwanzig Kilometer geballte Ferieninfra-
struktur, zwanzig Kilometer Horror aus Beton und Ziegelstein,
die längste Geisterbahn Spaniens unter freiem Himmel. Obgleich
die Avenue sich Gran Vía de la Manga nannte, war sie keine Stra-
ßenschlucht wie die Gran Vía von Madrid, eher ein Boulevard wie
die Madrider Castellana, aber so oder so eine Großstadtachse.
Ohne Stau fuhr ich so lange über sie wie über die Autobahn von
Frankfurt nach Würzburg, wegen der Ampeln, die dem Querver-
kehr Hunderter kurzer Seitenstraßen eine Chance gaben. Und
das wollte ein Urlaubsparadies sein? Oh Islas Sisargas, wie schön
wart ihr!

Die Manga del Mar Menor ist kein Ärmel, sondern ein Arm,
aber den Arm sieht man nicht, nur den Stoff, der ihn bedeckt. Vor
fünfzig Jahren war die Manga noch ein Landarm, ein brachliegen-

der Sandstreifen mit etwas Dünengestrüpp, der Vögeln, Kaninchen und Schlangen gehörte. Vor fünfhundert Jahren standen auf ihm noch Kiefern und Zedernwacholder, zwischen denen sich Wildschweine und Freibeuter versteckten. Deshalb wurde die Manga abgeholzt, war dann jahrhundertelang frei von Piraten und Schweinen, bis ein Pionier des jüngsten spanischen Spekulationszeitalters die paar Hektar Sand aufkaufte und moderne Korsaren sie mit den ersten Hotels aufforsteten. In den Sechziger- und Siebzigerjahren hielt sich alles noch im Maßstab eines SEAT 600, doch in den Achtzigerjahren nahm es die Ausmaße eines Cadillac Fleetwood Brougham an, wenn auch nicht dessen Qualität. Als hätte Murcias Bauherrengilde sich ein Beispiel an Francos langer Luxuslimousine genommen und die Manga als Wohlstandsvehikel benutzt.

Aus Bequemlichkeit – Angebot bestand reichlich – suchte ich mir eine Bleibe für die Nacht und wählte eine Apartmentanlage mit zweistöckigen Häuschen aus. Solange man das von Pool und Palmen, Bougainvilleen und Oleandersträuchern aufgelockerte Gelände nicht verließ, konnte man vergessen, dass es auf der Manga lag. Sobald man aber in die Welt hinausging, holte einen die örtliche Wirklichkeit ein. Ich verlief mich in ein Lokal, das auch in Bochum hätte beheimatet sein können. Ein stämmiger Typ mit Goldkettchen und Siegelring schnauzte auf Deutsch seine aufgetakelte Begleiterin an. Eine Gruppe unüberhörbar deutscher Männer produzierte einen geradezu spanischen Tischlärm, und ein älteres Paar verzehrte andächtig Schweinshaxe. Dazu gab es spanische Schnulzen als nicht allzu dezente Hintergrundmusikbeilage. Ich bestellte Kohlroulade, lange nicht mehr gegessen. Die Kellnerin sprach Deutsch, aber auch Spanisch, wahrscheinlich Migrationshintergrund. Als sie mir ein Früh-Kölsch brachte, das ich gar nicht bestellt hatte, wies sie mit einer Kopfbewegung auf die Männergruppe und sagte, ich sei eingeladen. Einer der Männer prostete mir zu, dann setzte er sich an meinen Tisch.

»Willkommen in der Heimat! Willkommen in Klein-Leverkusen!«

Wir nahmen noch einen Zug. Er schnalzte mit der Zunge.

»Woher bist du?«, fragte er.

»Aus einer anderen Bierecke, aus der König-Pilsener-Gegend, aber das Kölsch ist auch sehr süffig.«

Mein Gegenüber war ein smarter Mittdreißiger mit Schnurrbart.

»Du bist neu hier, oder? Suchst du ein Apartment?«

»Danke, ich habe schon eins.«

»Gekauft oder gemietet?«

»Nein nein, nur für eine Nacht.«

»Ach so. Hast du nicht Lust, länger hier zu bleiben?«

»Ich kann nicht, ich muss weiter.«

Es stellte sich heraus, dass er für eine Immobilienfirma arbeitete. Vor zwölf Jahren war er im Ärmel hängen geblieben, schuld war ein Mädchen. Und da es außerdem Arbeit gab ... Jetzt konnte man das ja nicht mehr Arbeit nennen. Vor der Krise hatte er bestimmt zehn Wohnungen im Monat verkauft, jetzt kam er mit Glück noch auf eine, wenn überhaupt.

»Was soll man machen? Abwarten, aushalten. Die Krise geht auch einmal vorbei, dann kommen wieder fette Jahre.«

»Was wird in Zukunft aus der Manga?«, fragte ich ihn. »Wenn ich das richtig verstanden habe, müsste die Manga in einigen Jahren nahezu komplett abgerissen werden.«

»Wieso das denn? Wie kommst du denn darauf?«

»Ich glaube, so will es das Gesetz. Das Gesetz von 1988, das einen hundert Meter tiefen Streifen Land hinter dem Strand zu Gemeineigentum erklärt.«

»Aber ein Großteil der Gebäude ist ja älter. Es kann doch nicht sein, dass dieses Gesetz rückwirkend gilt. Und dann solche Folgen hat. Die Manga ist ja im Schnitt nur dreihundert Meter breit, an manchen Stellen nur dreißig. Das alles soll auf Sand gebaut sein?«

»Soweit ich weiß, räumt das Gesetz den Gebäuden, die vor 1988 legal errichtet wurden, eine Gnadenfrist von dreißig Jahren ein.«

»Und was soll danach passieren?«

»Dann könnte der Staat die Gebäude theoretisch abreißen, ohne die Besitzer zu entschädigen.«

»All die Hotels, Pools, Terrassen, Chalets sollen verschwinden? All die Objekte in bester Lage, in vorderster Strandlinie? Das glaubst du doch selbst nicht.«

»Ich denke, so ist die Gesetzeslage.«

»Dann muss man das Gesetz halt ändern.«

»Die Regierung arbeitet daran. Wenn ich mich recht erinnere, will sie die Gnadenfrist um fünfundsiebzig Jahre verlängern. Ein einfaches und effektives Mittel, alles beim Alten zu lassen. Und das Problem zu vertagen. Vielleicht wird es ja auch vom Meer gelöst, wenn der Klimawandel so weitergeht und der Meeresspiegel steigt. Dann wird die Manga wohl überschwemmt.«

»Bis dahin gibt es mich nicht mehr, oder ich bin dann nicht mehr hier. Ich seh schon, dir werde ich hier kein Apartment verkaufen.«

Meine Kohlroulade kam.

»Setz dich nach dem Essen doch zu uns und lass uns noch einen trinken«, schlug der Sunnyboy vor und kehrte zu seinen Leuten zurück.

FRÜHSCHOPPEN AUF DEM MEERESBODEN

Die Wasseroberfläche war spiegelglatt. Doch war es wirklich Wasser, was da in der Morgensonne wie geschmolzenes Gold glänzte und wärmer war als die Luft? Zunächst küsste mir das warme Gold die Füße, die über den samtweichen Sand in die Lagune glitten, nach einer Weile leckte es meine Waden, und es verging noch eine Viertelstunde, bis es mir den Bauch zu streicheln begann. Statt weiter in die Mitte des Meeres vorzudringen, um schwimmen zu können, legte ich mich auf den Rücken, und jede Bewegung wurde überflüssig, dank des hohen Salzgehalts des flachen Binnenmeers. Ich lag im salzigen Sud, betrachtete die Silhouette der Berge, die in einiger Entfernung einen Halbkreis bildeten, und bildete mir ein, im riesigen Kratersee eines längst erloschenen Vulkans zu treiben. Nur der weiße Betonstreifen im Osten störte die Illusion. Das Mar Menor war eine friedvolle, wellenlose Badewanne – und die Manga ihr immer präsenter Rand.

Ich fuhr um das große Kleine Meer herum, kam durch zersiedeltes Gebiet und Orte mit viel Verkehr; per Fahrrad hätte es keinen Spaß gemacht. In Los Alcázares saßen ältere Herrschaften ein wenig vom Ufer entfernt im Wasser und plauderten, als säßen sie am Frühstückstisch oder im Becken eines Kurhotels. In Los Alcázares hatte der Mar-Menor-Tourismus sanft begonnen, anno 1904, als ein Bergwerksherr aus der Gegend von La Unión ein Kurhotel errichtete. Aus jener Zeit waren ein paar ansehnliche Bürgerhäuser und Adelspalais in den ehemaligen Fischerdörfern am Westufer übrig geblieben, Orte mit dem Heiligenschein von Heiligennamen wie San Javier, Santiago und San Pedro, die sich inzwischen heillos ausgedehnt und unheilvoll gen Himmel gereckt hatten. Aus jener Zeit stammten auch die Badehäuschen, wie sie vor der palmenbestandenen Strandpromenade von Santiago de la Ribera über dem Wasser schwebten – ein Restcharme der Belle Époque. Lange Holzstege führten über dem kaum abfallenden Grund meereinwärts; am Ende lag ein Quersteg mit einer weiß gestrichenen Bretterbude darauf.

Bei Lo Pagán am Nordzipfel des Mar Menor führen Holzstege in den Schlamm. Dort haben Sonne und Salz in jahrhundertelanger Kooperation Ablagerungen voller Kalium, Kalzium, Magnesium, Fluor, Chloride und Sulfate erzeugt, die fast alles heilen oder zumindest lindern: Arthritis, Arthrose, Rheuma, Gicht, Sehnenentzündungen, Knochenbrüche, Hautkrankheiten, Zellulitis, Nervosität. Ich sah, wie die Leute mit bloßen Händen den Schlick aus dem Grund holten und sich gegenseitig die pechschwarze, glänzende, glitschige Masse auf die befallenen Körperteile schmierten oder gleich ganze Arbeit leisteten und sich Ganzkörperpackungen verpassten. Dann flanierten die schwarzen Gestalten mit den weißen Gesichtern über die Promenade, ließen eine Stunde verstreichen, auf dass die Sonne den Schlamm trockne und grau bleiche. Am Ende waren sie in Asche paniert, die sie in der salzigen Fangobrühe abwuschen.

Die Schlammbadestelle liegt bereits im Naturpark der Salinen von San Pedro del Pinatar, an einem Damm, der die Salzbecken vom Mar Menor trennt. Auf ihm stehen zwei dekorative, aber untätige Windmühlen, mit deren Hilfe früher Wasser auf die Salinen geleitet wurde. Da die Salzgewinnung eine traditionelle, hier bereits von den Römern ausgeübte Tätigkeit ist, gilt sie als vereinbar mit dem Status eines Naturparks, auch wenn die Methoden nicht mehr ganz so traditionell sind und Lastwagen durch das Schutzgebiet rollen und Traktoren lärmen, die das Salz vor sich herschieben und zu Bergen häufen. Die Flamingos stört das nicht, haben sie doch den allergrößten Teil der Salzseen für sich. Und der nicht Salz gewinnende Mensch kann durch den spärlich wiederaufgeforsteten Pinienhain und durch die Wanderdünen wandern, in denen der Salzwind die Latschenkiefern krümmt, die Palmen zu einem Zwergendasein verdammt und die sonstige Vegetation sich nicht aufbäumen lässt, vielmehr auf Disteln, Strohblumen, Salzkraut und Mastixsträucher reduziert.

Ich lief am Strand des Großen Meeres entlang und am neuen Hafen von San Pedro vorbei, dessen Fischbörse, Yachtklub und sonstige Gebäude anscheinend mit dem Status eines Naturparks vereinbar sind, nur nicht mit den Meeresströmungen. Denn die Hafendämme provozieren das Abtragen des Strandes an der einen Stelle und das Ablagern des Sandes an anderer Stelle. Ich lief über den schmalen, abgetragenen Strand bis zur Südspitze der

Landzunge, die der Nordspitze der Manga gegenüberliegt, und war auf dem letzten Stück allein in freier Wildbahn. Doch plötzlich tauchte das zwanzig Kilometer lange Straßendorf mit dieser Bebauung auf, als hielte es sich für die Castellana. Nur gut, dass zwischen den beiden Welten Wasser liegt, dachte ich, sonst würden an warmen Wochenenden womöglich hunderttausend Madrilenen im Auto von der Manga an den Naturparkstrand schwärmen. Zwar kann man von einer Landspitze zur anderen waten, so seicht ist das Wasser. Doch die natürliche Verbindung zwischen Mar Menor und Mittelmeer versperren komplizierte Fischfangvorrichtungen maurischen Ursprungs, ein Labyrinth aus Rohrzäunen, die Wellen brechen und Goldbrassen, Meeräschen, Meerbarben und andere Pendler zwischen Lagune und Freiheit in Netze leiten. Einst hegte man den Plan, eine Brücke über die Meerenge zu schlagen, dann, einen Tunnel unter ihr zu graben, um der Manga einen befahrbaren Zugang von Norden zu verschaffen. Doch diese Projekte ruhen nun in einer schattigen Schublade. Auch ein Trost: Vielleicht erblicken manche der dunkelsten Ideen ja nie das Tageslicht ihrer Materialisierung.

Chiqui, der Verbannte –
Auf Tabarca

Die Küste im Süden der Provinz Alicante ist eine nahezu durchgehende Straßenstadt, lang gestreckt wie ein Straßendorf. Diesen Eindruck gewann ich jedenfalls, als ich auf der langen Geraden der Nationalstraße von Kreisverkehr zu Kreisverkehr durch dieses verlorene Paradies der Betonmischer und Baukräne rollte, das den Blick aufs Meer verstellt. Kurz vor Santa Pola fuhr ich mitten durch Salinen und Flamingogruppen, weil die Nationalstraße es so wollte. Wäre ich ein Flamingo gewesen, hätte ich woanders Urlaub gemacht. Aber klar, sie verbrachten hier nicht ihre Ferien, sondern wollten fressen, doch wenn sie genug gefressen hatten, zogen sie sich in eine ungefährliche und ruhige Ecke zurück, statt immer noch mehr Natur zu verschlingen und Gefahr zu laufen, ihre stilisierte Figur und Eleganz einzubüßen, übergewichtig zu werden und vor lauter Gier und Völlerei die Form eines Iberischen Schweins anzunehmen.

Santa Pola war eines dieser anarchisch gewachsenen Städtchen, die für die Ewigkeit improvisiert wurden. Es lebte von Sonne, Meer und Stränden, die es überreichlich mit Gästebetten gemästet hatte. Wäre ich ein Flamingo gewesen, ich wäre nonstop nach Tabarca geflogen. So aber musste ich Santa Pola ansteuern, um eine Fähre zu der Insel zu nehmen. Auch von anderen Orten der Costa Blanca aus gingen Boote nach Tabarca, zumindest im Sommer, doch Santa Pola lag Tabarca am nächsten, nur vier Seemeilen entfernt.

Der Katamaran fuhr nicht. Für das halbe Dutzend Leute, die jetzt, Anfang Oktober, auf die Insel wollten, lohnte es sich nicht, das große Schiff mit Glasboden einzusetzen, das Wolfsbarsche und Goldbrassen, Seesterne und Seeigel, Einsiedlerkrebse und Korallentierchen des Seereservats von Tabarca zu zeigen versprach. Statt des Katamarans ging ein Barco-Taxi, aber nicht so häufig wie angekündigt. Die letzte Rückfahrt war schon für dreizehn Uhr fünfundvierzig angesetzt, wahrscheinlich, weil der Kapitän zum Essen um vierzehn Uhr zurück sein wollte. Ob ein Hostal auf Tabarca geöffnet war, wusste man im Hafen von Santa Pola nicht.

Hinter der Hafenausfahrt drehte das Taxiboot nach Osten und nahm Fahrt auf. Meilenweit zog sich die schöne neue weiße Welt der Apartmentblocks und Reihenhäuser an der Küste entlang, dieses Urlaubseden der sauberen künstlichen Strände und gepflegten Strandpromenaden mit Designerlaternen, Edelholzbänken und nachts angestrahlten Palmen. Tabarca dagegen war zunächst nichts als ein kleiner brauner Streifen zwischen Wasser und Himmel, ein in Meer und Moderne verlorenes, flaches Inselchen. Beim Näherkommen erkannte ich eine Häuserreihe hinter Befestigungsmauern, aus der eine wuchtige Festungskirche mit kurzen Türmen ragte. Das Taxi sprang in ein Wellental, die Kirche taumelte am Horizont, und schon versank die Illa Plana.

KEIN TAXI FÜR KATZEN

Die Ebene Insel besteht aus zwei Halbinseln, denen Felseilande
vorgelagert sind, und einer Landenge, an der zur einen Seite der
Hafen, zur anderen der Hauptstrand, außerdem große Strandrestaurants liegen, die alle geschlossen waren. Durch ein hohes Stein-
tor in der Befestigungsmauer gelangte ich in den Ort, der die kleinere Halbinsel einnimmt. Am Platz hinter dem Tor lag das
Gebäude der Fischervereinigung wie ein fauler Hund im Palmen-
schatten. Die vier Parallelstraßen und wenigen Quergassen wiesen Erdbelag und zerbröckelnde Bürgersteige auf, zum Teil waren
sie mit kleinen Kieselsteinen gepflastert. Manche der ein- oder
zweistöckigen Häuschen waren vor lauter Missachtung wegge-
brochen, andere frisch gestrichen. Die Kirche war restauriert,
dennoch erweckte sie den Eindruck, verlassen zu sein, wie das
ganze Dorf vernachlässigt oder aufgegeben wirkte, als wäre es vor
langer Zeit vergessen worden und nur sporadisch ins Gedächtnis
seiner ehemaligen Bewohner zurückgekehrt. Ein gewisser Charme
war ihm nicht abzusprechen, der Charme, unberührt von der Moderne in einem anderen Zeitalter zu liegen, so nah vor der modern
verbauten Küste, so fern dem dekadenten Gegenwartsdenken.
Baulärm war nicht zu hören, Straßenlärm ebenso wenig, denn Autos gab es nicht und Menschen nur ganz wenige. Mal schlich ein
alter Mann durch eine der geraden Straßen, mal schlurfte eine alte
Frau im Morgen- und Mittagsrock von einem Haus ins andere.
Die Beherbergungsbetriebe waren schnell abgeklappert: alle geschlossen. Unbegreiflich, warum überhaupt noch Fährboote fuhren. Kein einziges Geschäft, kein Restaurant, keine Bar hatte geöffnet.

Doch, eine schummerige Kleinstkneipe mit vorgelagerter
Riesenterrasse auf dem großen leeren lichten Platz von König
Carlos dem Dritten. Es gab, was man verlangte, Kaffee oder Bier.
Falls überhaupt ein Hostal aufmache, sagte der herumkramende

Wirt, dann das um die Ecke. Man müsse den Besitzer anrufen, dann komme er vielleicht und schließe auf. Der Besitzer meldete sich aus dem elf Seemeilen entfernten Alicante. Er versprach zu kommen und das Hostal zu öffnen, sei es auch nur für eine Nacht und eine Person. Um fünfzehn Uhr könne er auf der Insel sein.

Da saß ich in der Spelunke und wartete, dass die Zeit verstrich. Bis der Barmann zu erkennen gab, dass er nun dichtmachen und von der Insel hinunter wollte. Ich erwarb noch schnell alle essbaren Vorräte – zwei harte Eier, drei weiche Tomaten und einen Kanten trockenes Brot – und setzte mich draußen auf die verwaiste Terrasse. Auf dem ungepflasterten Platz hatte seit Jahrzehnten kein Kind mehr gespielt. Ein Brunnen versprach Trinkwasser, drei Hähne hatte er – der vierte fehlte –, doch es funktionierte keiner, lediglich dem erstbetätigten ließ sich ein zurückgebliebener Tropfen entlocken. Immerhin, damit ging es mir besser als Richard Twiss, dem offenbar einzigen schriftstellernden Bildungs- und Vergnügungsreisenden, der jemals Tabarca angesteuert hatte. Twiss berichtete im Jahr 1775, es habe keinen einzigen Tropfen Trinkwasser auf der trockenen Insel gegeben, abgesehen von dem, das vom Festland herübergebracht worden sei. Kein Mensch ging über den Platz, trotzdem bekam ich schnell Besuch, und zwar von den wahren Bewohnern der Insel, Dutzenden Katzen, die sich um mich scharten. Es wurden immer mehr. Ich verfütterte das trockene Brot an Tauben und Spatzen und an die hungrigen Katzen, deren Attraktion und Retter ich für einen Mittag war.

Der Wind war stärker als die Sonne. Mit der Zeit wurde es frisch auf dem zugigen Platz. Am Westende der Insel, zwei Minuten vom Zentrum entfernt, fegte der Wind über Felsenriffe und Festungsmauern und blies mich zurück in den Ort. Schließlich war ich keine Möwe, die mit dem Wind spielen konnte, sondern Spielball des Windes. Das letzte Taxi war bereits ausgelaufen. Wenn der Hostal-Mann mich jetzt versetzte, könnte ich es mir in

der schattigen Ecke einer Ruine für die Nacht bequem machen.
Ich schlenderte von West nach Ost, von Süd nach Nord – es gab
sogar ein Fußballfeld – und ließ mich auf einem kalten Stein mit
Blick auf den geschützten Hafen im Windschatten der Stadtmauer nieder. So eine Insel ist, dachte ich, die reinste Reha für Stadt-
kranke und Zivilisationsinvaliden. Man lernt wieder warten,
nichts zu tun, allein zu sein, in sich zu horchen, klar zu sehen, zumal die Luft so sauber war und nur der salzige Wind Geräusche
machte. Irgendwann tuckerte dann eine Nussschale in den Hafen. Der Skipper erkannte mich sofort als seinen Klienten. Schloss
das Hostal auf, präsentierte ein erstaunlich komfortables Zimmer, fragte, ob ich schon gegessen hätte, öffnete ein renoviertes
Riesenrestaurant eine Straße weiter, improvisierte einen reichhaltigen Imbiss und bat zu einem richtigen Mahl am Abend in seine Wohnung, da sei es bequemer und wärmer. Als wären wir die
einzigen Menschen auf einer unwirtlichen Insel gewesen und hätten zusammenhalten müssen. Oder mein Wirt konnte das Allein-
sein nicht ertragen.

MIT DEN VÖGELN SCHNATTERN

Tabarca war einmal ein Piratennest gewesen. Die Insel hatte
maghrebinischen Eisenhaken- und Augenklappenträgern als Ba-
sis für Beutezüge an der Küste Alicantes gedient. König Carlos III. war es leid, so nah vor der Küste einen solchen Unsicher-
heitsfaktor liegen zu haben. Er ließ die Illa Plana befestigen, von
einer Garnison verteidigen und von einem Gouverneur regieren.
Zur selben Zeit – Mitte des 18. Jahrhunderts – begab es sich, dass
Spanien neunundsechzig christliche Familien ligurischen Ursprungs aus muslimischer Sklaverei freikaufte, die als Fischer auf
Tabarqah gelebt hatten, einem Inselchen dicht vor der nordafrikanischen Küste auf Höhe der heutigen tunesisch-algerischen
Grenze, das zur Republik Genua gehört hatte, bevor der Bei von

Tunis es eingemeindete. Carlos siedelte die dreihundert Italoafri-
kaner aus Tabarqah auf der Illa Plana an, die fortan Neu-Tabarca
hieß. Die Neusiedler gingen ihrem alten Handwerk nach, lernten
schnell Valencianisch und verlernten Italienisch. Längst war die
Garnison nun abgezogen, der Gouverneur verabschiedet und das
Volk ausgewandert. Nur die italienischen Nachnamen waren geblieben – und die Katzen.

Am Nachmittag war Tabarca erst recht ausgestorben. Die sechs
Vormittagstouristen waren aufs Festland zurückgekehrt, die vier
morgendlichen Ureinwohner, die auf der Insel etwas zu erledigen
gehabt hatten, ebenfalls. Der Ort befand sich ganz in der Hand
der Halbtoten und in den Pfoten der Katzen. Die andere Halbinsel war ohnehin unbewohnt, richtiger: von Ganztoten bevölkert.
Der kleine Friedhof lag am äußersten Ende. Ansonsten standen
da noch ein alter arbeitsloser Wachtturm und ein unbemannter
Leuchtturm. Auf dem unfruchtbaren Boden hatten einmal Felder
gelegen, jetzt gab es nichts außer eingeborenem Gebüsch.
    Ein Pfad führte an der Steilküste entlang. Steil war sie, aber
nur wenige Meter hoch, sodass die vielen kleinen Buchten leicht
zugänglich waren. Das Wasser schimmerte smaragdgrün und tür-
kisblau und war glasklar. An den Stränden häufte sich abgestorbe-
nes Neptungras, von den Bänken im Wasser, die den Fischen
Schutz und Nahrung boten. Wäre es windstill und warm gewesen,
hätte ich Robinson spielen können – mit dem feinen Unterschied,
dass ich den Rückfahrschein in der Tasche hatte. Trinkwasser
hätte ich auch gefunden, hätte nur ein wenig zu tauchen und die
Leitung anzuzapfen brauchen, durch die Tabarca vom Festland
aus versorgt wurde. Einen Freitag hätte ich allerdings nicht getroffen; auf Tabarca waren die Freitage fußlahm.
    Ich konnte mich jedoch mit den Vögeln unterhalten. Am Osten-
de der Halbinsel, vor den Riffen, lag das viel besuchte Vogelforum.
Dort traf ich hauptsächlich Möwen, aber auch Fischreiher und Kor-

morane; auf einen Fischadler wartete ich vergeblich. Als ich genug mit den Vögeln geschnattert hatte, erklomm ich die höchste Erhebung im Inselinnern, um dem Sonnenuntergang beizuwohnen. Wenn man auf einer kleinen flachen Insel wie Tabarca steht, die gerade einmal achtzehnhundert Meter lang, maximal vierhundert Meter breit und fünfzehn Meter hoch ist, kann die Sonne untergehen, wo sie will – immer versinkt sie im Meer. Auf Tabarca durfte sie auch im Norden absaufen, nur nicht im Westen, dafür lag Tabarca der Küste zu nahe. Ich sah die Sonne also ins Land tauchen. Nach Einbruch der Dunkelheit wurde es gefährlich. Sosehr die Insel einen vor lauter Stille und Einsamkeit zu sich selbst finden ließ, so leicht konnte man sich auf ihr auch verlieren – im übertragenen Sinne natürlich. Mit Geschnatter und Selbstgesprächen fing es an.

ENTHÜLLUNGEN ÜBER DEN SOMMER

Im Dorf war kein Mensch mehr auf der Straße. Ich suchte das Haus meines Gastwirts. Von der Straße trat ich übergangslos in die verräucherte Wohnstube.

»Der Abzug ist kaputt«, entschuldigte sich der Mann, »am besten lassen wir die Tür offen. Setzen Sie sich doch.« Er wies auf das Sofa. »Ich bin gleich fertig.«

Er verschwand im Hinterzimmer und brutzelte weiter, während ich mich mit dem brüllenden Fernseher unterhielt.

»So, wir können. Ich habe Steaks gebraten, ich hoffe, Sie mögen Steaks.«

Wir setzten uns an den Tisch.

»Darf ich Sie Viernes nennen?«, fragte ich ihn.

»Wieso Viernes? Nennen Sie mich Chiqui, wie das Hostal.«

»Weil ich mir auf Tabarca wie Robinson vorkomme. Aber gut, also Chiqui.«

»Ja ja, es gibt kaum noch Leute auf Tabarca. Hier lebten einmal tausend Menschen, so gegen Ende des 19. Jahrhunderts. Jetzt sind vielleicht noch sechzig gemeldet, von denen nur zehn wirklich hier wohnen. Alles Alte. Ich verließ die Insel, als die Schule geschlossen wurde, da waren wir noch drei Schüler, ich und meine Geschwister. Meine Eltern zogen mit uns aufs Festland. Und da bin ich geblieben. Meine Frau ist aus Santa Pola.«

»Und Sie kommen auf die Insel, sobald sich ein Gast bei Ihnen meldet? Das finde ich erstaunlich, geradezu philanthropisch.«

»Natürlich rentiert es sich nicht, das Hostal für eine Nacht und einen Gast zu öffnen. Aber das ist nun mal mein Job. Außerdem habe ich auf meiner Internetseite annonciert: ›ganzjährig geöffnet‹.«

Mein Freitag war ein Philanthrop mit Arbeitsethik.

»Ich nehme an, im Winter ist hier erst recht nichts los«, sagte ich.

»Dafür umso mehr im Sommer. Dann kommen drei-, fünftausend Tagesausflügler auf die Insel. Und Touristen, die über Nacht bleiben. Inzwischen hat Tabarca sogar ein paar Apartments für Leute, die Wochen auf der Insel verbringen wollen, in kleinen Reihenhäuschen, Sie werden sie gesehen haben. Wir hatten auch schon Künstler hier, die monatelang blieben.«

»Was suchen die Leute hier?«

»Ruhe, Entspannung, Isolation ...«

»Und finden sich unter fünftausend Mitmenschen wieder?«

»Diejenigen, die Einsamkeit suchen, kommen nicht im Sommer.«

»Und was suchen die, die im Sommer kommen?«

»Manche suchen Fische und tauchen. Die meisten legen sich aber nur an den Strand, was sie genauso gut auf dem Festland tun könnten. Doch eine Insel stellt immer eine Verführung dar und die Bootsfahrt eine Abwechslung. Eine Insel ist etwas Magisches, Exotisches, ein Mythos. Die Boote kommen im Sommer auch von Guadamar, Torrevieja, Alicante und sogar Benidorm herüber. Die Leute laufen durch den Ort, sehen sich die paar Bauten und vor allem die Souvenirläden an und gehen dann ins Wasser, das überall das gleiche ist. Und sie essen, mit Vorliebe unseren Caldero. In den kommt alles hinein, was im Meer rumschwimmt und sich fangen lässt. Nach dem Fischtopf legen sie sich wieder an den Strand, und schließlich kehren sie zurück wie gegrillte Sardinen.«

Mein Philanthrop war auch Philosoph.

»Für uns Tabarquinos, die wir hier geboren sind und die Restaurants betreiben, ist die Insel lediglich ein Arbeitsplatz, wie eine Fabrik, etwas Entferntes, Äußerliches. Wir leben in der Fremde und arbeiten in der Heimat. Im Sommer haben wir einen Achtzehnstundentag, dann wohnen wir hier. Doch auch dann gehört uns die Insel nicht, wir sind Fremde zu Hause. Wenn ich außerhalb der Saison auf die Insel komme, ist es, als kehrte ich in die heile Welt der Kindheit zurück. Schon allein deshalb lohnt sich die Fahrt.«

Da verstand ich. Der Philanthrop war ich.

Und es gibt sie doch –
Die Albufera von Valencia

Auf der Autobahn hatte ich eine Halluzination. Hinter einer Kurve tauchte aus den sonnenverbrannten Bergen plötzlich Rio de Janeiro auf. Aber es musste Benidorm sein, Schilder kündigten es seit einiger Zeit an. Mitte der Siebzigerjahre hatte Benidorm in mir schon den Eindruck erweckt, es eifere Rio nach, und so erklärte ich mir das Aufstreben auch anderer Orte besonders der Region Valencia: Anscheinend wollten sie alle kleine Rios sein. Benidorm hatte unbestreitbar die Palme errungen und alle Mitbewerber in seinen Schatten getaucht. Und nicht nur das, Benidorm war nun sogar mehr als Rio, war zusätzlich Manhattan geworden dank seiner Wolkenkratzer und Las Vegas wegen seines Vergnügungsbetriebs. Wie sich die Manga del Mar Menor immer weiter in die Länge gezogen hatte, so war Benidorm immer mehr in die Höhe geschossen. Benidorm figu-

riert auf der Weltrangliste der Städte mit den meisten Wolken-
kratzern je zehntausend Einwohnern auf Platz eins, pro Quadratkilometer auf Platz zwei hinter Manhattan. Es ist eine kolossale
Akkumulation von Beton- und Glastürmen auf engstem Raum,
eine spektakuläre Senkrechtarchitektur nach amerikanischem
Muster, eine Masse gigantischer, monströser, allgegenwärtiger
Phalli gleich einem Wald von Mammutbäumen, kurz: eine unwi-
derstehliche Destination, um potente Ferien zu verbringen.

Benidorm ist das Paradigma des vertikalen und ultradichten Bil-
ligtourismus des werktätigen Volkes aus Innerspanien und der
britischen Lower Classes. Fünf Millionen Touristen im Jahr auf
sieben Küstenkilometern, vierzigtausend Schlafplätze allein in
Hotels, Aberhunderte Restaurants, Bars, Cafeterías, Pubs, Dis-
cos, Nachtklubs, Spielsalons. Eine rund um die Uhr vibrierende
Ferien- und Freudenstadt, eine gut geschmierte Maschinerie, die
Geld und Alkohol zirkulieren lässt, Schlafen, Essen, Baden und
Zeitvertreib sind fabrikmäßig organisiert. Ein Intensivtourismus
wie die computergesteuerte Intensivlandwirtschaft unter Plastik:
Auf fünf Kilometern Stadtsandstränden reifen dreihunderttau-
send anglohispanische Gurken und werden rot wie Tomaten.
     Ich trat das Gaspedal durch.
     Ich fuhr durch das grüne Meer der Orangenplantagen, auf
dem vereinzelt Palmkronen schwammen, sah hier und da ein altes
Landhaus, doch die blau glasierten Kacheln der Kirchenkuppeln
sah ich kaum mehr. Die Dörfer waren zu Städten herangewachsen, Wohnblocks hatten die Kirchen umzingelt und übertrumpft.
In Cullera am Südrand des Naturparks der Albufera von Valencia
wartete das Projekt Manhattan auf seine Verwirklichung, das den
Bau von dreiunddreißig fünfundzwanzigstöckigen Apartment-
und zwei vierzigstöckigen Hoteltürmen vorsah. Cullera und seine
Strände waren bereits voller Betonklötze, doch davon konnte das
Vierundzwanzigtausend-Einwohner-Städtchen nicht genug be-

kommen, es brauchte die zwanzigtausend weitere Personen fassenden Türme und einen neuen Yachthafen an der Mündung der Río Xúquer alias Júcar und ein Auditorium und einen Kongresspalast wie das tägliche Brot.

Dabei gibt es in Spanien noch so viele andere hungrige Orte und Bauunternehmen und Banken und Quadratmeterspekulanten und nach Wählerstimmen und Provisionen lechzende Politiker, die alle ein großes Brot backen und ein Stück vom Millionenkilobrotlaib abhaben wollen, dachte ich. Und wer – so fragte ich mich – muss das alles bezahlen, wenn die viele Hefe den Laib zur Explosion treibt? Wie immer der kleine Mann von der Straße vermutlich, mit der baren Münze gekürzter Löhne und Renten und Sozialleistungen und erhöhter Steuern und Abgaben. Am Ende ist das spanische Wirtschaftswunder ein gigantischer, anarchischer Umverteilungsmechanismus, ein erfolgreiches Modell ökonomischen Kannibalismus gewesen?

MYRIADEN WASSERVÖGEL

Von Cullera fuhr ich über die Küstenstraße Richtung Valencia durch den Naturpark. Rechts der Straße streckte sich ein langer dünner Streifen Apartmenthäuser am Strand aus und verdeckte das Meer, Häuser aller Größen und Formen bunt durcheinandergewürfelt, wilde Bebauung statt wilder Natur im Naturpark – grotesk. Neben der Straße lagen ausgelaugte, verwilderte, mit Plastikplanen überzogene oder mit Plastikfetzen abgegrenzte, wohl auf ihre Umwandlung in Baugrundstücke wartende Gemüsegärten, dahinter linker Hand Reisfelder. Die Apartments waren nahezu unbewohnt, die Straßen leergefegt, die meisten Bars und Restaurants und Geschäfte geschlossen. Der Wind spielte mit Plastiktüten; Sand und Müll fingen sich in den Winkeln. Gespenstisch und deprimierend. Die Campingplätze waren geöffnet und voll und leer zugleich, menschenleer, doch voller Zelte, die nie abgebaut wurden, und Wohnwagen, die nie angekoppelt wurden. Campingplätze wie Schrebergartenkolonien, die an den Wochenenden Besuch bekommen und in Ferienzeiten aufleben, wenn die Valencianos vor der Haustür Urlaub machen. Auf einem der Plätze hatte ich Glück, nahe der Einfahrt war eine Parzelle frei, auf der ich den Wagen abstellte, um in ihm zu schlafen. Dreimal wurde ich wach in der Nacht, dreimal regnete und hämmerte es auf das Wagendach, und wenn der Regen ausklang, hörte ich das aufgewühlte, wütende Meer. Es warf in kurzen Abständen Wellen auf den Strand, die laut aufschlugen, und bevor ich den Klang der rücklaufenden Wellen hätte vernehmen können, schlug schon die nächste Welle mit einem Knall auf den Sand.

Am Morgen war mein Fahrrad, das ich an einen Baum gekettet hatte, tropfnass, aber die Sonne schien wieder. Ich fuhr über die Küstenstraße an der Albufera entlang bis El Saler, einem Wochenend- und Ferienort vor den Toren Valencias und vor dem Stück Autobahn, das aus dem Naturpark heraus- und in die Stadt hineinführte. Der Naturpark endet, wo der Río Turia, der nach einer Hochwasserkatastrophe im Jahr 1957 aus der Innenstadt Valencias verbannt und in ein neues Bett gelegt wurde, die Stadtgrenze bildet. Der Turia und der Río Xúquer hatten im Verein mit den Meeresströmungen vor ein paar tausend Jahren die Albufera geformt. Ursprünglich war es eine offene Meeresbucht gewesen, dann wuchs ein gelber Sandstreifen in gerader Linie dreißig Kilometer weit von Flussmündung zu Flussmündung, und als er die Bucht komplett abgeriegelt hatte, war die Albufera geboren: ein Binnenmeer von dreihundert Quadratkilometern, ein Salzsee, dessen Süßwassergehalt mit der Zeit anstieg. Nicht anders zeugte der Lido die Lagune von Venedig.

Am Strand entlang und durch die Dünen fuhr ich zurück in Richtung Süden. Das Meer war grün, olivgrün, türkisgrün, hellblau, dunkelblau, in allen Tönen. Es war das Meer Sorollas, des Valencianer Malers, es hatte sich nicht verändert, da lag es noch

immer, im Licht Sorollas, in seinen Farben. Fehlten nur die Fin-
de-Siècle-Damen in ihren weiten weißen Kleidern, mit ihren großen Hüten und weißen Schleiern und Sonnenschirmen. Doch die
nackten Jungen lagen immer noch in den ausrollenden Wellen.
Heutzutage zeigten sich auch die Damen nackt, nicht länger de-
kadent verfeinert, vielleicht konstruktiv verwildert. Hinter dem
Strand hielt niedriges Gebüsch die Dünen fest. Fußwege, Radwe-
ge führten durch die einen Kilometer breite Sandbarriere zwischen der See und dem See, durch Pinienwald und dichtes Gestrüpp, die Dehesa del Saler. Doch dann wuchsen Sünden aus dem
Dschungel, Apartmenttürme aus den Siebzigerjahren.

Am Ufer der Albufera, die inzwischen auf ein Zehntel ihrer ursprünglichen Größe geschrumpft und von Reisfeldern umgeben
ist, luden Bootsführer zur Kahnfahrt ein. Ich schloss mich einer
Rentnergruppe aus Valladolid an. Unser Bootsführer stemmte
die lange Stange in den Grund und stieß den Kahn ab. Es war ein
flaches Boot, ohne Kiel, geschaffen für die Albufera, genannt *albuferenc,* ein breiter, hölzerner Lastkahn, der früher Reissäcke und
Kisten voll Fisch transportiert hatte und nun Touristen über den
See schaukelte. Das Wasser war algengrün und glatt, zur anderen
Seite glänzte es stahlblau, und zwischen Wasser und milchig-
blauem Himmel erkannte man einen weißen Häuserstreifen und
die Umrisse bläulicher Berge. Die Lagune ist nur zwischen einem
halben und anderthalb Metern tief, ich hätte sie auch durchwaten
können, dann wäre ich den ganzen Tag unterwegs gewesen.

Der Bootsmann steuerte den Kahn durch ein Gewirr von
Pfählen, an denen Netze und Reusen befestigt waren. Auf den
Pfählen hockten Lachmöwen, Silbermöwen, Heringsmöwen.
Wurde der *barquero,* der Mann mit der Barke, nach den Familien-
namen der Vögel gefragt, antwortete er auf Valencianisch. Die
Rentner übersetzten für mich ins Castellano, was sie errieten. Der
barquero legte die Stange aus der Hand, warf den Außenborder an
– früher hätte er ein Lateinsegel gehisst – und setzte sich ans Ru-

der. Die Schaluppe lief langsam und leise. In der Mitte der Lagune, auf dem offenen See, war das Wasser bewegter, die Wellen rollten beinahe ins Boot. Der See schnaubte, zuckte und knurrte, vielleicht erinnerte er sich daran, dass er einmal ein richtiges Meer gewesen war. Stellte der *barquero* den Motor ab, waren nur das Wasser, der Wind und die feuchte Stille zu hören – und die lustigen Rentner natürlich.

Das Boot bog in eine Straße zwischen Pfahl- und Netzwerk ein. Ein Schwarm Wildenten zog über die Anlage. Dann tuckerte der *albuferenc* an Inseln vorbei, mit Binsen und Röhricht bewachsenen Eilanden, die Haubentauchern, Stelzenläufern, Stockenten, Spießenten, Knäkenten, Löffelenten, Tafelenten, Kolbenenten, Kuhreihern, Nachtreihern, Seidenreihern, Purpurreihern, Rallenreihern als Refugien und im Frühjahr als Nistplätze dienen. Der Bug bog das Schilfrohr auseinander, Fische sprangen zur Seite, ein paar Fischreiher flogen auf, schrien und donnerten mit den Flügeln durch die Luft. Ein Schwarm Blesshühner, der auf dem Wasser in der Sonne lag, wurde angesteckt und verzog sich ins Dickicht der schwimmenden Wälder.

Überraschend war nicht, dass es in Spanien eine solche Wildnis gab. Das Wunder bestand vielmehr darin, dass eine solche Urnatur in unmittelbarer Nachbarschaft von Nationalstraßen und Autobahnen, Industriebetrieben und Logistikfirmen, einer Großstadt von achthunderttausend Einwohnern und einer zugebauten Küste überlebte, an die stoßweise Zehntausende strömten. Industrieabwässer, Rückstände aus der Landwirtschaft und ungeklärte städtische Abwässer hatten jahrzehntelang die Albufera verschmutzt. Und trotzdem gab es die Lagune noch.

DIE FISCHER UND DAS FRAUENFANGRECHT

Von der Küstenstraße zweigte ein asphaltierter Weg nach El Palmar ab. Schmale Brücken führten über Kanäle, vor dem Ort reihten sich Obst- und Gemüsegärten längs der Straße aneinander, begrenzt von Rohrzäunen, verziert mit Palmen, am Kopfende zum Teil von schmucken Baracken präsidiert, den *barracas,* den traditionellen valencianischen Bauernhäusern, weiß getünchten Lehmhütten mit kleiner Tür und kleinen Fenstern an der Giebelseite und mit spitzem, tief gezogenem Reetdach, als müsste der Schnee abrutschen. Das Dorf selbst bestand aus zwei Parallelstraßen mit Steinhäusern, die nach einem Brand im Jahr 1885 die *barracas* ersetzt hatten. Es lag lang gestreckt zwischen Kanälen, in denen Boote festgemacht waren, bepackt mit Netzen, Kisten, Tauen. Noch immer fischten die Palmareños, seit siebenhundertfünfzig Jahren fischten sie in der Albufera, doch nicht mehr so viel wie früher.

Als König Jaime I. von Aragonien im Jahr 1238 das maurische Valencia eroberte, verteilte er die Kriegsbeute unter seine Gefolgsleute und wählte für sich persönlich die Albufera aus, um sie als Naherholungsgebiet und Jagdrevier zu nutzen, wenn er in Valencia weilte. Damals gab es noch Hirsche und Wildschweine, Schlangen und wilde Stiere auf dem Sandstreifen der Dehesa. Als das Großwild erlegt war, ging die Albufera 1864 in Staatsbesitz über und 1911 in den Besitz der Stadt Valencia. Die Jagd auf Rebhühner und Kaninchen, Wildenten und Blesshühner wurde zur öffentlichen Einnahmequelle, nur zu Sankt Martin und am Tag der heiligen Katharina war die Jagd frei. Dass dreitausend Jäger am Ufer, im Wasser, in Booten standen und an einem Morgen zwanzigtausend Wasservögel abschossen, war nichts Ungewöhnliches und nichts Anrüchiges. Erst mit der Schaffung des Naturparks 1986 wurde die Jagd streng reguliert.

Jaime I. hatte den Leuten von El Palmar 1250 das Exklusivrecht eingeräumt, in der Albufera zu fischen, nicht ohne sich ein Fünftel des Fangs vorzubehalten. Das Dorf lebte ganz vom Fischfang. Doch der Fischreichtum schmolz über die Jahrhunderte dahin. Zum einen, weil die Albufera infolge natürlicher Ablagerungen ihrer Zuflüsse, vor allem aber durch Erdaufschüttungen für den Reisanbau erheblich kleiner wurde, zum anderen wegen Überfischung und Wasserverschmutzung. 1902 beschrieb der Valencianer Romancier Vicente Blasco Ibáñez das elende Leben und Hungerleiden der Palmareños, als man noch nicht ahnte, was Wasserverschmutzung war. Ein Dreivierteljahrhundert später gab es keine Garnelen mehr, wurden die Aale und Jungaale knapp und die Wolfsbarsche selten, nur Karpfen und Meeräschen gab es noch reichlich. In jüngster Zeit hat sich der Fischbestand wieder ein wenig erholt. Doch in El Palmar lebt keiner mehr vom Fisch allein. Wohl aber von der Gastronomie.

El Palmar war eine Anhäufung von Restaurants, die Speisekarte eine Liste mit Reisgerichten: weißer Reis, schwarzer Reis, safrangelber Reis mit Gemüse oder Huhn oder Meeresfrüchten oder Wolfsbarsch und Gemüse oder Huhn und Kaninchen oder Stockfisch und Gemüse oder Langusten oder Hummer und so weiter. Dutzende Paellas aus der Pfanne und Reisgerichte aus dem Topf. Und *all i pebre,* die lokale Spezialität, Knoblauch und Pfeffer, aber nicht nur, sondern mit Aal. Die ursprüngliche Version der Paella – mit Aal und Wasserratte – stand allerdings nicht mehr auf dem Speisezettel. El Palmar war der schönste Ort weit und breit, geschmackvoll, harmonisch, nostalgisch, eine Insel der Tradition und als kulinarisches Ausflugziel sehr touristisch. Die Rentnertruppe aus dem Boot war auch schon da.

»Von wegen harmonisch«, sagte die Kellnerin auf Castellano, als sie mich mit einem der Herren aus Valladolid sprechen hörte. »Wir haben hier mehr als zehn Jahre lang Streit gehabt. So ein Riss ging nicht einmal im Bürgerkrieg durch das Dorf. Unser hausgemachter Bürgerkrieg hat Familien entzweit und alte Freundschaftsbande gesprengt und das Dorf in zwei Lager gespalten. Es war entsetzlich. Wir gingen uns aus dem Weg, wir sprachen nicht miteinander. Wenn wir jemanden von der Gegenpartei sahen, wechselten wir auf die andere Straßenseite. Die Luft war zum Schneiden. Und das in einem Dorf von achthundert Leuten, die sich alle kennen und alle irgendwie miteinander verwandt sind und alle mindestens ein Gewehr im Haus haben. Aber die Sache wurde dann doch friedlich beigelegt, sie ging bis vors Verfassungsgericht.«

»Ah, ich erinnere mich, davon habe ich gehört«, sagte der Mann aus Valladolid. »Es ging um das Fangrecht, nicht wahr?«

»Ja, fünf Frauen forderten 1994 das Recht ein, in der Albufera zu fischen und Mitglieder der Fischervereinigung zu sein, die die Fangplätze jedes Jahr neu verlost. Seit mehr als siebenhundertfünfzig Jahren besteht die Comunidad de Pescadores von El Palmar, Mitglieder waren immer nur Männer, das Fangrecht wurde vom Vater auf den Sohn vererbt, so war es Tradition. Die Frauen gingen leer aus, ihre Brüder und deren männliche Nachfahren erbten das Fangrecht. In der Praxis zwang dieser mittelalterliche Brauch die Frauen, Fischer aus El Palmar zu heiraten, wollten sie sicherstellen, dass ihre Söhne ein Auskommen als Fischer fanden. Wehe der Tochter, die einen Bräutigam nach Hause brachte, der nicht Fischer aus dem Dorf war! Ihre Söhne mussten als Tagelöhner auf den Reisfeldern arbeiten. El Palmar war nicht nur dank seiner Lage eine Insel, auch wegen der Endogamie, die Nachnamen variieren hier nur wenig.«

»Und die fünf Frauen waren Töchter von Fischern aus dem Dorf?«, fragte mein Mann aus Valladolid.

Die Kellnerin hatte offenbar keine Eile, andere Tische zu versorgen.

»Ja, sie forderten ihre Gleichstellung mit den Männern und beriefen sich auf den Gleichheitsgrundsatz der Verfassung von 1978. Die Fischervereinigung ignorierte sie, da zogen die Frauen vor Gericht. Und die Gerichte gaben ihnen recht. Schließlich gaben die Männer ihren Widerstand auf.«

»Und jetzt sind die Frauen vollberechtigte Mitglieder und fischen?«

»Jetzt sind noch viel mehr Frauen Mitglieder, ich auch, aber nicht alle fischen. Wenigstens haben wir unseren Kindern das Recht zu fischen erkämpft.«

»Und der Bürgerkrieg ist beendet?«

»Die Wogen haben sich geglättet.«

IM TAGELÖHNERKASINO

Anderntags fuhr ich mit dem Rad kreuz und quer durch die Reisfelder. Die weite Ebene war von Kanälen und asphaltierten Landwirtschaftswegen durchzogen, die ein verwirrendes Netz bildeten, ein Spinnennetz mit der Albufera im Zentrum. Die Wege waren kaum beschildert, aber das Gebiet so übersichtlich, dass eine grobe Orientierung nicht schwerfiel. Wo sich die Silhouette der Berge am Horizont abzeichnete, lag Westen, ansonsten konnte mir die Sonne in Verbindung mit der Uhrzeit als Wegweiser dienen. Trotzdem fuhr ich oft im Zickzack, weil die Wege es nicht anders zuließen. Zum Teil stand der Reis noch auf den Feldern, über andere rollten Mähdrescher, von Vogelschwärmen begleitet. Viele Felder waren bereits abgeerntet und wurden entwässert, durch kleine Tore lief das Wasser in die Kanäle ab. Am Rand eines Feldes füllten drei Männer Samen maschinell in Säcke ab.

»Wie ist die Ernte?«, fragte ich.

»Mäßig«, antwortete einer der Männer lustlos. »Verdammte Vögel!«

Wie die Ausdehnung des Reisanbaus eine Verminderung des Fischbestands zur Folge hatte, so führte sie andererseits zu einer enormen Vermehrung der Vogelpopulation, weil das Nahrungsangebot zunahm. Die Reisfelder sind für die Vögel gleichsam der Speisesaal, während der See mit seinen Ufern und Inseln ihren Schlafsaal darstellt. Zur Erntezeit wird die Tafel reichlich gedeckt, und auch die Zugvögel, die in der Albufera überwintern oder eine Verschnaufpause einlegen, können sich stärken. Nach der Ernte kommen allerdings ein paar an Reisgerichten magere Monate. Wenn das Wasser über das Kanalsystem der Felder und durch die Albufera abgelaufen und die Felder trockengelegt und gepflügt sind, werden die Schleusen der drei Kanäle, die die Albufera mit dem Meer verbinden, geschlossen, um die Reisfelder erneut zu fluten. Dann verwandelt sich das ganze Gebiet wieder in einen großen See, aus dem nur die Fahrdämme ragen. Und eine einzige natürliche Erhebung: die Muntanyeta dels Sants, der Heiligenberg.

Rufus Festus Avienus erwähnte in seinem auf alten Texten beruhenden Poem »Ora maritima«, das Adolf Schulten auf die Fährte von Tartessos lockte, auch das kleine Felseiland im Binnenmeer der Albufera, auf dem seinerzeit Olivenbäume wuchsen und ein Minervatempel stand. Die Göttin des Handwerks und der Künste musste noch den Mauren beigestanden haben, als sie das kunstvolle Bewässerungssystem der Reisfelder anlegten. Nun versuchten die christlichen Märtyrer Abdón und Senén, ihre Hände schützend über den Reis zu halten, doch die Vögel machten sich über die Reisheiligen lustig. Von der Kapelle aus überblickte ich das scheibchenweise glänzende Reisfeldermeer, sah auf die dunkle Linie der Pinienwälder von El Saler und auf die Skyline der Küstenklötze, die sich auch nicht versteckten, als ich durch die Ebene zurück zur Albufera rollte.

Jenseits der Lagune stand die Sonne noch knapp über den Bergen. Der See war ein glatter Spiegel, auf dem der wolkenlose Himmel schwamm. See und Himmel bestanden aus purem Weichgold. Das klare Licht änderte sich nicht, die Sonne schien stillzustehen. Und das Wasser rührte sich nicht, das Bild war wie gemalt. Plötzlich wurde mir dunkel vor Augen. Die Sonne war hinter den Bergen verschwunden und hatte ein schwarzes Loch hinterlassen. Dann wurde es bunt: gelb, rosa, rot, violett, in sauberen Farben und allen Tönen. Es war ein schnelles und doch langes Farbenspiel, mit Sicherheit jeden Tag anders und doch immer so, wie es nur im Licht Valencias und Sorollas zu sehen ist.

Am Abend fuhr ich nach Mareny de Barraquetes, ein verwachsenes, von Einheimischen bewohntes Dorf hinter der Küstenlinie. Vor einem Jugendstilgebäude mit der Aufschrift »Sociedad de Labradores y Jornaleros Agrícola« saßen alte Männer auf Bänken an der Straße, durch die aller Verkehr rollte. In den Hallen der Agrargesellschaft, in die der Verkehr schallte, saßen alte Männer auf Holzstühlen vor Wänden mit bunt gekachelten Sockeln. Unter der hohen Decke surrten Ventilatoren mit großen Propellern, an einer Säule hing ein Schild: »Bei Fernsehübertragungen von Sportveranstaltungen sind nur Mitglieder zugelassen.« Was in anderen Landstrichen die bürgerlichen *casinos* sind, Vereinshäuser in Anlehnung an den britischen Club, war in Mareny de Barraquetes dieser Bauern- und Tagelöhnerklub. Ich trank ein Bier an der Theke. Langsam, aber stetig füllte sich das Vereinslokal mit jüngeren Mitgliedern, ausschließlich Männern. Am Tresen wurde es voll und laut. Einer der Männer fragte mich:

»Willst du das Spiel sehen?«

»Welches Spiel?«

»Champions League, Valencia gegen Chelsea.«

»Aber natürlich, gerne.«

Die Männer um mich herum redeten über den Reis. Ich fragte meinen Informanten, ob die Vögel viel Schaden anrichteten.

»Jedes Jahr mehr. Sie vermehren sich wie die Kaninchen, besonders die Enten, die sind regelrecht eine Plage. Zur Zeit der Aussaat im Mai, mitten in der Nistzeit, sind sie todhungrig. Sobald die Felder geflutet werden, fallen die Vögel über sie her und fressen die Samenkörner weg. Die zuerst gefluteten Felder sind völlig verloren. Keiner will der Erste sein. Dieses Jahr haben wir so viele Felder wie möglich gleichzeitig geflutet, um einen totalen Ernteausfall auf bestimmten Feldern zu vermeiden. Vor Jahren hat die Landesregierung uns noch Entschädigungen gezahlt, aber das ist vorbei, angeblich kein Geld mehr da, wegen der Krise. Die Naturparkverwaltung müsste vor der Aussaat die Tiere füttern, dann wäre es nicht so schlimm. Oder die Schonzeit einschränken, dann könnten wir die Vögel verjagen.«

Ein Kollege hatte dem Reisbauern zugehört und wandte sich nun an mich:

»Brüssel hat uns verboten, die Felder nach der Ernte abzubrennen, das sei schädlich für die Umwelt. Wir sollen die Stoppeln jetzt unterpflügen. Das bedeutet nicht nur mehr Arbeit und höhere Kosten. Wenn das Stroh im Boden verfault, verbraucht es Sauerstoff und setzt Methangas frei, das durch die Kanäle in die Albufera dringt und ein Fischsterben auslösen kann. Brüssel hat bestimmte Schädlingsbekämpfungsmittel verboten, andere Mittel und Methoden sind oft aufwendiger oder teurer. Kannst du dir vorstellen, dass wir das Männchen des Gestreiften Reisstengelbohrers jetzt sexuell verwirren sollen, indem wir die Luft mit künstlichen Duftstoffen des Weibchens schwängern, damit das Männchen nicht mehr zum wirklichen Weibchen findet? Dazu müssen Hunderttausende Zerstäuber installiert werden. Als wenn wir nichts anderes zu tun hätten. Wir könnten auch vorfabrizierte Nester für Fledermäuse aufstellen, damit sie sich wieder ansiedeln und den Reisstengelbohrer und andere Schädlinge fressen. Geht es dir in den Kopf, dass wir den Roten Amerikanischen Sumpfkrebs, der in der Erde Tunnel gräbt, sodass das Wasser versickert, und der die Böschungen der Felder unterhöhlt, sodass sie einstürzen und die Kanäle verstopfen, dass wir diesen exotischen Eindringling uns nun mit gelben Lilien vom Leib halten sollen? Wo gelbe Lilien wachsen, lässt sich der Sumpfkrebs nicht blicken, heißt es. Die Kanäle auszubetonieren ist im Naturpark verboten, doch Lilien entlang der Kanäle züchten, das dürfen wir.«

Das Spiel begann. Die Reisbauern und Tagelöhner bildeten einen großen Halbkreis um den Bildschirm. Fast jeder hielt eine Flasche Bier in der Hand. Enten, Stengelbohrer, Sumpfkrebs und die Krise waren mit dem Anpfiff vergessen. Niemand dachte auch nur daran, mich illegitimen Invasor hinauszuwerfen.

Die Schlangengrube –
Illes Columbretes

Vom Eckbalkon meines Hotelzimmers sah ich auf den Hafen von Castellón de la Plana, über den Fischerei-, den Yacht- und den Handelshafen bis hin zu den Öltanks und dem Kraftwerk im Süden. El Grau de Castelló hatte das Gesicht einer eigenständigen Stadt, war jedoch ein ausgelagertes, an die Küste vorgeschobenes Viertel der Provinzhauptstadt, die vier Kilometer landeinwärts lag. Zwei Schlepper bugsierten ein schwerfälliges Containerschiff im Zeitlupentempo durch die Hafeneinfahrt zur Mole, während ein spritziger, kraftstrotzender, wendiger Fischkutter nach dem anderen einlief und einen passenden Liegeplatz suchte. Ich ging hinunter zur Hafenpromenade mit ihren Caféterrassen und spielenden Kindern und suchte die Anlegestelle der Fähre zu den Illes Columbretes. Vor einem Kartenhäuschen lag der Katamaran Clavel Primero am Kai, die Bude war verrammelt, dem Aus-

hang entnahm ich jedoch, dass die Erste Nelke an vier Tagen der
Woche um acht Uhr zu den Inseln fuhr, allerdings nur von Juni bis
August. Sie unternahm aber auch Sonderfahrten, man sollte sich te-
lefonisch informieren und einen Platz reservieren. Ich rief unter einer der vier Nummern an und hatte unwahrscheinliches Glück: Am
nächsten Tag lief die Nelke aus und nahm mich mit, der Mann am
anderen Ende der Strippe wollte allerdings weder meinen Namen
wissen noch meine Passnummer notieren. Mein Kopf dachte
schon, diese informelle Reservierung durch wer weiß wen könnte
morgen keinerlei Verbindlichkeit besitzen, wenn aber doch, dann
würde ich womöglich in eine lustige Kindergeburtstags- oder wilde
Junggesellenabschiedsfeier geraten.

Eine Viertelstunde vor Abfahrt fand ich mich am Kartenhäuschen ein und stand auf weiter Flur allein. Das Schiff schlief noch
zu so früher Stunde, auf ihm regte sich ebenso wenig wie auf der
gesamten Promenade. Kurz nach acht liefen die ersten Fahrgäste
mit Rucksäcken, Beuteln und Kühltaschen ein, Jugendliche ebenso wie ältere Semester. Der Kapitän kam mit seiner Frau, die den
Schiffsjungen abgab, sie machten das Schiff klar, dann öffnete der
Skipper den Fahrkartenschalter und schloss ihn gleich wieder,
nachdem ich bezahlt hatte. Offenbar war ich der einzige Sonder-
sonderfahrgast auf der Sonderfahrt. Gegen halb neun gingen wir
an Bord und verteilten uns auf die langen Tische auf und unter
Deck. Ich fand einen Platz hinter der Brücke. Die Leute packten
ihr Frühstück aus: Blutwurst und frisches Brot, Kaffee aus der
Thermoskanne und Wein, Schinken und Schafskäse, Paprika-
wurst und Obst, Apfelsinen aus der Apfelsinenprovinz Castellón
natürlich. Und sie aßen und aßen und forderten mich auf, mitzu-
essen, und ich probierte von diesem und jenem, nicht nur die
Orangen waren köstlich. Mein Banknachbar, den seine Frau Mateu nannte, erklärte mir, wer sie waren: Hafenarbeiter mit Part-
nern auf Betriebsausflug, und die Jugendlichen kamen von zwei
Gymnasien aus Castelló, zwei Klassen, die bei einem Malwettbe-

werb zum Thema Columbretes gewonnen hatten und mit diesem
Ausflug prämiert wurden.

VON GLÜCKSRITTERN UND GAUNERN

Bis zu den Inseln waren es dreißig Seemeilen, die Fahrt würde drei
Stunden dauern. Die See lag noch im Bett, dennoch rollte das
Boot, und trotz höher steigender Sonne wurde es immer frischer
an Deck, selbst im Windschatten der Brücke. Ich zog meine
Wind- und Regenjacke an und lieh meinen Pullover einem Mädchen, das in dünnem Hemdchen und Hotpants zusammengekau-
ert am Nebentisch saß, an seinem Smartphone fummelte und vor
Kälte zitterte. Meinen Nachbarn Mateu fragte ich, ob er schon
einmal auf den Columbretes gewesen sei.

»Sí sí, aber das ist schon einige Jährchen her«, antwortete er.
»Doch um die Inseln geht es heute eigentlich nicht, sondern darum, zusammen einen schönen Tag zu verbringen, mal ohne zu arbeiten beisammen zu sein, das ist wie bei einem Streik, das solida-
risiert. Die Columbretes sind nur Kulisse, ein Vorwand, man
kann dort sowieso nichts machen, man darf ja kaum seinen Fuß
auf sie setzen.«

»Welch gute Idee für einen Betriebsausflug!«, erkannte ich an.
»Eine Bootsfahrt. Wir sitzen alle in einem Boot, nicht wahr?«
»Ja, wir Arbeiter. Wir sitzen im Boot und pumpen und pumpen, weil die Krise ein großes Leck geschlagen hat. Bei der Schief-
lage sind schon viele Kollegen von Bord gespült worden. Umso
mehr müssen die anderen pumpen. Und viele Kapitäne haben das
Leck noch weiter aufgerissen, sind mit dem Schiffszwieback unter dem Arm ins Beiboot gestiegen und haben das sinkende Schiff
als Erste verlassen, dafür sind sie schließlich die Kapitäne, irgend-
ein Privileg müssen sie ja haben.«

Aus Mateu sprach bittere Ironie. In seinem Betrieb, längst
nicht so groß wie die Häfen von Barcelona, Valencia oder gar Al-

geciras, doch nach Warenumschlag immerhin im Mittelfeld, war er *liberado,* freigestellt für die betriebliche Gewerkschaftsarbeit.

»Ich bin überzeugt davon, dass in unseren Unternehmern im Grunde noch der Abenteurer und Konquistador der alten Schule steckt«, räsonierte Mateu, »irgendwie müssen sie das in den Genen haben. Spieler, die das große Glücksspiel spielen, während der kleine Mann wie kein zweiter kleiner Mann Europas in der Blindenlotterie spielt, bei der ein anderer großer Spieler gewinnt: der Staat. Das Leben ist ein spannendes Glücksspiel – ohne das wäre es langweilig, emotionslos, steril. Ein Glücksspiel für Ritter ohne quijoteskes, lächerliches Ehrgefühl, ohne Skrupel. Soziale Sicherung, Umweltschutz, Arbeiterrechte gar? Nur hinderlich. Soziale Verantwortung? Fehlanzeige. Verantwortung tragen sie immer nur auf den Lippen, wie das Wort Vertrauen. Der große Spieler ist nur sich selbst verantwortlich, er will triumphieren, ist egoistisch und intolerant und grausam wie ein Kind. Es ist nur ein Spiel, aber er spielt es mit Todernst. Wer nicht gewinnt, verliert, es muss Verlierer geben, das ist ganz natürlich. Die Wirklichkeit ist die prosaische Resultante eines simplen Kräftespiels. Siehst du dahinten die Skyline von Benicàssim?«

Mateu wies nach achtern.

»Da haben unsere Bauunternehmer Monopoly gespielt, Grundstücke und Straßenzüge gekauft, Häuser und Hotels gebaut und so viel und so lange abkassiert, wie sie konnten. Und nicht nur dort. Im Augenblick sind sie dabei, den Weltmarkt zu erobern, vor allem Lateinamerika, der heimische Markt bringt's ja nicht mehr.«

Benicàssim zog sich weit und hoch und dicht an der Küste entlang.

»Verantwortung trägt unser Spieler nicht einmal für sein Unternehmen. Verlässt ihn das Glück, sammelt er ein, was er noch an sich raffen kann, macht Vermögenswerte flüssig, stößt Aktienpakete ab, die er an seinem Unternehmen hält, ohne es der Börsenaufsicht zu melden, veräußert Unternehmensteile unter Wert, überträgt illiquide Werte auf seine Frau, seine Kinder, Schwäger und Vetter, schönt und fälscht die Bilanzen und erschleicht so neue Kredite, betrügt den Fiskus, indem er irreale Verluste ausweist, begleicht Rechnungen nicht mehr oder nur noch fingierte, die er sich auf anderen Namen selbst ausstellt, bedient seine Kredite nicht länger, zahlt keine Löhne mehr und führt keine Sozialversicherungsbeiträge ab. Wie viele Arbeitnehmer müssen monatelang auf Bezahlung warten! Wie viele Millionen schulden die Firmen der Sozialversicherung! Bis die Schiedsstellen oder Gerichte entschieden haben, ist nicht mehr viel übrig, was sich pfänden ließe. Kurz: Wendet sich Fortuna von unserem Glücksritter ab, plündert er sein eigenes Unternehmen aus, schafft die Beute beiseite und setzt sich irgendwann ab, um verdientermaßen das Leben zu genießen. Erreicht ihn der Arm der Justiz jedoch beizeiten, nimmt er das fatalistisch hin und hofft auf die Zukunft. Das Schönste ist dabei: So manch einer fühlt sich im Recht, beteuert seine Unschuld und hat ein ruhiges Gewissen – jedenfalls sagt er das. Er begreift sich als Opfer einer Verschwörung und bezeugt volles Vertrauen in die Justiz. Und wenn die Justiz ihm nicht Recht gibt, ist sie Teil der Verschwörung, oder alles ist ein Justizirrtum. Er ist vollkommen von sich selbst überzeugt, dabei einem Selbstbetrug erlegen wie Don Quijote, verblendet wie Kolumbus, der bis zuletzt glaubte, in Indien gelandet zu sein.«

AUFSTIEG UND FALL DES GERARDO DÍAZ FERRÁN

»Sind das nicht Einzelfälle?«, fragte ich. »Schwarze Schafe gibt es in jeder Herde.«

»Ich glaube nicht, dass es nur Ausnahmen sind. Die Nachrichten sind voll davon. Und wie viele Fälle kommen nicht ans Tageslicht? Wie viele werden nicht an die große Glocke gehängt? Die, von denen man hört und liest, stellen die Spitze eines schwarzen

Eisbergs dar, eine ziemlich breite Spitze. Solche Fälle sind eine
Konstante in diesem unserem geliebten Land. Willst du wissen,
was die jüngste, höchste Spitze des Eisbergs ist? Der Fall Marsans.
Die Spitze ist nun abgebrochen und ins Bodenlose gestürzt. Don
Gerardo Díaz Ferrán war immerhin Präsident des spanischen Unternehmerverbandes, Patrón de los Patronos, bis zu seinem Ab-
sturz die Vorzeigefigur unserer Arbeitgeber, ihr höchster Reprä-
sentant, dessen Rezept zur Bekämpfung der Krise in ›mehr
arbeiten, weniger verdienen‹ bestand und der mit Gewerkschaf-
ten und Regierung die restriktive Arbeitsmarktreform verhandel-
te, während er Millionen ins Ausland schaffte, die ihm nicht gehörten.«

Mateu goss Wein in unsere Plastikbecher. Auch er trank
Wein, predigte aber wenigstens nicht Wasser.

»Mit zwölf Jahren bereits kassierte Don Gerardo ab, er arbeitete als Schaffner im Autobus seines Vaters, eines Galiciers, der nach
Madrid ausgewandert war und mit der Zeit eine ansehnliche Bus-
flotte laufen hatte. Zusammen mit Gonzalo Pascual, dem späteren
Gründer der Fluggesellschaft Spanair, den Gerardo seit den Tagen
ihrer Ingenieursausbildung kannte, rief er dann seine erste Firma
ins Leben, ein Transportunternehmen, das in Madrid verschiedene Buslinien bediente. Die beiden Kompagnons schufen weitere
Firmen und kauften bestehende hinzu, so auch Viajes Marsans,
den ältesten Reiseveranstalter Spaniens. Zu ihrer Marsans-Gruppe gehörten schließlich mehr als vierzig Unternehmen mit Zehn-
tausenden Beschäftigten, es war ein Konglomerat von Reiseveran-
staltern und -büros, Busunternehmen und Fluglinien, Hotels und
eigener Versicherungs- sowie Finanzierungsgesellschaft, ein Imperium, das am Ende wie ein Kartenhaus in sich zusammenfiel.«

»Don Gerardo war einer der reichsten Männer des Landes und
hatte alles, was man sich nur wünschen kann – und noch viel mehr:
eine Villa in einer exklusiven Urbanisation Madrids mit einem
Rolls-Royce Phantom und einem Ferrari in den Garagen; eine

Sommerresidenz auf Mallorca mit einer Yacht von fast dreißig Metern Kiellänge; zwei Luxusapartments im Hotel Plaza am Central Park in New York; ein acht Hektar großes Anwesen am Golf von Kalifornien in Mexiko; Chalets, Wohnungen, Grundstücke in Marbella, Alicante, auf Menorca und in Galicien. In seinen Glanzzeiten ging er auf Rhinozeros- und Elefantenjagd in Botswana, auf Bärenjagd in Rumänien, auf Gämsenjagd in der Ukraine, und fürs Wochenende verfügte er über ein Latifundium samt denkmalgeschütztem Schloss am Río Alberche in Toledo, ganz nah bei Madrid, das er dem vierten Markgrafen von Comillas abgekauft hatte und auf dem er Jagdgesellschaften gab, an denen die Crème de la Crème neureicher Ritter der schnellen Pesete, die Elite der politischen Rechten Madrids und manchmal auch der König teilnahmen. Don Gerardo war so erfolgreich und präsentabel, dass er zum Chef erst des Madrider, dann des nationalen Unternehmerverbandes gekürt wurde, wo er wie in seiner Unternehmensgruppe mit Gonzalo Pascual als Vize ein Tandem bildete.«

Mateu schaute nachdenklich übers Meer, auf dem sich weit draußen Kumuluswolken türmten.

»Eine erste schwarze Gewitterwolke zog am strahlenden Himmel der Leichtlebigkeit auf, als die Aerolineas Argentinas rückverstaatlicht wurden – ein Vorbote des Niedergangs. Die zur Marsans-Gruppe gehörende Chartergesellschaft Air Comet hatte die hoch verschuldete und defizitäre argentinische Fluggesellschaft übernommen, Don Gerardo unterließ es aber leider, sein Versprechen einzulösen, in nennenswertem Umfang deren Schulden abzubauen und Investitionen vorzunehmen. Bald darauf schlug der Blitz ein: Ein Richter des obersten Gerichtshofs in London beschlagnahmte ein Dutzend Maschinen der Air Comet wegen Zahlungsverzugs bei einer deutschen Bank, die der Fluggesellschaft einen Leasing-Kredit gewährt hatte. Tausende Passagiere blieben zu Weihnachten am Boden, Latinos vor allem, die auf Heimaturlaub nach Amerika fliegen wollten. Air Comet war zahlungsunfähig, die Schulden beliefen sich auf Hunderte Millionen Euro, die Beschäftigten waren monatelang nicht bezahlt und die Sozialversicherungsbeiträge jahrelang nicht regelmäßig abgeführt worden. Dann kam es Schlag auf Schlag. Zur gleichen Zeit wurde bekannt, dass Don Gerardo einen Millionenkredit der Caja Madrid, damals das viertgrößte Geldinstitut, in dessen Verwaltungsrat er saß, nicht zurückgezahlt und ihn mit Marsans-Aktien besichert hatte, die bereits bei einer anderen Bank als Pfand hinterlegt waren. Dann machte die Regierung Don Gerardos Versicherungsgesellschaft wegen mangelnder Liquidität dicht. Und die IATA, die internationale Organisation der Fluggesellschaften, entzog Viajes Marsans die Lizenz, Flugtickets zu verkaufen.«

»Und was tat unser vorbildlicher, oberster Arbeitgeber? Er zögerte den Konkurs seines insolventen Flaggschiffs Viajes Marsans hinaus, was alles nur noch schlimmer machte, gewann so aber Zeit, Vermögen auf die Seite zu schaffen, um es vor den Gläubigern zu retten. Über eine irische Zweigfirma der Marsans-Gruppe brachte er liquide Mittel aus Buchungen in seinen Reiseagenturen auf ein Schweizer Konto in Sicherheit. Sein Kompagnon und er veräußerten die Unternehmen der Gruppe an eine so gut wie inaktive Firma, die ein Strohmann erworben hatte. Gegen lächerliche Summen überschrieben sie unter anderem eine Hotelkette mit neunzehn Häusern in Spanien und Lateinamerika, eine Handlingfirma mit fünfzehnhundert Beschäftigten, Busunternehmen, Immobilien und Beteiligungen an anderen Gesellschaften auf die Scheinfirma, um ihr Eigentum vor dem Zugriff der Justiz zu schützen, flüssig zu machen, was flüssig zu machen war, und sich den Kuchen später mit dem Strohmann zu teilen. Dann meldete Viajes Marsans Konkurs an. Fast ein Jahr später kamen Konkursverwalter und Gericht zu dem Schluss, dass die Konkursmasse nur für ausstehende Zahlungen an Beschäftigte und Sozialversicherung und zur Begleichung der Verfahrenskosten ausreichte und dass bei den alten Eigentümern praktisch nichts zu holen war;

mehr als zehntausend Gläubiger gingen leer aus. Zwischenzeitlich erklärte sich das Duo auch persönlich für zahlungsunfähig und ließ weitere Aktiva verschwinden, indem sie Immobilien auf neu geschaffene Briefkasten- oder Bildschirmfirmen übertrugen oder die Immobilien in vordatierten Verträgen zugunsten von Pseudofirmen belasteten, um sie auch so wenigstens teilweise vor dem Zugriff der Gläubiger zu bewahren.«

»Und das funktionierte?«, fragte ich Mateu. »Wenn solche Fälle nicht nur Ausnahmen darstellen, wie du sagst, dann muss der Arm des Gesetzes doch seine Pappenheimer und ihre Methoden kennen.«

»So ist es. Mit der Zeit kamen ihnen Polizei und Justiz auf die Schliche, zumal sie als Aushängeschilder der Unternehmerschaft unhaltbar geworden waren. Drei Jahre nach der Pleite von Air Comet wurde Díaz Ferrán in Untersuchungshaft genommen; sein Kompagnon erlag vorher bereits einem Herzinfarkt. Nun hat Don Gerardo eine Reihe von Prozessen am Hals: wegen betrügerischen Bankrotts, Vermögensverschiebung, Veruntreuung von Geldern, Geldwäsche, Steuerhinterziehung und anderem mehr. Seine Villa in Madrid, seinen Rolls-Royce, das Haus auf Mallorca und die Yacht, sein Jagdschloss in Toledo hat er schon verloren, aber diese Kleinigkeiten sind nichts gegen die Summen, die er schuldet. Die Apartments in New York sind auf Firmen eingetragen, für die eine seiner Töchter zeichnet, und das Anwesen in Mexiko firmiert unter dem Namen seines Sohnes. Man nimmt an, dass noch wesentlich mehr Geld in Paradiesen der Intransparenz und in Steueroasen schlummert und eine Reihe von Immobilien unsichtbar geworden ist.«

DAS HÖRNCHEN

Die Erste Nelke fuhr auf eine weit verstreute Gruppe kleiner Inseln zu, von denen viele nichts weiter als Felsbrocken schienen.

Sie lagen genauso verloren auf einem Drittel des Weges nach
Mallorca, wie sie auf halbem Weg nach Afrika oder Amerika hätten liegen können. Mein Blick verlor sich zwischen Insel und Insel, Wasser und Himmel, mir ging durch den Kopf, was ich so-
eben über das schwarze Spanien gehört hatte. Die Zeit der großen
und kleinen Gauner, der Pícaros und Schelmengeschichten war
offenbar noch nicht vorbei, das Goldene Zeitalter der Abenteuer
und Eroberungen und das Spanien der Schwarzen Legende waren
trotz aller Romantiker noch nicht vergangen. Und ein Gedanke
allgemeinerer Art fraß sich in mein Hirn. Es war schade, aber
wohl nicht zu vermeiden: Je mehr man Einblick in ein Land erhielt, desto mehr vermochte es zu desillusionieren. Dem Unwis-
senden gehört das Himmelreich, dachte ich, selig ist der Baller-
mann-Stammgast in seinem Sangría-Suff auf Mallorca, der
Benidorm-Tourist in seinem Hotelturm, er schwebt fünfzig
Stockwerke über der Welt, fehlt nur die Aussicht opp d'r Dom.
Vielleicht verhält es sich mit Ländern wie mit Personen: Je frischer die Liebe, desto blinder ist sie. Mit der Zeit erkennt man die
Fehler, und es ist ein Glücksfall, wenn sich die Liebe trotz aller
Defekte vertieft.

Der Katamaran hielt auf die größte der Inseln zu, sie schwamm
auf dem Wasser wie ein gekrümmter Fisch, der mit der Schwanzflosse zum Schlag ausholt. Das Boot fuhr um den breiten, hohen
Kopf der Muräne, das Nordende der Illa Grossa herum und bog
in die weite Bucht ein, die der gebogene Körper des Raubfisches
bildete, und jetzt sah ich, dass die Schwanzflosse in Eilande zer-
fleddert war. Die Columbret Gran war ein halber Kraterrand mit
dicken Enden wie Scheren eines Krebstiers. Das Schiff glitt langsam, vorsichtig durch das stille Wasser der Bucht, näherte sich
wie auf Zehenspitzen dem Ufer. Der Kapitän rief einem Mann an
Land irgendetwas zu, dann steuerte er zurück in die Mitte der
Bucht und machte an einer Boje fest. Weder konnte das Boot irgendwo anlegen, noch durfte es in der Bucht ankern. Ein Schlauch-

boot wurde aufgepumpt und zu Wasser gelassen, um das erste Kontingent von Passagieren zur Insel zu bringen. Es durften nur drei Gruppen von je zwanzig Personen sich gleichzeitig auf der Insel befinden. Schüler und Schülerinnen zuerst von Bord, hieß es. Ein halbes Dutzend Mal fuhr das Schlauchboot hin und her, an einer in den Fels gehauenen Treppe wurden die Gruppen durch Führer in Empfang genommen. Der Rest der Passagiere machte es sich auf dem Schiff bequem und aß schon mal zu Mittag. Ich verdrückte mein mitgebrachtes, aufgeweichtes Baguette und sah die Insel in neuem Licht: Sie glich jetzt einem knusprigen Croissant.

Nach zwei Stunden Langeweile unter dem Sonnensegel des Oberdecks war meine Gruppe an der Reihe. Der Führer, der uns an der Treppe empfing, war wie seine Kollegen Angestellter der Naturparkverwaltung und machte uns erst einmal mit den Spielregeln bekannt. Haustiere anzulanden war verboten, Pflanzen pflücken verboten, Tiere einfangen verboten, Steine auflesen verboten, Abfall zurücklassen verboten, rauchen verboten. Man sollte bei der Gruppe bleiben und nicht den etwa einen Kilometer langen Weg verlassen, den wir nun bis zum Leuchtturm gehen würden. Die entgegengesetzte Seite der Insel zu betreten war nur mit Sondererlaubnis gestattet.

Wir stiegen auf den Rücken des Hörnchens. Erster Halt und Doldenstand um unseren Stiel von Führer: Die Columbretes bestehen aus zwanzig Inseln und Eilanden vulkanischen Ursprungs, die sich auf vier weit auseinanderliegende Gruppen verteilen und zum Teil nach berühmten spanischen Seefahrern benannt sind. Der Naturpark existiert seit 1988 und ist neunzehn Hektar groß, wovon allein die Illa Grossa vierzehn Hektar einnimmt. Alle anderen Inseln waren nie bewohnt und dürfen nicht betreten werden. Laut Führer kann man an ihnen tauchen, die Genehmigung muss man aber zeitig beantragen oder sich einer der Tauchschulen anschließen, diese verfügen über Lizenzen. Die Anzahl der

Taucher ist noch enger begrenzt als die der Landgänger, und die Boote dürfen vor den Inseln im Abstand von weniger als einer halben Meile nicht ankern, müssen vielmehr an Spezialbojen festmachen. Die Gewässer um die Inseln sind seit 1990 Seereservat.

Wir gingen ein Stück weiter und machten an einer Stelle Halt, an der die wenige Vegetation der Illa Grossa nahezu überbordete; die anderen Inseln sind noch kahler. Außer Mastixsträuchern, Malvenarten, Spargelgewächsen, Meerfenchel, Salzmelden und anderen Salzluft tolerierenden Pflanzen, die kaum mannshoch werden, weisen die Inseln einige floristische Raritäten auf – und eine endemische Subspezies der Iberischen Mauereidechse, die von Blüte zu Blüte springt. Gelbschnabel-Sturmtaucher, Krähenscharben, Eleonorenfalken, die auf Madagaskar überwintern, Mittelmeer- und Silbermöwen nisten auf den Columbretes, wie auch Korallenmöwen, die vor zwanzig Jahren noch als bedroht galten, sich inzwischen aber so vermehrt haben, dass sie nicht mehr nur auf den Columbretes, sondern auch an den Küsten der Region Valencia brüten. Außerdem pflegen Zugvögel auf ihrem Weg von und nach Afrika auf den Flugtierträgern zwischenzulanden. Vor allem aber sind die Gewässer der Inseln ein Paradies für Korvettschildkröten, Seespinnen, Langusten, Muränen, Seesterne und jede Menge anderer Meeresbewohner. Manchmal tauchen Delfine auf, Große Tümmler; Mönchsrobben gibt es allerdings nicht mehr, das letzte Exemplar wurde 1936 erlegt.

Wir standen mehr, als dass wir gingen.

PARADISE LOST

Die griechischen Seefahrer hatten die Inseln Ophiusa genannt, die Römer Serpentaria und später Colubraria, wegen der sagenhaften Menge Schlangen, die einst durch das Felsenparadies krochen. Ab und zu bekamen die Vipern Gesellschaft, Besuch von Fischern, die an den Inseln Schutz suchten, oder von mallorquini-

schen Schmugglern, die sich vor der Küstenwacht verbargen, oder
von Piraten aus Nordafrika, die noch zwanzig Jahre nach der Ein-
nahme von Algier durch die Franzosen an den Küsten Castellóns
marodierten und an den Columbretes unterschlüpften. Im Jahr
1856 wurde mit dem Bau des Leuchtturms begonnen. Das Erste,
was die Bauarbeiter taten, war, die Illa Grossa abzufackeln, um
mit den giftigen Schlangen aufzuräumen. Als die Vegetation in
Asche lag, drehten sie Stein um Stein um und erschlugen die ge-
fährlichen Biester einzeln. Tausende. Aber erst die Schweine, die
sie sich hielten, wurden mit den Schlangen restlos fertig, nebenbei
auch mit der Vegetation. Das erste ökologische Desaster. Andere
exklusive Spezies verschwanden ebenfalls bei der Operation,
ohne jemals wissenschaftlich erfasst worden zu sein. Erst vor fünfzig Jahren entdeckte man eine Viper von den Columbretes – in einer Flasche des Naturkundemuseums von Madrid; es war eine
Stülpnasenotter.

Unser Cherub führte uns zu den Casernas genannten Hütten am
Berghang, in denen die Bauarbeiter – zum Tode verurteilte Straf-
gefangene, denen das Leben geschenkt wurde – während der vier-
jährigen Bauzeit gehaust hatten. Nun lebten in den modernisier-
ten Baracken die Paradieswächter des Naturparks und
Seereservats und schützten die wieder aufgeblühte Flora und wiederauferstandene Fauna vor dem menschlichen Raubtier. Die
Cherubim waren jetzt die einzigen Bewohner der Insel, der
Leuchtturm funktionierte seit 1975 automatisch. Wir stiegen auf
den höchsten Punkt des ganzen Archipels. Der Leuchtturm hatte
bis zu vier Wärter gehabt, die mit ihren Familien im dazugehöri-
gen, um den Turm herumgebauten Haus lebten. In einer Ecke
stand eine *mesa camilla,* der nach wie vor in vielen Haushalten un-
verzichtbare kleine runde Tisch mit heute elektrifiziertem Koh-
lenbecken darunter und dicker, bis auf den Boden fallender Decke darüber – ein hispanisches Utensil wie der Fächer oder die

Paellapfanne. Ansonsten nahmen die Exponate einer Ausstellung über Inseln, Leuchtturm und das Leben der Wärter den Raum des Leuchtturmwärterhäuschens ein.

Als die Schlangen ausgerottet waren, vermehrten sich die Skorpione wie wild, sodass man nicht ohne Stiefel oder Gamaschen über die Felsen laufen konnte. Wenn eines dieser kleinen Tierchen zustach, war es aus, der Stich war tödlich, Hilfe gab es nicht. Am anderen Ende der Illa Grossa befand sich ein kleiner Friedhof mit Gräbern von Wärtern und Angehörigen, die auf der Insel gestorben waren; auch Kindergräber befanden sich darunter. Einer der ersten Wärter hatte in einer Nacht vierzig Skorpione in seiner Wohnung erschlagen. Über solche Vorkommnisse machten sie zum Teil Aufzeichnungen, womit sie die Langeweile der paradiesischen Monotonie totschlugen. Bei schlechtem Wetter waren sie manchmal einen Monat lang isoliert, kein Schiff kam, um sie mit dem Lebensnotwendigen zu versorgen. Sie aßen Fisch und Hülsenfrüchte aus dem kleinen Garten und tranken Regenwasser, das sie in Zisternen sammelten. Einmal – so eine Legende – rettete ein Wärter Seeleute, die während eines Unwetters nahe der Illa Grossa in Seenot geraten waren, und nahm sie im Haus auf. Als die Lebensmittelvorräte zur Neige gingen, beschlossen die Schiffbrüchigen, die jüngere Tochter des Wärters, zwölf zarte Jahre alt, zu verspeisen. Ihr Vater verteidigte sie nach Kräften, und just in dem Moment, da dieselben ihn verließen, tauchte ein Schiff auf, um die Beinahkannibalen abzuholen.

Skorpione gab es übrigens nach wie vor reichlich, trotz der Bombardements, mit denen spanische und in Spanien stationierte US-amerikanische Streitkräfte Ende der Siebziger- und Anfang der Achtzigerjahre – nach der Automatisierung des Leuchtturms – zu Übungszwecken die Inseln bedachten, hauptsächlich die Hauptinsel der südlichsten Gruppe, auf der nun kein einziger Strauch mehr stand.

Von der Höhe der Illa Grossa schaute ich in die Bucht, die von braunen, hellgrauen und bernsteinschwarzen Felsen eingefasst war. Das klare, ruhige Wasser spielte eine sanfte Sinfonie von smaragdgrünen, türkis- und kobaltblauen Tönen. Von der Ersten Nelke schallte junges, fröhliches Geschrei und Gelächter herüber, und einige Jugendliche schwammen wie Delfine um das Boot herum. Und trotzdem hatte ich das Gefühl, dass es für den Menschen keine Paradiese mehr gibt.

Es gibt nur noch Indizien dafür, dass es sie einmal gab, Reminiszenzen, den Mythos. Nein, geschützte Naturräume sind keine Paradiese, zumindest nicht für den Menschen. Oder hat man je davon gehört, dass es zum Betreten des Paradieses einer Lizenz bedarf? Dass der Zugang zum Paradies auf drei oder vier Gruppen von maximal zwanzig Personen täglich begrenzt ist? Dass der Weg durchs Paradies vorgeschrieben oder gar eingezäunt ist? Dass hochsensible Partien des Paradieses abgeriegelt sind? Womöglich werden die Naturparadiese in naher Zukunft privatisiert, und die Betreibergesellschaften erheben Eintrittsgebühren, es würde mich nicht wundern. Auch die spanischen Kathedralen sind seit einigen Jahren kommerzialisiert, dabei sind sie nicht einmal das Paradies, allenfalls versprechen sie es, eigentlich stellen sie Museen dar. Die Naturreservate sind ebenfalls Museen, Freilichtmuseen, große botanische, zoologische und geologische Gärten. Der Mensch hat die Paradiesschlange erschlagen, das Paradies bombardiert und in Brand gesetzt, nun ist er aus ihm fast verbannt, es hilft ihm auch nicht, dass er Zwergpalmen und Feigenkakteen und einen Feigenbaum, den einzigen Baum des Archipels, gepflanzt hat, um seine Scham und Schande zu verdecken. Nicht den Apfel zu essen war sein Sündenfall, sondern die Schlange zu erschlagen. Nun ist der Mensch aus dem Paradies vertrieben und darf es nur noch in kleinen Gruppen für anderthalb Stunden besuchen und keinen Anker werfen am einzigen natürlichen Ankerplatz der Inseln. Er hat es nicht anders verdient.

Was der Fluss gebiert, frisst das Meer –
Im Ebrodelta

Meine Karte log mal wieder. Zumindest war sie doppelzüngig. Sie wies Oropesa del Mar als ›sehenswerten Ort, Ferienort‹ aus. Meiner Erfahrung nach passte das in den meisten Fällen nicht zusammen, im Gegenteil, in Spanien schloss es sich nahezu aus. Die sehenswerten Orte waren gerade nicht Ferienorte. Und vice versa, je mehr Ferienort, desto weniger sehenswert. Allenfalls verfügten Ferienorte über ein paar sehenswerte Relikte früherer Zeiten, so sie denn etwas Geschichte hatten. Und über ein von der Moderne umzingeltes, verstelltes, erdrücktes Altdorf, von dem oft nur die Anlage der Gassen, nicht aber die Gebäude erhalten waren.

Den alten Kern von Orpesa, etwa so groß wie ein Stecknadelkopf im Wollknäuel, bildeten Reste einer Burg, eine Kapelle und *cuatro calles,* wenige Straßen. Gleich nebenan lag die schöne bunte,

absolut neue Welt hinter dem Strand. Eine Retortenstadt vom
Typ Matalascañas, aber jünger, moderner, größer, kompakter.
Dutzende Apartmentklötze mit zehntausend Wohneinheiten
und fünf Hotelkästen mit zwölfhundert Zimmern plus Suiten. Marina d'Or war eine autonome Ferienstadt mit Rundumversorgung
aus einer Hand, wie ein einziges Unternehmen von vorne bis hin-
ten durchorganisiert. Eine Ferienfabrik mit Abteilungen für Entspannung, Sport, Unterhaltung, Einkauf, Essen und Trinken. Mit
den verschiedensten Gastronomieeinheiten und Riesenbüfetts
zum Pauschalpreis: »Iss, soviel du willst«, Getränke inklusive, das
erste Kind aß gratis, alle weiteren zum halben Preis. Mit sieben
Vergnügungsparks und einem Meerwasserwellnessbad samt
Schönheitszentrum für zweihundert unterschiedliche Anwendun-
gen. Man konnte in der polynesischen Inselwelt schwimmen und
im Toten Meer aufgebahrt liegen, im türkischen Dampfbad damp-
fen und schottisch-kalt im Regen stehen, mit den Römern im
Trepidarium parlieren oder mit Kleopatra in Milch anbändeln, bei
den Arabern im Hammam und Minuten später in Finnland schwitzen und dann in den hängenden Whirlpools der Semiramis einen
Drink zu sich nehmen. Man brauchte die Stadt nicht zu verlassen,
wozu auch, die Welt kam in die Stadt. Zumal die spanische Welt,
zum Beispiel in Form des Jahrmarkts von Sevilla, der Mau-
ren-und-Christen-Feste, der Johannisfeuer. Indien kam für eine
Woche zu Besuch und Marokko für eine andere. Selbst Deutschland ließ sich blicken, verkörpert im Oktoberfest. Alles aus zweiter Hand. Ein künstliches Paradies, fehlten nur die Niagarafälle im
Badezimmer und das Matterhorn im Kingsizebett. War das die
Zukunft der Tourismusindustrie? Die Zukunft kam noch dicker.
Der aus Katalonien stammende Präsident der Marina-d'Or-Grup-
pe, Jesús Ger, war in den Achtzigerjahren aus dem kleinen Familiengeschäft für Matratzen an die Costa del Azahar gekommen, hatte die
Orangenblüte, das Meer und das Geschäft gerochen und die Apfelsi-
nenbauern zu wohlhabenden Leuten gemacht, indem er ihre Parzel-

len aufkaufte. Noch so eine Selfmademan-Erfolgsgeschichte. Als
Marina d'Or – »das ganze Jahr Ferien« – stand, machte er keine Ferien vom Betonieren und Organisieren, verfiel vielmehr auf die Idee,
der Ferienstadt eine größere Schwester zur Seite zu stellen, Marina
d'Or Golf mit drei Golfplätzen, einem Spielkasino, zwei Vergnügungsparks, vierzigtausend Apartments und siebentausend Hotelbetten unter anderem in einem Alpenhotel mit künstlichem Schnee
und Skipiste und in einem Hotel Paris mit Eiffelturm, Arc de Triomphe und den Gärten von Versailles. Die Krise bremste das Projekt und ließ die Zukunft vorerst nicht florieren, das Vorhaben wurde wegen mangelnder Finanzierung und ausbleibender Kundschaft
um die Apartmenthäuser abgespeckt, aber auch gerichtlich angefochten, jetzt hing es in der Luft wie der nagelneue Flughafen von
Castellón, der die Marinas und ähnliche hypertrophe Mammutfrüchte der spekulativen Zukunftsgläubigkeit mit Klienten hatte
versorgen sollen, aber noch kein Flugzeug hatte landen sehen. Doch
stand zu befürchten, dass die Zukunft noch nicht vergangen war.

KEIN TROPFEN FLUSS

Wo, bitte schön, geht's hier zurück zur Wildnis? Oder ist die Gegenwart mit ihrem urbanistischen Wildwuchs und ökonomischen
Kannibalismus die wahre Wildnis und die Zukunft wird noch wilder werden? Ich versuchte es mit dem Ebrodelta. Mein Hotel lag
am Ortsrand von Deltebre, dem zentralen Dorf im Delta. Das
einstöckige Gebäude war von einem Garten mit Laubbäumen
und Teich und von Reisfeldern umgeben. Alle Zimmer lagen zu
ebener Erde. Ich sah aus dem Fenster des meinen und blickte auf
Schilf und ein abgeerntetes Reisfeld. In den Furchen, die ein
Mähdrescher hinterlassen hatte, stand das Wasser. Frösche quakten, Vögel zwitscherten, ein Reiher pickte im Schlamm herum.
Wohnen in Augenhöhe mit der Natur, wenn auch nicht auf Tuchfühlung; im Fensterrahmen steckte ein Moskitonetz.

Deltebre war weder sehenswert noch Ferienort, vielmehr ein
ziemliches Durcheinander ein-, zwei- und mehrstöckiger Häuser jedweden Jahrgangs der letzten anderthalb Jahrhunderte,
anarchisch gebaut je nach Bedarf und Möglichkeiten. In den
zum Teil noch ungepflasterten oder mit Schlaglöchern gespick-
ten Straßen sah man mehr Traktoren als Touristen, und folglich
tendierte die Restaurantdichte gegen null, wenn auch nicht die
Kneipenanzahl. Jedenfalls war dies mein Eindruck, vielleicht
drehte ich mich in dem urbanistischen Chaos ohne herausste-
chende Anhaltspunkte aber auch immerzu im restaurantfreien
Kreis. Ich kehrte zurück ins Hotel und probierte eines der vielen Reisgerichte, was sonst? Der große rustikale Speisesaal hatte
Schilfhüttenflair, verströmte eine Atmosphäre von Gemein-
schaftshüttengemütlichkeit wie das gesamte Familienhotel. Der
Kellner war ein Sohn des Hauses, ein anderer stand hinter dem
Tresen, eine Schwiegertochter saß an der Rezeption, in der Küche werkelten wohl Nichten und Neffen, und das Häuptlings-
paar des Clans saß umgeben von spielenden Enkeln in einer ge-
räumigen Ecke vor dem Fernseher.

In der Nacht hatte es geregnet, die Straßen waren noch feucht.
Ich fuhr mit dem Rad am linken Ebroseitenkanal entlang Richtung Flussmündung. Rote Krebse krabbelten über den Asphalt,
wohl illegitime amerikanische Einwanderer. Nahe der Mündung
lagen Ausflugsdampfer vor einer Reihe noch geschlossener Aus-
flugslokale vertäut am Ufer. In Bootsschuppen warteten Motorboote auf Mieter, im Schilf kleine Holzboote auf Angler. Weiter
flussabwärts kontrollierte ein alter Mann eine am Steg befestigte
Reuse, in der er Aale fing. Ich grüßte und fragte ihn, ob der Fang
gut sei.

»Regular«, so lala, antwortete er. »Heute Nacht sind nicht viele ins Netz gegangen, aber wir stehen ja noch am Beginn der Saison. Trotzdem: Es werden von Jahr zu Jahr weniger, der Fluss
führt immer weniger Wasser. Früher gab es Aale in rauen Men-

gen, für uns waren sie ein gewöhnliches Lebensmittel, die Jungaale verfütterten wir an die Hühner und Schweine.«

»Das nenne ich Aale vor die Säue werfen«, warf ich ein.

»Ja, das wäre heute Verschwendung, bei den Preisen ...«

»Was bringt ein Kilo Aale?«

»Bei der Versteigerung in Deltebre so um die vierhundert
Euro für Jungaale. Wie sich die Zeiten ändern! Hier im Delta be-
sonders schnell. Wo ich früher Aale fing, sind heute Reisfelder.
Nicht ein Tropfen Fluss.«

Der Ebro ist ein schöpferischer Fluss, er schafft periodisch neues
Land und jungfräuliche Strände. Er ist kein Sklave seines Bettes,
variiert vielmehr seinen Lauf, sucht sich neue Betten, wenn es ihm
passt. Mit jedem Hochwasser verändert er das Gesicht des Deltas, verjüngt es, obgleich das Delta noch ganz jung ist. Vorgestern
erst begann der Fluss es zu bilden, gestern noch war es ein malaria-
verseuchter Dschungel mit Wildschweinen und Wölfen, die von
Booten aus gejagt wurden. Als der König von Aragonien im Jahr
1466 gegen das heute fünfundzwanzig Kilometer flussaufwärts gelegene Städtchen Amposta vorrückte und im damals noch kleinen, gerade erst geborenen Delta lagerte, musste er sein Lager ab-
brechen und verlegen, weil der Dschungel voller Schlangen und
Wölfe und vermeintlicher Stiere war, deren nächtliches Brüllen
seine Truppe in Angst und Schrecken versetzte. Es klang dem kilometerweit zu hörenden Balzruf der Rohrdommeln aber auch
zum Verwechseln ähnlich.

Das Delta bildete sich erst seit dem Spätmittelalter, und
zwar aus der Erde Kantabriens, Kastiliens, der Rioja, Navarras,
Aragoniens und Kataloniens. Es verdankt sich der Abholzung jener Gegenden, durch die Iberiens längster Fluss strömt – also
halb Spaniens – und deren erodiertes Erdreich er mitnahm. Bis
zur Mitte des 20. Jahrhunderts schüttete er jährlich mehr als
zwanzig Millionen Tonnen fruchtbaren Schwemmlandes an sei-

ner Mündung auf und schob diese zehn Meter weiter ins Meer hinaus. In der Zeitlupe der Jahrhunderte flog der Pfeil, den der Ebro von der Küstenlinie aus abschoss, dreißig Kilometer weit ins Wasser. Dann griff der spanische, insbesondere der franquistische Mensch abermals in den Naturhaushalt ein, baute hundertfünfundsiebzig Talsperren am Lauf des Ebro und seiner Zuflüsse, darunter nicht wenige Großtalsperren, in denen sich die mitgeführte Erde zum größten Teil ablagerte, anstatt bis zum Meer zu schwimmen. Der Ignorant von Mensch ließ den Ebro an seinem langen Lauf immer mehr zur Ader und leitete dessen Wasser auf Felder, die umso durstiger waren, als weniger Regen fiel, weil das Land abgeholzt war. Wer hatte da gesagt, der Mensch könne sich nicht im Kreis drehen? Vielleicht besteht darin das größte Glück: am Ausgangspunkt stehen zu bleiben und mit Horaz den Tag zu pflücken.

Nun bringt der Ebro nur noch ein Zehntel so viel Schlamm in sein Delta wie noch vor sechzig Jahren. Das reicht nicht, um es zu erhalten. Es schrumpft, das Meer nagt an ihm, es frisst mehr, als der Fluss gebiert. An der Mündung stehen Schilder: dreihundertneunzig Kilometer bis Zaragoza, sechshundertvierundzwanzig Kilometer bis Logroño, neunhundertfünfunddreißig Kilometer bis Fontibre, der offiziellen Quelle des Ebro. Bald werden die Schilder im Wasser stehen. Das Land auf der anderen Flussseite ist eine Insel, die Illa de Buda, Land, das der Ebro im 18. Jahrhundert mit seinen ausgebreiteten Mündungsarmen umschloss. 1862 stellte der Mensch einen Leuchtturm an den Meeressaum der Insel. 1936 stand der Turm fünf Kilometer landeinwärts, nun steht er vier Kilometer meereinwärts im Wasser, morgen wird er verschluckt sein. Zumal wenn infolge des Klimawandels der Meeresspiegel ansteigt und die Prognosen zutreffen, nach denen innerhalb von vierzig Jahren das halbe heutige Delta überschwemmt sein wird. Es hat wenig Zukunft.

DIE PERLENKETTE

Der Weg führte an einer Lagune vorbei, der Bassa del Garxal, die erst mit dem Hochwasser von 1937 entstanden war, als dem Ebro ein neuer Mündungsarm wuchs. Ein Holzhaus mit Sehschlitzen lud dazu ein, sich zu verstecken, um Vögel zu beobachten. Feingliedrige und langschnäblige Wasservögel durchwühlten den Matsch, Enten und Haubentaucher glitten scheinbar ohne jede Anstrengung durchs Wasser, eine Rohrweihe flog über das Idyll und wirbelte eine Wolke nervöser kleiner Vögel auf, während Reiher stoisch am Ufer standen und eine gute Figur machten. Die Holzwand war wie eine Mauer, die Erdzeitalter trennte. Vom Diesseits der Gegenwart schaute man ins Jenseits einer Vorzeit, in der der Mensch nicht existierte. Seine Nicht-Existenz war natürlich eine Illusion, aber dies wusste nur der Mensch, die Vögel wussten es nicht. Wenn sie aus dem Rohr- und Binsendickicht aufflogen und sich an anderer Stelle niederließen, taten sie dies womöglich näher am Versteck des Menschen.

Jetzt im Herbst war halb Vogeleuropa im Ebrodelta versammelt. Ich zählte sie nicht, aber es sollten Hunderttausende Vögel sein, mehr als dreihundert verschiedene Arten, mehr als die Hälfte aller Vogelarten Europas. Etwa hundert Arten sind im Delta zu Hause, nisten im Frühling und Sommer hier, den Rest stellen Zugvögel, die überwintern oder auf dem Weg in ihre afrikanischen Winterquartiere zwischenlanden.

Ausgerechnet in unmittelbarer Nachbarschaft der Lagune hatte sich der Mensch einnisten müssen. Riumar ist eine Feriensiedlung mit Campingplatz und Bungalows vor allem, in der der Mensch hauptsächlich mit der Spezies europäischer Rentner, Unterart deutscher Rentner, vertreten ist. Die wenigsten wohnen ganzjährig hier, die meisten überwintern nur oder ruhen sich bloß für ein paar Wochen aus. Jetzt lagen einige ungefiedert am Strand, andere staksten auf Stelzenbeinen durch die auslaufenden Wellen. In fünfzig Jahren würde ganz Riumar im Meer schwimmen, wegen des Talsperrenwahns und des Klimawandels.

Doch der Mensch hat schon etwas dazugelernt. Als er Ende der Siebzigerjahre des vorigen Jahrhunderts damit begann, die landeinwärts liegende Lagune Bassa del Canal Vell trockenzulegen, um noch mehr landwirtschaftliche Nutzfläche zu gewinnen, erhob sich Protest, der 1983 zur Schaffung des Naturparks Delta de l'Ebre führte. Was ehedem als Fortschritt gegolten hatte, war nun Barbarei, ein Verbrechen an der Vogelwelt. Immerhin stellt das Ebrodelta das bedeutendste Feuchtgebiet Spaniens nächst der Doñana dar und neben der französischen Camargue das wichtigste des westlichen Mittelmeers.

Die Lagune befindet sich nach wie vor in Privathand, gehört gleichwohl zum Naturpark. Sie ist nur über einen Pfad zu erreichen, über den ich das Rad bis zu einem Aussichtsturm schob. Ich blickte auf eine von Vögeln bewohnte Insel im stillen Meer der Reisfelder, die weitab vom Kontinent im Ozean lag. Nur Vogellaute waren zu hören und das Schilfrohr, durch das der Wind strich.

Der Naturpark ist eine Kette von Perlen aus Lagunen, Inseln, Stränden und Halbinseln, die sich an der Schnur der Küstenlinie aufreihen. Sie machen etwa ein Viertel des Deltas aus und werden von der gefräßigen See am meisten bedroht. Die Strände nimmt das Meer als Vorspeise zu sich. Es schluckt sie hinunter und leckt sich die Finger nach den Dünen, das Wasser läuft ihm schon im Maul zusammen.

An der Platja de la Marquesa waren die fixen, vom Strandhafer festgehaltenen Dünen sowie die Wanderdünen – mit drei, vier Metern die höchsten Erhebungen im Delta – abgesperrt, damit der Mensch sie nicht auch noch mundgerecht zertrampelte. Hinter der Bergwelt der Dünen ging es ins Flachland der Sandwüste, auf eine Halbinsel zwischen dem Meer und der Meeresbucht Badia del Fangar. Mein Rad schleppte sich über den festen feuchten

Sand zum Ausssichtsturm, von dem aus die dominosteingroßen Austern- und Muschelplattformen in der Bucht zu erkennen waren. Ich versuchte, mich dem Leuchtturm am Meer zu nähern, doch er schien im Wasser zu stehen, so flimmerte die Luft. Der Sand wurde lockerer und trockener, sozusagen sandiger, nach einiger Zeit hatte mein Rad die Nase voll und weigerte sich weiterzurollen. Da stand ich also in der Miniwüste, sah Autos durch das Wasser fahren, erkannte Menschen am Strand, zerrte das störrische Rad durch den Sand, doch der Strand war wüst und leer, was ich gesehen hatte, war ein Festlandstrand, durch das Fernglas der Fata Morgana herangeholt.

Über eine Erdpiste fuhr ich zur Landseite um die Bucht herum. Hier und da stand ein Angler im Grün des Ufers oder im trüben Wasser. Ein kleiner Hafen, der nur aus einem Kai bestand, barg erstaunlich viele Boote. Auf dem Kai stapelten sich Kisten und türmten sich Taue. Ein kleines Boot mit Außenborder fuhr hinaus in die Bucht, schmolz zu einem Punkt und verlor sich zwischen den Muschel- und Austernbänken. Ein Mann saß auf einer Kiste und rauchte und machte meinem Rad schöne Augen.

»Buenas tardes«, grüßte ich ihn.

»Buenas las tenga usted«, antwortete er nach alter Manier, gut seien sie für Sie, die Nachmittage. »Wenigstens ist das Wetter schön.«

»Waren Sie draußen?«, fragte ich und wies in die Bucht.

»Noch nicht, ich fahre gleich.«

Eigentlich war er Bauarbeiter, die Austernzucht betrieb er nur als Nebenerwerb. Er war aus L'Ampolla am Nordrand des Deltas, dort war viel gebaut worden, nun stand alles still. Seit drei Jahren arbeitslos, hatte er jetzt nur noch gelegentlich ein wenig Schwarzarbeit und seine Austern.

»Mit den Austern ist das wie mit einer Mauer, die du hochziehst, und dann kommt einer und reißt sie halb ein. Wären die Reisfelder nicht, könnte ich besser davon leben, das heißt die Krise überleben. Wenn die Felder entwässert werden, gelangen Reste von Herbiziden, Düngemitteln und Pestiziden in die Bucht. Der Verlust an Jungtieren ist enorm, in manchen Jahren hatten wir schon Ausfälle von vierzig Prozent.«

Durch die Reisfelder fuhr ich nach Deltebre zurück. Mit dem Fahrrad durchs Delta zu wandern war wie Fahrradfahren an der Nordsee, nur dass die Deiche Dämme waren, die Gräben Bewässerungskanäle, die Wiesen Reisfelder und die Kühe Vögel. Reiher standen im Reisfeld und speisten, flogen auf, wenn das Rad sich näherte, beschrieben einen Halbkreis und gingen weiter entfernt wieder zu Tisch. Vorüberfahrende Autos störten die Vögel dagegen nicht, Traktoren zogen sie sogar an. Sie folgten den knatternden, stinkenden Maschinen wie Kuhreiher Kühen und ihre afrikanischen Kollegen Elefanten, im Ebrodelta müssten die Kuhreiher eigentlich Traktorreiher heißen. Ein Lob der Landwirtschaft! Im Unterschied zu Betonmischern, Zementfabriken, Apartmentburgen oder Restaurationsbetrieben gibt sie den Vögeln zu fressen, die Tiere gehören zu den Feldern wie Figuren zum Schachspiel. Das Delta war gleichsam ein riesiges Schachbrett mit schwarzen und weißen Tierfiguren und Maschinen und Menschenfiguren, die von Spielern namens Hunger und Ertrag gezogen wurden. Nur dass im Delta keiner den anderen matt setzen konnte, sondern gezwungen war, mehr mit ihm als gegen ihn zu spielen.

DIE REISWEITE UND DIE SANDENGE

Pioniere des Reisanbaus waren die Zisterziensermönche von Benifassà in Castelló gewesen. Ihr Experiment von 1607 hatte Erfolg, doch aus Wassermangel keine Kontinuität gehabt. Erst mit dem Bau der Hauptbewässerungskanäle dehnte sich der Reisanbau von 1860 an aus. Bis dahin war das Delta praktisch unbewohnt gewesen, nun kamen Siedler aus dem katalanischen Hinterland und aus der

Region Valencia. Die Hauptkanäle rechts und links des Ebro, die fünfzig Kilometer flussaufwärts Süßwasser abzweigten, wurden um ein Netz kleinerer Kanäle von insgesamt vierhundert Kilometern Länge ergänzt. Hundert Jahre lang war der Reisanbau Handarbeit, dann kamen Traktoren und Mähdrescher zum Einsatz, und heutzutage wird vom Hubschrauber aus gesät. Trotzdem begegneten mir noch einachsige Pferdewagen mit hohen Rädern.

Lange, schnurgerade, große rechteckige Felder; Seidenreiher, Graureiher, Rallenreiher, Kuhreiher, Nachtreiher – am nächsten Tag fuhr ich durch die Reisfelder auf der anderen Ebroseite, die genauso aussahen wie die der linken Deltahälfte. Das Delta war eine endlose Ebene, zweihundert flache Quadratkilometer Reis, Tausende linearer Kilometer Stoppelfeldstreifen und Furchen voll Wasser, wo die Mähdrescher ihre Arbeit bereits getan hatten. Einförmig, übersichtlich, vorhersehbar, eine Landschaftsarchitektur der horizontalen Linien, unterbrochen nur hier und da von einer Bauernkate auf einem Erdhügel mit Palme oder von einer Eukalyptusbaumreihe zwischen Feldern. Der Himmel war ebenfalls eintönig, ausdauernd blau. Wenn es wenigstens eine Handvoll balinesischer Reisterrassen gegeben hätte oder zumindest ein paar Wolkenberge wie an der Nordsee! Die Bergmassive jenseits des Deltas, die bei der unverstellten Weite und klaren Luft zu erkennen waren, lagen zwei Zentimeter über dem Horizont, obgleich sie mehr als siebenhundert Höhenmeter maßen. Platt wie eine Flunder war das Delta, der Horizont wölbte sich von Barcelona bis Valencia. Reisfeld hinter Reisfeld hinter Reisfeld hinter Reisfeld. Nur die Jahreszeiten sorgen hier für Abwechslung, leider konnte ich darauf nicht warten. Gegen Ende des Frühlings sind die Felder zartgrün, im Hochsommer goldgelb, ansonsten erdbraun, auch himmelblau und grau, sofern sie pflanzenlos und geflutet sind.

Endlich bequemte sich die Straße, einen Knick zu machen. Jetzt führte sie durch niedrigen vegetativen Wildwuchs am Meer

entlang. Über der Bassa de la Tancada drehte ein Schwarm Flamingos eine Runde, beim Flügelschlag blinkten die Tiere schwarz-
weiß-rot. Die Lagune war ihr Speisesaal, ihre Schlaf- und Nistplätze hatten sie auf der Halbinsel, die das Delta nach Süden hin
abschloss, der Punta de la Banya. Zu ihr führte der Weg über einen Isthmus, einen Streifen Sand durchs Meer wie ein Steg zu einer Insel, die nicht zu sehen war, weil sie so weit weg lag und so
flach war. Der Steg war eine Folge der Begegnung von Fluss und
Meer, eine Antwort der Natur auf den Kahlschlag Spaniens. Sechs
Kilometer Sandpiste, nur Sand und Strommasten in gerader Linie, die zum Teil im Wasser standen, so weit hatte sich das Meer
bereits vorgefressen. Rechts und links Wasser, ich konnte in die
frischen Wellen springen oder mich ins seichte warme Wasser
der Badia dels Alfacs betten oder beides im Zweiminutentakt tun,
so eng war die Landenge. Jenseits der Bucht streckte sich die
Skyline von Sant Carles de la Ràpita einen Zentimeter über die
Wasseroberfläche, ein alter Fischer- und neuer Ferienort auf dem
Festland. Mein Rad quälte sich gegen den Wind, ab und zu auch
durch schweren Sand. Weit voraus leuchtete zwischen Wasser
und Wasser ein weißer Fleck, das musste ein Berg sein. Ich bezweifelte, dass ich ihm näher kam, vielleicht entfernte er sich
auch, oder die Meeresluft wurde undurchsichtiger. Es dauerte, bis
ich vor ihm stand. Der Berg war ein Salzberg, auf der Halbinsel
gab es Salinen. Und Tausende Wasservögel, die ich nicht einmal
vom Aussichtsturm aus sah. Die Halbinsel war für sie reserviert,
auch die Salinen waren abgezäunt. Und ich hatte mich schon gefragt, was die Flamingos und Korallenmöwen und Seeschwalben
wohl in die Steckdose steckten.

Auf der Rückfahrt überholte mich auf dem Isthmus ein
Schwerlaster mit weißer Ladung, der aus den Salinen kam. Lastwagen durften ins Vogelreservat fahren. Um die Bassa de l'Enca-
nyissada kurvten sie dagegen nicht, die Straße tangierte die Lagune lediglich ein Stück weit, ansonsten gab es nur Feldwege und auf

ein paar Kilometern sogar einen asphaltierten Fahrradweg. Im Röhricht, von dem die größte aller Lagunen umstanden war, sollten Abertausende Wildenten, Blesshühner, Stelzenläufer, Säbelschnäbler, Reiher und so weiter wohnen. Doch abgesehen davon, dass sie tagsüber wohl im Wasser waren, verdarb mir die Zivilisierung der Natur die Wildnislaune. Richtungsschilder, Infotafeln, Holzgeländer, Aussichtstürme, Beobachtungsstände, Picknickplätze, Fahrradverleihe, Parkplätze, ein Großrestaurant und ein Geschäft mit landestypischen Produkten, ein Informationsbüro und ein Videosaal und eine Ausstellung über die Deltalagunen im ehemaligen Jagdhaus reicher Señores aus Barcelona trugen nicht gerade dazu bei, Wildnisgefühl aufkommen zu lassen. Präparierte Natur, Fertignatur zum bequemen Verzehr, vielköpfigen und helmbewehrten Familien auf Fahrradausflug ebenso wie ökologisch anschaulich zu unterrichtenden Schulklassen sicher und mundgerecht serviert. Als an der Brücke über den breiten Entwässerungskanal der Lagune, wo große trichterförmige Fischfangvorrichtungen installiert waren und viele Vögel sich versammelten, eine Horde verständnisbedürftiger Schüler auftauchte, war es mit der Wildnis vorbei, die Vögel nahmen Reißaus. Wildnis ohne Freiheit: Weder war der Vogel frei – vom Menschen – noch der Mensch, dessen Bewegungsfreiheit eingeschränkt und Verhalten reglementiert war.

Poblenou del Delta profitierte von der touristischen Aufrüstung der Lagune. Villafranco del Delta, wie das Dorf ursprünglich geheißen hatte, was als Hommage an den Caudillo nicht mehr zeitgemäß klang, schon gar nicht in Katalonien, war 1947 als Kolonistendorf entstanden. Rechtwinklig angelegt, einheitlich niedrig, sauber, weiß, die Häuser mit Innenhöfen und Dachterrassen ausgestattet, viele Blumen vor den Eingängen, dazu Palmen in den Straßen und ein hoher, schlanker Kirchturm – Poblenou war das schönste Dorf im Delta. Auf einer großen, ebenen Zementfläche am Ortsrand fegten drei Männer Reiskörner hin und her, damit sie gleichmäßig trockneten. Kurz kam mir der Gedanke, diese öffentlich inszenierte Sisyphusarbeit könnte ein folkloristischer Köder sein. Aber nein, noch war der Reis ein Standbein. Doch nicht mehr der Reis allein, das zeigten die zahlreichen Restaurants, Cafés, Zimmerangebote, verglichen mit Deltebre hochkonzentriert. Die Vermarktung der Natur schien rentabel zu sein. Aus ihrer Verknappung ließ sich Kapital schlagen.

RÜCKEROBERUNG DER WILDNISILLUSION

Ein bisschen Abenteuer musste sein. An einem dieser sommerlichen Herbsttage, deren Herbstlichkeit darin bestand, dass es am Tag ein paar Stunden weniger warm war, fuhr ich nach Amposta, dort gab es einen Bootsverleih. Er lag direkt am Ebro, kurz vor der Brücke der Nationalstraße N 340 Cádiz-Barcelona über den Fluss. Wilhelm von Humboldt hatte an dieser Stelle den »enorm breiten und stark strömenden« Ebro noch auf einer Fähre überquert und hier zum ersten Mal bemerkt, dass die Katalanen kein Spanisch sprachen. Inzwischen hatten sie es gelernt, nicht zuletzt dank des Caudillo und seines großspanischen Regimes, das den Gebrauch des Katalanischen unter Strafe gestellt und verfolgt hatte. Josep sprach Castellano mit mir. Er veranstaltete nicht nur Kanufahrten auf dem unteren Ebro und im Delta, hatte vielmehr alle möglichen abenteuerlichen Sportarten im Programm. Er wählte einen langen Wanderkajak für mich aus und bestückte ihn mit Ruder und wasserdichten Behältern. Spritzdecke oder gar Neoprenanzug hielt er nicht für nötig, das Wetter war perfekt, der Strom ganz ruhig.

»Bis Deltebre sind es etwa fünfzehn Kilometer, weitere acht bis zur Mündung. Kurz vor den Anlegestellen der Ausflugsdampfer an der Mündung biegt ein alter Wasserarm rechts ab. Am besten fährst du den, bis zum Ende. Ruf mich an, wenn du zurück willst, von wo auch immer, dann holen wir dich mit dem Wagen ab.«

Fast war es zu warm, die Sonne stach vom Himmel und vom Spiegel des Wassers. Der Ebro hatte kaum Strömung, doch der spurtreue Kajak war recht schnell. Trotzdem dauerte es eine Weile, bis der Autokrach von der Brücke der Nationalstraße verklang. Der Fluss war so breit, dass zwischen Ufer und Ufer sicherlich drei Fußballplätze hintereinander gepasst hätten. In der Strommitte zu fahren erzeugte ein Gefühl der Weite, Wüste, Unendlichkeit. Da waren nur die graublaue Wasserfläche, der spiegelglatte Himmel und die schmalen Streifen Ufervegetation. Dort, wo die Grünstreifen am Horizont zusammenliefen, legte sich der Ebro in eine weiche Kurve, mit der Zeit wusste ich im Voraus, dass hinter jeder Biegung das gleiche Bild sich aufs Neue präsentierte.

Paddelte ich dicht am Ufer entlang, stellte sich der konträre Eindruck ein: Urwaldgefühl. Das schmale Ufergrün war nun ein Dickicht aus Binsen und Gestrüpp, haushohem Schilfrohr und Weiden, Eschen, Erlen, Pappeln, Ulmen, ab und zu Palmen. Weiße Reiher saßen auf den kahlen Ästen abgestorbener Bäume, flogen auf und drehten einen Bogen, bis das Boot vorüber war. Fischreiher, die ich wegen ihrer grauen Tarnfarbe gar nicht gesehen hatte, erhoben sich schreiend in die Luft. Erst durch ihr geräuschvolles Auffliegen machten sie auf sich aufmerksam, aber das wussten sie nicht. Libellen sausten im Paarungsflug um den Kajak, Fische sprangen vor dem Bug. Das Wasser war in Ufernähe hier und da voller Schlingpflanzen, in denen sich kapitale Fische verbargen, die losschossen, wenn ich ihnen zu nahe kam, und Schlangenlinien an der Wasseroberfläche beschrieben.

Ich wusste natürlich, dass die Wildnis keine Wildnis, sondern vorgespiegelt, ein Spiegelbild dessen war, was ich sehen wollte. Dass ich die berührte Natur trotzdem als Wildnis empfand, glaubte ich darauf zurückführen zu können, dass ich allein war. Wer alleine reist, kann die Umgebung intensiver, unmittelbarer, eindringlicher wahrnehmen, erlebt vielleicht sogar Momente, in denen er sich als einziger Mensch auf einem Stück Erde fühlt, eingehüllt in Einsamkeit, konfrontiert mit der Natur. Er hat nur sich selbst, seine Vorstellungen, Gedanken, Gefühle, Fantasien, Ängste. Alles muss er mit sich selbst ausmachen, er ist auf sich zurückgeworfen – eine existenzielle Situation, die das Reisen in Gesellschaft, das organisierte, vermittelte Reisen, gar industrieller Massentourismus schwerlich zu erzeugen vermögen. Der Einzelgänger verwildert gewissermaßen, indem er vereinsamt, und dort, wo er sich befindet, ist Wildnis um ihn.

Ich fuhr an Hunderten von Reisfeldern vorbei, doch ich bekam kein einziges und keinen einzigen Menschen zu Gesicht, hörte nur manchmal einen Traktor. Was ich sah, war das Holzgeländer des Radwanderwegs, in den der Treidelpfad verwandelt worden war. Auf ihm hatten Maultiere oder auch Arbeiter reisbeladene Feluken flussaufwärts gezogen, die mit Bau- und Brennmaterial wie Kohle, Holz, Steinen ins Delta zurückkehrten, unter Segeln oder allein von der Strömung getrieben. Die Kähne waren so lange gefahren, bis Lastwagen ihnen die Arbeit abnahmen, das war in den Fünfzigerjahren. Auch die Fähren zwischen Deltebre und Sant Jaume d'Enveja, das als Siedlung für die Bauarbeiter des rechten Ebroseitenkanals entstanden war, fuhren nicht mehr, seit eine Brücke ihnen vor Kurzem die Existenzgrundlage entzogen hatte. Ich kam an zwei laubbaumbestandenen Inseln vorbei und fuhr an der Flusspromenade Deltebres entlang, der Schokoladenseite des Ortes, von dem nicht viel zu sehen war. Ich lag zu tief im Flussbett, der Ebro führte wohl wenig Wasser. Trotzdem verkehrten die Ausflugsdampfer, besonders auf dem letzten Abschnitt vor der Mündung, dort war das Wasser bewegter, nicht nur wegen der Wellen, die die Dampfer warfen und die mein Kajak problemlos schnitt. Ich hatte das Gefühl, die Strömung sei nun stärker, womöglich saugte das Meer den Ebro aus, vielleicht herrschte gerade Ebbe. Und ehe ich es bemerkte, war ich an der Abzweigung des alten Ebroarms vorbeigefahren, den Josep mir empfohlen hatte.

Gegen Wind und Strömung paddelte ich zurück, bog in den Migjorn ein und ruhte mich in dem ruhigen Altarm erst einmal aus. An seinem rechten Ufer führte eine Straße entlang, aber die wenigen Autos gehörten einer anderen, fernen Welt an. Backbord lag die Illa de Buda, hinter dem Uferdschungel ragten hohe Eukalyptusbäume aus der größten der vom Ebro gezeugten Inseln. Der Migjorn war der schönste Teil der Tour, ein alter, sterbender Arm und doch wild und voller Leben. Schlingpflanzen bildeten breite Teppiche an der Wasseroberfläche, und die Fische und Vögel waren so munter wie an keiner anderen Stelle. Pure Natur, lebensvolle Einsamkeit. Die Ufer rückten zunehmend zusammen, und die Seele weitete sich. Nach langem Flug sah sie die Endlichkeit, ein gelber Streifen schob sich zwischen Wasser und Himmel. Er entpuppte sich als Sandbank, das Meer war also nah. Mich wunderte nur, dass der Fluss der Bank nicht auswich, keinen Bogen um sie schlug, um das Unvermeidliche zu erreichen und im Meer zu sterben. Nein, er machte an der Sandbank Halt und weigerte sich weiterzufließen.

Ich zog den Kajak auf den Sand, nahm mein Gepäck mit an den Strand und ein Bad in den Wellen. Dann aß ich das Mitgebrachte und hielt Siesta. Zwei Stunden später wurde ich wach. Ich rief Josep an – besetzt. Nach einer Weile versuchte ich es noch einmal, da sackte mein Telefon in sich zusammen – Batterie leer. Wenn ich mich mit Josep nicht verständigen konnte, wusste er nicht, wo er mich abholen sollte. Ich sah mich schon die Nacht ohne Schlafsack und ausreichende Kleidung am Strand verbringen oder in der Dunkelheit den Ebro hinaufpaddeln. Ich schaute mich um, von der Handvoll Wagen, die ich in einiger Entfernung hinter dem Strand hatte parken sehen, war noch ein Wohnmobil übrig. Ich ließ alles stehen und liegen und rannte hin. Das Paar älterer Holländer stand gerade im Begriff abzufahren. Sie besaßen kein Handy. Ich fragte sie, wohin sie führen. Zum Campingplatz von Vinaròs. Also mussten sie über Amposta fahren. Ich bat sie, mich mitzunehmen, und holte meine Sachen. Das Boot ließ ich auf der Sandbank liegen, doch das Paddel nahm ich mit, es passte in den Wagen.

Eine Mitarbeiterin Joseps, Mercè, um die dreißig, fuhr mit mir zum Migjorn zurück. Sie preschte mit dem klapprigen Geländewagen stramm durch die Reisfelder.

»Befürchtest du, dass der Kajak nicht mehr da liegt?«, fragte ich.

»¡Qué va!«, ach was, »der wird schon nicht wegkommen.«

Tempo machte ihr offenbar Spaß.

»Wie lange hast du gebraucht bis zum Meer?«, fragte sie.

»Fünf Stunden, ohne unterwegs an Land zu gehen.«

»Nicht schlecht.«

»Du bist sicher schneller.«

»Mein Rekord liegt bei unter zwei Stunden«, sagte sie und drehte die Anlage auf, dass es schepperte.

»Ich bin einmal ein Stück weit den Cabriel hinuntergefahren«, sagte ich halb schreiend. »Kennst du ihn?«

»Nein, in Valencia, nicht?«

»Zwischen Valencia und Cuenca beziehungsweise Albacete. Schluchten, viele Stromschnellen, einige verblockte Stellen, Staustufen, ein altes, kaputtes Stauwerk, an dem ich umtragen musste und mich im Dornengestrüpp verfing. Fünfzig Kilometer habe ich gemacht, dafür war ich drei Tage unterwegs. Einer der Jungs, die mir den Kajak liehen, hatte die gleiche Strecke in vier Stunden zurückgelegt.«

»Ja, wenn du den Fluss kennst ... Außerdem hängt viel von der Wassermenge und der Strömung ab.«

Sie drehte die Anlage leiser.

»Ich bin mit meiner Freundin den Ebro runtergefahren, vom ersten Stausee in Kantabrien bis zur Mündung. Das kann man nicht in allen Jahren machen, auf dem ersten Stück führt der Ebro oft zu wenig Wasser. Wir fuhren nach einem regen- und schneereichen Winter, der Stausee ließ genug Wasser ab. Und je mehr Nebenflüsse hinzukamen, vor allem aus den Pyrenäen, desto schneller wurden wir. Bei Hochwasser bräuchte man nur eine Woche, wenn nicht die vielen Talsperren wären. Nicht nur, dass das Wasser langsamer fließt, die meiste Zeit verlierst du mit der Umtragerei. Wir mussten manchmal ganz schön weite Bögen um die Staumauern schlagen. Pero bueno, es waren trotzdem drei schöne Wochen.«

Der Kajak lag noch da, wo ich ihn zurückgelassen hatte. Mercè packte ihn kurzerhand, stellte ihn gegen den Wagen und wuchtete ihn aufs Dach. Zack zack. Ich war vollkommen überflüssig, hätte auch beim Vertäuen nur im Weg gestanden.

Die Prophezeiung –
Els Aiguamolls

Das Paradies war verschlossen. Nicht nur teilweise abgeriegelt oder bloß einer begrenzten Anzahl Glücklicher zugänglich. Nein, es hatte gänzlich dichtgemacht, es ließ keinen Menschen mehr ein. Betreten verboten! Man durfte sich ihm lediglich annähern und einen Blick auf es werfen, musste dabei aber gebührenden Abstand halten. Nicht berühren! Es sah schön aus, ich fand es interessant, verführerisch, verspielt. Als hätten Meer und Land Ball gespielt. Die See hatte der Küste hohe Wellen zugeworfen, und das Felsmassiv des Montgrí, des Grauen Berges, hatte graue Felsen ins Meer geworfen. Da badeten sie nun seit einer Ewigkeit, lagen lässig hingestreut im Wasser, streckten ihre Glieder, Zylinder, Kegel, Keile, Nadeln an die Luft und sonnten sich in ihrer Schönheit, die das ungewollte Resultat eines perfekten Zufalls oder zufälliger Perfektion war.

Weiße Kalkalgen überzogen die von Wellen getätschelten Felsen. Krähenscharben boten ihre stilisierten schwarzen Körper dem bewundernden Auge dar. Unter der Wasseroberfläche rollten rote, grüne, ockergelbe Algen leuchtende Teppiche aus, auf denen Schwämme saßen und meditierten. In den dunklen Tiefen der Höhlen, Galerien, Tunnel versteckten sich Seegurken, Krebse, Langusten, Meeraale und Korallen. Und alle Fische des Mittelmeers tanzten ihre Solotänze und ihr synchronisiertes Wasserballett.

Der Mensch hat eine List ersonnen, um einen Blick durchs Schlüsselloch ins Paradies zu werfen. Er verkleidet sich als Fisch und gebärdet sich auch so, muss jedoch höllisch aufpassen, mit Flossen, Taucherbrille und Sauerstoffflasche nirgendwo anzustoßen. Auch ist er auf die Idee gekommen, trockenen Fußes um die Inseln zu schwimmen. Dazu bedient er sich hier eines gelben Ungetüms, halb Schiff, halb Unterseeboot: Der Katamaran Nautilus verfügte über Unterwasserkabinen mit großen Fensterflächen, an denen die bunte Meeresfauna der Inseln vorbeizog. Er fuhr so dicht über dem Grund und an den Felsen entlang, dass Seeigel und Seesterne im Fels zu erkennen waren und auf dem Boden das mit den Wellen hin und her wogende Neptungras, aus dem Fischschwärme auftauchten. Blieb der Nautilus an einer besonders interessanten Stelle eine Zeitlang liegen, schaukelte er im Rhythmus der Wellen, als sei er eine gelb blühende Wasserpflanze. Und so – ohne sich fortzubewegen – rief er beim Schlüssellochgucker den Eindruck hervor, Teil des Paradieses zu sein, zu ihm zu gehören, weil er sich der Natur überließ. Leider hatte die Illusion nur eine Billionstelsekunde der Ewigkeit Bestand, plötzlich war Schichtwechsel, die nächste Gruppe holländischer, deutscher, dänischer Touristen drängte ins verglaste U-Boot-Abteil, und ich musste zurück aufs Deck der Realität. Die Zeit, vom Paradies zu naschen, war abgelaufen.

SEICHTE LUXUSWASSER

Ich war über die Autobahn an Tarragona und Barcelona vorbei und hinter Girona am Riu Ter entlang zur Küste nach L'Estartit gefahren. Die sieben kleinen Illes Medes lagen nur eine Seemeile vor dem Ferienort und seinem großen Yachthafen. Vielleicht hatte es im Nahparadies Gedränge gegeben, und deshalb waren die Inseln für den Menschen nun tabu. Mit dem geballten Tourismus unserer Tage hatte die Schöpfung wohl nicht gerechnet, allenfalls mit ein paar griechischen Seefahrern, mittelalterlichen Mönchen, nordafrikanischen Piraten, revolutionären Franzosen und einsamen Leuchtturmwärtern, die sich allesamt gut über die Jahrtausende verteilten. Die ersten Griechen hatten einen Tonscherbenhaufen, Wracks und ihre Knochen auf dem flachen Rücken der größten Insel, der Meda Gran, zurückgelassen, die Ritter vom Heiligen Grab ein Zönobium hinterlassen, das später ins Meer abrutschte, die Franzosen eine Befestigungsanlage, von der es noch Restposten gab, und die Touristen Abfallhaufen. Da zudem die Fischgründe ausgeraubt und die Korallenbänke geplündert wurden, stellten die Katalanen die Inseln 1983 unter Naturschutz.

»Die Achtzigerjahre waren die große Zeit der Naturparkgründungen. Wenn du dir einmal die Geburtsdaten der spanischen Naturparks anschaust, wirst du das bestätigt finden«, sagte Josep, der dem Direktorium des nächsten, den Medes-Inseln und dem Montgrí-Massiv benachbarten Naturparks Els Aiguamolls angehörte. »Es war die Zeit, in der wir aus einem langen Albtraum erwachten, die Zeit des demokratischen Aufbruchs nach Francos Tod, eine schöne Zeit, voller Licht und Euphorie und Vertrauen in die Zukunft, auch die Zeit der ersten Natur- und Umweltschützer. Es war sozusagen unser Prager Frühling, nur dass wir hier im Empordà uns nicht vor sowjetische Panzer, sondern spanische Planierraupen stellten und von der Guardia Civil Prügel bezogen. Seit 1976 kämpften wir gegen die Erweiterung von Empuriabrava und für den Erhalt des Marschlandes, am Ende hatten unser Protest und Widerstand und unsere Aufklärungskampagne Erfolg, 1983 verabschiedete das katalanische Parlament einstimmig ein entsprechendes Gesetz, mit dem es den Naturpark schuf.«

Ampuriabrava, wie die Marina auf Castellano heißt, eines der größten und originellsten Ferienzentren des Mittelmeerraums, wie es sich selbst anpreist, vom romantischen Bild Venedigs inspiriert und an Vorbildern Floridas orientiert, fünfundzwanzig Kilometer befahrbarer Kanäle hinter dem Strand, fünftausend Bootsliegeplätze vor Bungalows, Reihenhäusern und Apartments, die Yacht zur einen, die Luxuslimousine zur anderen Seite der Gartenvilla, dazu alle mögliche Infrastruktur, inklusive eigenem Flugplatz, acht Quadratkilometer insgesamt – Empuriabrava war ab Mitte der Sechzigerjahre entstanden, und als es in einer zweiten Bauphase um sechs Quadratkilometer erweitert werden sollte, war die Zeit des Schweigens vorbei, auch die Bauern protestierten gegen die Betonierung des Landes durch Empuriabrava, eines der massivsten Bauprojekte der damaligen Zeit. Ursprünglich war das Hinterland der fünfzehn Kilometer weiten Meeresbucht, des Golfs von Rosas, ein riesiges Seen- und Sumpfgebiet gewesen, das vom Riu Ter bis Rosas, katalanisch Roses, reichte. Als die Griechen ihre ersten Niederlassungen in Iberien gründeten – die Griechen von Rhodos Rhode (Roses) am nördlichen Ende des Golfs und die Phokäer aus Massalia (Marseille) das als Ruinenstadt heute noch imposante Emporion (Empúries) –, war das Montgrí-Massiv noch eine Insel. Mit der Zeit verlandete die Tiefebene, und ab Mitte des 19. Jahrhunderts wurde das Gebiet zunehmend trockengelegt, um Weiden und Anbauflächen für Getreide, Mais, Luzerne, Sonnenblumen und Obst zu gewinnen; außerdem wurde Reis angebaut. Heutzutage ist der Naturpark Aiguamolls, der von Empuriabrava in zwei Hälften geteilt wird, ein Mosaik von Ökosystemen: Stränden und Dünen, Salzseen hinter der Küstenlinie, Süßwasserlagunen weiter landeinwärts,

Flussläufen mit Saumwald, von Entwässerungskanälen umgebenen Sumpfwiesen, auf denen Camargue-Pferde und autochthone Rinder des Empordà grasen.

Aiguamolls bedeutet Seichte Wasser, es ist das wichtigste Feuchtgebiet Kataloniens neben dem Ebrodelta, eine katalanische Doñana. Wenn die Tramuntana, der starke Nordwind, im Frühjahr die Pyrenäen für die Zugvögel unpassierbar macht, warten die Vogelschwärme in den Aiguamolls besseres Wetter ab. Purpurreiher nisten hier und die seltene Rohrdommel mit ihrem Stiergebrüll. Das Mitte des 20. Jahrhunderts aus Katalonien verschwundene Purpurhuhn ist wiederangesiedelt worden wie auch der Weißstorch und der Fischotter, für den ein Abschnitt des Riu Fluvià reserviert ist. Die Aiguamolls haben drei solcher ›integraler Reservate‹, eins umschließt die Salzlagunen an der Küste, und wenn dort im Frühling die Seevögel brüten, ist der Strand abgesperrt, verbotene Zone für den Menschen.

»Widerspricht das nicht dem Geist der Gesetze?«, fragte ich Josep. »Ich meine das Gesetz zum Schutz der Küsten, die allen Menschen frei zugänglich sein sollen.«

Josep war sichtlich überrascht.

»Das kann man nicht vergleichen«, sagte er schließlich. »All die Hotels und Apartmenthäuser kann man ja nicht einfach einklappen und wegstellen, wenn der Sommer vorbei ist und die Touristen abgezogen sind. Die Idee des Gesetzes von 1988 war, dass die Strände nicht in Privathand fallen, sondern ein öffentlicher Raum sein sollten. Schon die Verfassung von 1978 hatte die Küste zum Allgemeingut erklärt, ganz im Sinne König Alfons des Weisen, der in seinem Gesetzeswerk der ›Siete Partidas‹ bereits im 13. Jahrhundert festgestellt hatte, dass die Dinge, die allen Geschöpfen dieser Erde gemeinsam gehören, Luft, Regen, das Meer und seine Ufer sind. Der gleiche Geist, der in der demokratischen Aufbruchphase zur Schaffung von Naturschutzgebieten führte, beherrschte auch das Küstenschutzgesetz. Wir hatten gesehen, wie

im Zuge der franquistischen Entwicklungspolitik die Küste in
den Sechziger- und Siebzigerjahren mit Benidorms, Mangas oder
Empuriabravas zugekleistert worden war. Es ist kurios: Der gleiche Beton, der die Costa Brava zur Speerspitze des Tourismus gemacht hatte, galt nun als zerstörerische Attacke auf das nationale
Naturerbe und als Attentat auf das Recht des Menschen, sich frei
am Meer zu bewegen. Aber das Gesetz hat nicht funktioniert, du
siehst ja, was alles noch dazugekommen ist. Die Gemeinden haben Brachland munter in Bauland umgewidmet und locker Bauge-
nehmigungen erteilt, das war eine ihrer sprudelndsten Einnahme-
quellen, und so mancher Bürgermeister und Gemeinderat für
Raumplanung hat manchmal beide Augen zugedrückt und beide
Hände aufgehalten, wenn ein Bau dem Strand einmal zu nahe kam
oder ein paar Stockwerke über sich hinauswuchs. Die Gebäude
hatten alle nötigen Papiere oder auch nicht, jedenfalls waren sie illegal, wenn sie die gesetzliche Schutzzone verletzten. Häuser, die
vor Inkrafttreten des Gesetzes legal gebaut worden waren, doch
nach dem neuen Gesetz zu nah am Strand standen, wurden nun illegal, aber sie erhielten die Erlaubnis, an ihrem Platz stehen zu
bleiben. Das war eine Fehlkonstruktion. Man kann den Leuten
nicht sagen: Dein Haus ist ab sofort illegal, du kannst aber noch
dreißig Jahre in ihm wohnen, verkaufen darfst du es jedoch nicht,
nach dreißig Jahren gehört es mir, dem Staat, ich kann es dann abreißen oder auch nicht. Das ist Zwangsenteignung, die Leute zahlen ihr Leben lang die Hypothek ab und haben dann nichts, bekommen noch nicht einmal eine Entschädigung. Das ist
Staatsraub und erinnert verdammt an die *desamortizaciones* des
19. Jahrhunderts, die Enteignung von Kirchenbesitz und Gemein-
deeigentum, das der schuldengeplagte Staat später versteigerte,
um mit dem Erlös seine Haushaltslöcher zu stopfen.«

Josep machte ein nachdenkliches Gesicht.

»Komisch, jetzt in der Krise habe ich zum ersten Mal das Gefühl, dass Spanien fertig gebaut ist. Aber das Gefühl täuscht, bald

wendet sich das Blatt wieder, der Beton wird uns aus der Krise und zu neuem Wohlstand führen. Ich sehe keine andere Möglichkeit, von der hohen Arbeitslosigkeit herunterzukommen, ein anderes Wachstumsmodell ist nirgendwo in Sicht. Millionen Quadratmeter ausgewiesenen Baulandes liegen bereit und warten darauf, dass Leute mit guten Beziehungen, ausreichender Finanzierung und dem Glauben daran kommen, wieder Geschäfte machen zu können. Drei Millionen Wohnungen warten auf ihre Entstehung. Es wird erneut Betontsunamis geben, die Mittelmeerküste wird eine nahezu geschlossene Betonmauer sein, nur unterbrochen von ein paar Naturparks, sofern sie nicht weggeschwemmt werden. Und die Waben der Betonstöcke werden den größten Teil des Jahres leerstehen.«

DIE UNRUHE DER SCHILDKRÖTE

Bevor der Vesuv der Spekulation erneut ausbrechen und die Küsten gänzlich mit Beton verschütten würde, nahm ich noch schnell einen der markierten Fußwege durch den vorbildlich organisierten Naturpark. Ein Papierkorb wies darauf hin, dass er der einzige Abfalleimer am Weg sei. Holzstege überbrückten sumpfige, matschige Stellen. Dichte Vegetation oder Holzgeländer fassten den Weg ein, sodass niemand von ihm abkommen und sich in der traurigen Wildnis verlieren konnte. Die meisten Vogelbeobachtungsstände waren auch Rollstuhlfahrern zugänglich, nur der Aussichtsturm am Strand und die Aussichtsplattform auf einem ehemaligen Reissilo nicht. Die Wasservögel versteckten sich wohl im Röhricht, am Himmel flogen mehr Flugzeuge zum Flugplatz von Empuriabrava als Vögel umher. Die zahlreichsten Tiere, die ich entdeckte, waren Pferde auf einer Sumpfkoppel, aber vielleicht war die späte Vormittagsstunde nicht die geeignetste Tageszeit, um Vögel zu sehen.

Ich nahm mein Rad und fuhr über den Fahrradweg durch Felder und Wiesen nach Norden. Die Tamarisken färbten sich bereits

herbstlich gelb, Kuhreiher leisteten Schafen Gesellschaft, einer
dieser Schafreiher stand auf dem Rücken seines Parasitenlieferan-
ten und benutzte ihn zugleich als Aussichtsturm, um Würmer am
Boden zu erspähen. Der Weg endete an einem künstlichen Natur-
parksee in unmittelbarer Nachbarschaft der Kläranlage von Empuriabrava. Ich fuhr über die Brücke des Riu Muga und weiter über
den Damm am begradigten Fluss und an einem Meer von Chalets
entlang. Am Strand verstellten Betonbettenburgen den Chalets
den Blick aufs Meer. Französinnen mit Hündchen im überdachten
und mit durchsichtigem Plastikwindschutz ausgestatteten Fahr-
radkorb flanierten elegant und verkehrslähmend über die Strandpromenade. Andere Pinscher saßen auf Herrchens Gepäckträger
im Korb und passten auf, dass Frauchen auch hinterdreinkam. Am
Nordende des Strandes herrschte reger Yachtverkehr in der Einfahrt zum Kanalnetz. Gepflegte Boote lagen vor gepflegten Gärten
mit gepflegten Luxuslauben, in den Straßen glänzten gepflegte
Kutschen mit deutschem, holländischem, französischem, briti-
schem Kennzeichen. Ich verließ das Wohlstandsparadies über eine
verschmähte, steinige Piste, schlug einen Bogen durch die bukoli-
sche Feld-, Wald- und Wiesenlandschaft der nördlichen Natur-
parkhälfte und fuhr über das schöne, alte katalanische Städtchen
Castelló d'Empúries zurück zum Besucherzentrum der Aiguamolls
und von dort mit dem Wagen weiter in die Albera-Berge.

Jaume war ein Kämpfer der ersten Stunde.

»Ich war siebzehn und fuhr mit dem Fahrrad von La Jonquera,
wo ich damals wohnte, frühmorgens die vierzig Kilometer bis
Empuriabrava, um mich verprügeln zu lassen. Wir hatten einen
Hass auf die Guardia Civil, der von weit her kam. In den Versammlungen des Wandervereins, in dem ich Mitglied war, bei unseren Beratungen über Mitgliedsbeiträge, Satzung, Ausflüge war
immer ein Guardia dabei, der mithörte und aufpasste, dass wir
kein Katalanisch sprachen. Ich habe nie vergessen, wie ich einmal
bei einem Fußballspiel in La Jonquera einem der Spieler vom

Spielfeldrand aus etwas auf Català zurief, woraufhin ein Guardia
weit ausholte, mir mit dem Handrücken voll ins Gesicht schlug
und mich anbrüllte: ›Sprich christlich und nicht wie ein Hund!‹ Da
war ich zehn Jahre alt. Das hat sich mir eingebrannt. Und so ging
es uns Katalanen dreihundert Jahre lang und ganz besonders gestern in der Diktatur. Kein Wunder, dass unser Widerstandsgeist
lebendig geblieben ist und unser Unabhängigkeitswille ungebro-
chen.«

Jaume hütete jetzt Schildkröten, aber ich hatte das Gefühl,
dass er Aktivist geblieben war. Sein alter Mitkämpfer Josep hatte
mir ans Herz gelegt, das Zentrum für Aufzucht und Wiederan-
siedlung der Griechischen Landschildkröte zu besuchen. Es liegt
im Heiligtum der Mare de Déu del Camp bei Garriguella im Süd-
zipfel des Naturschutzgebiets der Albera-Berge, des östlichsten
Teils der Pyrenäen. Dort gibt es in der Zone um das romanische
Kloster Sant Quirze zwei Reservate, in denen die letzten, vom
Aussterben bedrohten Griechischen Landschildkröten Iberiens
leben. Die Population ist hauptsächlich durch Waldbrände dezi-
miert worden. Das Zentrum pflegt Schildkröten, die ihm überlassen werden und nie in Freiheit gelebt haben; ihr Nachwuchs wird
dann in den Reservaten ausgesetzt. Es pflegt auch Schildkröten
anderer Arten, die als Haustiere gehalten und ausgesetzt wurden,
sowie Tiere aus anderen Ländern, die vom Zoll beschlagnahmt
wurden und später in ihre Herkunftsländer repatriiert werden.
Langweilig? Deshalb vielleicht sprach Jaume mehr über Kataloni-
en als über Schildkröten.

»Wir wollen nicht einen eigenen, unabhängigen Staat, weil wir
Nettozahler Spaniens sind. Obwohl das jetzt in der Krise beson-
ders nahe läge, bei all den Haushaltskürzungen, die wir hier haben.
Es ist ein von interessierter Seite gern kolportiertes Märchen, dass
wir den Tagelöhnern Andalusiens oder der Estremadura nicht die
Unterstützung gönnen, mit der sie gezwungenermaßen eine ruhige
Kugel schieben. Darum geht es nicht. Auch nicht darum, dass un-

sere Steuergelder, die wir nach Madrid abführen, in irgendwelchen Taschen verschwinden, dass die öffentlichen Kassen von ihren Treuhändern als Selbstbedienungsladen betrachtet und mit irgendwelchen Tricks ausgeräumt werden. Vetternwirtschaft, Vorteilsgewährung, Vorteilsnahme, Veruntreuung öffentlicher Gelder, Steuerbetrug, Geldwäsche, Rechtsbeugung, Amtsmissbrauch – jeden Tag sind die Zeitungen, die Fernsehnachrichten voll davon, stundenlang. Das reicht bis in die Parteispitzen, in höchste Regierungsstellen und selbst in die Königsfamilie hinein ...«

»Gibt es in Katalonien keine Korruptionsfälle?«, fragte ich dazwischen.

»Doch, natürlich, Korruption gibt es in jedem Land, aber nicht in jedem so systematisch wie in Spanien. Der Gemeinsinn ist unterentwickelt. Das alte iberische Problem, die Atomisierung, das Stammesdenken, der Individualismus, die Anarchie. Jeder kennt nur seine Familie, seinen Clan, seine Vettern und Amigos und macht sein Glück auf Kosten der anderen. Hast du mal beobachtet, wie Spanier sich auf der Straße verhalten, auf dem Bürgersteig? Sie machen nicht Platz, keinen Schritt zur Seite, obwohl sie dich kommen sehen und wissen, dass du nicht vorbeikommst. Du existierst nicht, weil sie dich nicht kennen. Ganz anders die Franzosen übrigens. Und die Allgemeinheit gar – wer ist das? Kenne ich nicht. Was dem Staat gehört, gehört keinem, also nehme ich es mir. Und alle haben ein reines Gewissen, das ist jedenfalls die übliche Litanei, ›ich bin vollkommen ruhig‹, keiner gibt je etwas zu, der sprichwörtliche spanische Stolz, nur nicht das Gesicht verlieren. Kein Amtsträger gibt sein Amt freiwillig auf, niemand tritt zurück, nicht einmal Gott, und wenn jemand gezwungen wird zu gehen, weil ihm etwas nachgewiesen werden konnte, bettet er sich auf sein gut gepolstertes, schmiergeldgefüttertes Ruhekissen, sofern die Delikte inzwischen verjährt sind oder sobald er nach ein paar Jährchen aus dem Knast kommt. Das alles hört sich vielleicht überspitzt an, aber ich glaube, das ist des Pudels Kern. Wir Katalanen dagegen haben einen ausgeprägten Gemeinsinn. Aber wie gesagt: Darum geht es gar nicht. Das katalanische Unabhängigkeitsstreben ist keine wirtschaftliche Angelegenheit, das wäre zu platt, sondern eine Frage der kulturellen Identität, der Freiheit, Katalanen zu sein, der Selbstbestimmung, sprachlich, wirtschaftlich, vor allem kulturell. Katalonien ist einfach ein anderes Land, mit eigener Identität und Mentalität. Und der Wunsch nach einem eigenen Staat geht quer durch die katalanische Gesellschaft, auch die Immigranten aus Andalusien sind mehrheitlich dafür, ihre hier geborenen Kinder fühlen sich erst recht als Katalanen.«

Ich machte den obligaten Gang durch das Gehege, schaute den Schildkröten beim Salatfressen zu und beobachtete andere dabei, wie sie aus ihrem Teich zu kriechen versuchten, ihre Artgenossen als Trittbrett benutzten und über sie hinwegstiegen. Es hätte mir gefallen, bei den Schildkröten von Sant Quirze in freier Wildbahn zu übernachten. Das Kloster lag völlig einsam abseits im Mittelalter in seinem Tal, seit Langem von Gott und den Mönchen verlassen, seine Mauern waren abgebröckelt und teilweise eingestürzt wie sein Weltbild, umso mysteriöser wirkte es, zumal in der beginnenden Dämmerung. Es wäre jetzt, Ende Oktober, und hier in den Bergen vielleicht nicht einmal zu kalt geworden, um im Freien zu schlafen, aber es wurde schon so früh dunkel, außerdem nährte mich die geheimnisvolle Klosterluft nicht vollends. Ich fuhr nach Llançà an die Küste und nahm ein kleines Hotel, das sehr französisch dekoriert und voller Möbel, Gemälde, Spiegel, Blumen, Kandelaber und Franzosen einer Wandergruppe war. Im Ort suchte ich ein Restaurant auf und bestellte erst einmal einen gemischten Salat. Der Kellner brachte mir eine Riesenplatte, von der sechs Personen hätten satt werden können.

»Ist das der kleine, der mittlere oder der große Salatteller?«, fragte ich ihn.

»Der kleine, den Sie bestellt haben.«

Ich gab meiner Verwunderung über die Menge Ausdruck.

»Wie ließe sich sonst der Preis rechtfertigen?«, sagte er unverhohlen. »Wir haben jetzt Krisenteller.«

Krise auf hohem Niveau, dachte ich, mit preisgesteuerter Mengenfindung. Ich bestellte Brot und ein Glas Wein und machte mich an die Arbeit. Und jedes Mal, wenn ich von einer Rauchpause draußen auf der Straße oder von der Toilette an meinen Tisch zurückkam, war mein Glas wieder gefüllt, obwohl ich weiteren Wein nicht geordert hatte. Als ich Salat für sechs gegessen hatte, nahm ich Abstand davon, einen Hauptgang zu bestellen. Auf der Rechnung, die mir der junge Kellner brachte, war der Wein nicht verbucht, nicht ein einziges Glas. Ich vermutete, dass dies kein Versehen war, dass ich vielmehr gar keinen Wein getrunken hatte, obwohl ich ihn deutlich spürte, und dass der nette Kellner ein entsprechend hohes Trinkgeld erwartete. Ich enttäuschte ihn nicht. Natürlich sprach ich das Thema nicht an.

»Du bist nicht von hier, oder?«, fragte ich ihn.

»Ich bin hier geboren, aber meine Familie stammt aus Andalusien.«

Und dorthin wollte er über kurz oder lang, zu Verwandten nach El Puerto de Santa María. Er war jetzt fünfundzwanzig, zum Studieren hatte er keine Lust gehabt, er wollte Geld verdienen, und das konnte man besser in Katalonien. Doch er mochte die Katalanen nicht, sie waren »muy cerrados«, sehr verschlossen, zugeknöpft, »van a lo suyo«, kannten nur sich selbst, waren immer auf ihren Vorteil bedacht, »yo a lo mío, tú a lo tuyo«, ich kümmere mich um meine Sachen, kümmer du dich um deinen Kram. Krämer halt. Die Andalusier waren offenherziger, geselliger, teilten ihr Leben mit den anderen.

»Meine Chefin, der der Laden hier gehört, ist Katalanin, sie würde nie mit dir so sprechen«, sprach er.

Cataluña sin Catalanes, ¡qué maravilla!, wie wundervoll müsste Katalonien ohne Katalanen sein, ein Wunder von Geldmaschine, dachte ich und ging zu meinen Franzosen ins Hotel.

Die Weigerung –
Am Cap de Creus

Ich merkte, dass ich in die verkehrte Richtung lief, nach Süden statt nach Norden, und wunderte mich, dass mein Kopf mich von der Leine ließ. Offenbar trieb mich nichts, die Iberische Halbinsel zu verlassen, die mir fünf Monate lang Insel gewesen war. Ich lief mit dem großen Rucksack auf dem Rücken über den Fernwanderweg GR 92 Richtung Tarifa, den südlichsten Punkt Iberiens, wo Europa Afrika beinahe berührt. Der GR 92 kam von der französischen Grenze daher und als Europäischer Fernwanderweg E 10 von Rügen und Lappland herunter, bis Tarifa waren es noch vierzehnhundert Kilometer – ein Spaziergang. Ich lief auf dem alten Weg der Wache an der Küste entlang, die in den Jahrhunderten der Piratenüberfälle so dünn besiedelt gewesen und jetzt zwischen Llançà und El Port de la Selva kaum einmal von Häusern frei war. Beim Port de la Selva stieg der GR 92

jedoch hinauf in die Berge und in den Naturpark Cap de Creus
hinein.

Es war eine ärmliche Natur, eine Felszunge zehn Kilometer ins
Meer gestreckt, eine Halbinsel von Stein und Wind bewohnt, das
dunkelgraue Schiefergestein nur teilweise von dunkelgrünem Busch-
werk bedeckt, Mastixsträuchern, Wacholderbüschen, Heidekraut,
Stechginster. Ein steriles, mineralisches, unförmiges Land, trocken,
rau, braungeröstet und schwarzgebrannt, bleigrau und bleiern, vom
Wind niedergedrückt, abgetragen und zerbrochen. Ein chaotisches
und melancholisches Land, doch dann nahm es Form an, wenn auch
nicht Heiterkeit. Der Mensch hatte seine schöpferische Hand an es
gelegt, hatte Steine gesammelt und zu Trockensteinmauern aufge-
schichtet, die schmale Streifen Terrassenfelder am Berghang hielten,
Felder mit dürftiger Erde, auf der er Weinstöcke gepflanzt und Trauben geerntet hatte, bis die Reblaus aus Frankreich kam und Blätter
und Wurzeln befiel. Nun waren die Felder verlassen, verwildert, die
Mauern bröckelten ab, Wind und Wasser wurden mit allem fertig.
Doch in den unteren Lagen mit den besseren Böden hatte der Mensch
die Weinstöcke durch Ölbäume ersetzt, niedergeschlagene, rachitische Olivenbäume zumeist, die gegen ihre voluminösen, voluptuösen
andalusischen Brüder Waisenknaben waren. Ernste, stille, sich ihres
Kleinwuchses bewusste Bäume im grauen Steingarten, die traurig auf
das graue Meer mit dem grauen Grund schauten. Und dann entblöß-
te sich eine weiße Insel vor meinem Auge, ein weiß gemaltes Dorf
zwischen den dunklen Vorhängen der Pyrenäenlandschaft und der
großen dunklen Bucht, die ruhig und tief wie ein Pyrenäensee schlief.
Als hätte sie in einem Kratersee auf dem Mond gelegen, ein weißes
Dorf auf dem Mond.

IRREAL, SURREAL

Cadaqués zeigte mir den Rücken. Der Blick auf das Hinterteil war
die klassische Ansicht und die logische Perspektive dessen, der

sich von Land annäherte. Die mächtige Kirchenburg saß auf dem Dorfhügel, drumherum weidete die Herde der Häuser von erstaunlich traditioneller Größe und Bauart. Cadaqués war wiederzuerkennen, der göttliche Dalí hatte seine Hand über das Dorf gehalten. So hatte ich es vor vierzig Jahren gehört, als das verrückte Genie noch lebte. Don Salvador, der Retter, Erlöser, Heiland, hatte ein Auge darauf gehabt, dass Cadaqués nicht phallisch in die Höhe schoss, es war mit den Jahren lediglich ein wenig in die Breite gegangen. Dalí hatte stets gesagt, Cadaqués sei das schönste Dorf der Welt, aber das behauptete jeder iberische Stammesfürst und Lokalpatriot von seinem Dorf, auch wenn es völlig verbaut und potthässlich war. Aber vielleicht war Cadaqués der schönste Küstenort zwischen dem Cap de Creus und dem Cabo de Gata.

Cadaqués war eine Insel im Ozean der zügellosen Prostitution der Landschaft und des antiästhetischen Verwertungswahns einer mehr destruktiven als konstruktiven Bauwirtschaft. Ich stellte meinen Rucksack in einem Hostal ab und schlenderte durch die steilen Gassen hinunter zur Uferstraße, die das schlangenlange, kurvenreiche, vom absurden Küstengesetz bedrohte Zentrum darstellt. Über Cadaqués, das Dorf mit den meisten Kunstgalerien pro Quadrateinwohner und mit einer Vielzahl kleiner Boutiquen für Modeschmuck und mediterrane Modefummel und einer Unzahl Bars, Cafés und Restaurants, aber auch mit Bäckereien, Fleischereien, Frisiersalons *de toda la vida,* des ganzen Lebens, alteingesessen und althergebracht, fallen täglich Scharen von Touristen her, doch Cadaqués hat sich nicht korrumpieren, touristisch industrialisieren lassen, es kommt ihm auch zugute, dass es keine großen Sandstrände und keinen Yachthafen vorweisen kann, nur die Bucht und kleine, steinige, felsige Strandbuchten. Cadaqués ist eine Oase des Alten und Schönen geblieben, hier schmilzt die Zeit und hängt schlapp vom Tisch wie die Uhren auf Dalís »Beständigkeit der Erinnerung«. Das Zeitgefühl ändert sich aus dem Bewusstsein der Andersartigkeit und Abgeschiedenheit

heraus, und die Dinge der Welt verlieren an Bedeutung. Deshalb
vielleicht versammelt sich die Künstler- und Intellektuellenszene
Barcelonas im Sommer nach wie vor in Cadaqués, Literaten, Architekten, Schauspieler, Journalisten, Maler, Filmemacher, Erben
der oppositionellen Sommerfrischler und Enfants terribles außer
Saison der Francozeit, Kaffeehausgänger und Kulturbäcker, die
die Boheme-Illusion und Avantgarde-Tradition aufrechterhalten
in den Straßencafés über den grauen gestrandeten Steinen des
Strandes.

Cadaqués ist liebenswert und sehenswert und doch ein Ferienort, war sogar einer der ersten an der 1908 erfundenen, als solche
getauften Costa Brava. Im selben Jahr kam die Straße mit ihren
hundert Kurven auf fünfzehn Kilometern ins Dorf und mit ihr
Strom, Telegraf und Telefon. Bis dahin hatte es nur einen Tram-
pelpfad gegeben, wie ich ihn gegangen war, einen Weg, der nicht
einmal für Kutschen und Karren taugte. Nach tausend Jahren Ab-
geschnittensein kamen nun die ersten Sommergäste über Land,
wohlhabende Bürger aus Barcelona hauptsächlich sowie deren
künstlerisch veranlagte Sprösslinge, die sich am Licht des Cap de
Creus bereicherten, diesem irrealen Licht, das ein Produkt des
dunklen Bodens ist, Linien und Formen nicht verweichlicht, sondern verstärkt, besonders bei Tramuntana, diesem gewalttätigen
Wind, der den Staub vom Himmel und die Feuchtigkeit aus der
Luft wischt und alle Konturen mit höchster Präzision, hyperrea-
listisch hervorhebt. Picasso verbrachte 1910 einige Sommertage
in Cadaqués und Dalí in den Zwanzigerjahren die Sommermona-
te in dem Haus am Ufer, das seine Familie besaß, und in dem Ate-
lier, das sein Vater, Notar in Figueres, für ihn mietete. Salvador
lud seine Madrider Studienfreunde und Pariser Künstlerkollegen
nach Cadaqués ein, Lorca, Buñuel, Magritte und andere kamen,
und 1929 besuchte ihn Paul Éluard mit seiner russischen Frau Elena, genannt Gala, und als Paul wieder abreiste, blieb Gala für mehr
als fünfzig Jahre.

Nicht nur, dass Dalí sich mit einer verheirateten, zehn Jahre älteren und obendrein ausländischen Frau liierte. Darüber hinaus versah er eine Darstellung des Heiligsten Herzens Jesu dummerweise mit der Inschrift »Gelegentlich spucke ich nur so zum Spaß auf das Porträt meiner Mutter« und stellte sie – noch unklüger – in Paris aus. Das war zu viel für den Vater und Notar und Witwer, so viel Humor besaß er nicht, und er warf seinen Sohn kurzerhand aus dem Haus.

Von Cadaqués ging ich in die nördliche Nachbarbucht nach Portlligat, einst ein völlig unbekanntes Fischernest, das jetzt Besuch aus aller Welt erhielt, einen Großparkplatz und zwei Hotels aufwies und voll wartender, umherschlendernder oder am Strand sitzender Leute war. In Portlligat hatte Dalí 1930 eine Hütte direkt hinter dem Strand gekauft, in der die Fischer ihre Gerätschaften aufbewahrten. Ihr Ausbau verzögerte sich durch den Spanischen Bürgerkrieg und den Zweiten Weltkrieg, vor dem Dalí und Gala in die Vereinigten Staaten flohen. 1948 kehrten sie nach Portlligat zurück, kauften weitere, angrenzende Fischerkaten hinzu und richteten ihr ›Nest‹ ein, was zwanzig Jahre dauerte und eine verschachtelte Kasbah zum Ergebnis hatte, die den ölbaumbestandenen Berghang hinaufsteigt und gekrönt ist von gigantischen weißen Eiern. Hier verbrachten sie die weniger kalten Monate des Jahres, und hier entstanden viele der bekanntesten Werke Dalís.

Ich kam zeitig nach Portlligat, um nicht Gefahr zu laufen, dass mein Tage zuvor reservierter Besichtigungstermin anderweitig vergeben wurde. Ich hockte mich auf einen Felsen und sah in die Bucht, die nahezu geschlossen, durch eine vorgelagerte Insel beinahe vom Meer abgeriegelt war. Das dunkle Wasser lag ganz ruhig in seinem Bett, die an Bojen und am Ufer festgemachten Boote bewegten sich kaum. Eine melancholische Stimmung hing in der Luft, gerade jetzt am früh resignierenden Nachmittag, an dem die Bucht schon weit im Schatten lag und die Dämmerung eine Ewigkeit brauchte. Die Vormittage hingegen müssen voll frühen

Lichts und blendender Klarheit sein, dachte ich, besonders wenn
die Tramuntana das Wasser aufwühlt und die Wellen aufs Meer
zurückwirft und die Gemüter aufwühlt und die Menschen euphorisch stimmt, sie erregt und verwirrt und sie zu exaltierten, extrovertierten, exzentrischen, überreizten, launischen und jeder Ver-
rücktheit fähigen Spielbällen eines übermächtigen Spielers macht.
Wie viele Motive mochte Dalí in solcher Stimmung halluziniert
und in den Rahmen der Bucht von Portlligat gelegt haben, Bilder,
deren Objekte und Landschaften den Betrachter anspringen wie
in der Wirklichkeit, wenn die teuflische Tramuntana die Distan-
zen verkürzt und die Umrisse ebenso schärft wie die Sinne.

DER NAME DER ROSE

Alle zehn Minuten wurden Gruppen von maximal acht Personen
ins Sanktuarium eingelassen, denn es besteht aus kleinen, versetz-
ten, durch schmale Gänge und Treppen verbundenen Räumen
und ist vollgestopft mit Möbeln, Fetischen, Erinnerungsstücken,
surrealistischen Objekten, Kitsch, Pop-Art-Elementen – ein
pompöses Sammelsurium skurriler Kuriositäten in einem Labyrinth von Raum und Zeit. »Unsere Muschel« enthält lauter Perlen:
den Eisbär in der Diele und den ausgestopften Uhu, die Schwäne
auf dem Bücherregal und den enormen, leeren Vogelkäfig im Vo-
gelzimmer, die Schaufensterpuppen, die Dalí Modell standen, die
wollüstigen Lippen von Mae West als wülstiges, rot glänzendes
Plastiksofa vor der Pirelli-Reklame, die Alhambrabrunnen mit
Löwen und als Toreros verkleideten Flaschen, die Riesenstoff-
schlange, die Telefonzelle und die Michelinmännchen im Patio
mit Pool, diesem langen schmalen Schwimmbecken, das an den
Generalife der Emire von Granada erinnert und in Phallusform
auf eine Liebesgrotte zuläuft.

So also hatte der glücklich-unglückliche Dalí seine Welt ding-
lich ausstaffiert und sein Leben in der Wildnis seiner Träume,

Obzessionen und Begierden gelebt, im Paradies seiner Fantasie
und Kreativität und im Wahn seiner Neurosen, Depressionen,
Paranoia, auf dieser Insel der Abgeschiedenheit und äußeren
Ruhe, die nur von ihm selbst unterbrochen wurde, wenn er in
Heldenpose Ansprachen an die Fischer hielt, während seine Muse
mit einem jungen Angler und seinem Haken in die Bucht hinaus-
ruderte. Dalí war nicht nur ein Meister seines Handwerks, sondern auch der Selbstinszenierung, ein Genie als theatralischer
Clown, ein »Künstler als Possenreißer und Possenreißer als
Künstler«, wie ihn ein Kunstkritiker charakterisierte, ein Provo-
kateur Gottes und der Welt, nur nicht des Regimes, sondern
Apologet Francos bis zur Peinlichkeit. Während er verbale Per-
formances für die Hippies veranstaltete, die in der Bucht herum-
lungerten, oder über die spitzen Antennen seines Veláz-
quez-Schnurrbarts die Inspiration empfing, praktizierte Gala im
Runden Zimmer, ihrem höhlenartigen, ovalen Privatheiligtum,
spirituelle und erotische Exerzitien. Dalí, der »Große Masturba-
tor«, wie eines seiner Selbstporträts heißt, war asexuell, latent ho-
mosexuell oder vollkommen impotent, wie er proklamierte, die
alternde Gala hingegen liebte es, sich von jungen, kräftigen Männern verjüngende Vitaminspritzen verabreichen zu lassen, wie sie
bekannte. Der wilde Kopf und der wilde Bauch. Und die Riesen-
eier auf dem Dach.

   Dalí behauptete, dass Kolumbus aus Portlligat stammte. Und:
Er selbst, der Große Dalí, sei Kolumbus. Vielleicht war er eine
Art Reinkarnation des Admirals, weil er dem Paradies so nahe
kam und vom Licht der Schöpfung erleuchtet wurde. In seinem
Bett empfing er den ersten Sonnenstrahl über einen Spiegel im
tiefer gelegenen Salon. »Ich bin der erste Spanier, der die Sonne
aufgehen sieht.« Denn zwischen Portlligat und dem Cap de Creus
existiert keine menschliche Siedlung, und das Kap ist der östlichs-
te Punkt der Iberischen Halbinsel, an dem die Sonne das Land zuerst illuminiert. Das Kap ist gleichsam die Orinocomündung, hin-

ter der das Paradies liegt, von dem im Augenblick der Schöpfung
der erste Lichtstrahl ausging, wie Kolumbus geschrieben hatte.

Die Sonne erhob sich aus dem Meer und beleuchtete eine
Mondlandschaft. Ich ging über den *camí antic,* den alten Weg, an
der zerissenen Küste entlang, trat auf die schwarzen Knochen der
Erde, bloßgelegt von Wind und Wasser, Salz und Sonne. Je näher
ich dem Kap kam, desto mehr krümmte sich die spärliche Vegetation, beugte sich vor dem wilden Wind, rückte zusammen und
igelte sich ein. Das Kap war extrem unwirtlich, doch von bizarrer,
dramatischer Schönheit: Felsen voller Falten, Löcher, scharfer
Kanten; schwarzer, grauer, dunkelbrauner Fels und dazwischen
weiß-orangenes Gestein wie unwirklich; vorgeschobene Felszun-
gen, die das Meer leckten; vorgelagerte Inseln, gegen die das Meer
Wutschaum warf. Ich hatte das Gefühl, dass die Gegend nördlich
von Cadaqués schon im Jenseits lag oder Niemandsland war, eine
Pufferzone zwischen Spanien und Frankreich. Ich stärkte mich
im Restaurant hinter dem Leuchtturm, dann lief ich über den Py-
renäen-Fernwanderweg GR 11, der am Kap seinen Ausgang
nimmt und nach achthundert Kilometern am Golf von Vizcaya
endet, Richtung Westen und übernachtete in Port de la Selva.

Ich drehte Kreise und Schleifen und eine komplette Acht, anscheinend sträubte sich irgendetwas in mir, Iberien den Rücken
zu kehren, vielleicht hatte ich trotz allem die Hoffnung noch
nicht ganz aufgegeben, das Paradies zu finden. Statt auf dem di-
rekten und ebeneren Küstenweg nach Llançà zu laufen, folgte ich
weiter dem GR 11 und stieg in die Berge. Es ging steil hinauf, das
Land war jetzt grün, wenn auch nicht bewaldet. Wo der Weg dem
Himmel am nächsten kam, stand ein mittelalterlicher, graubrau-
ner Gebäudekomplex mysteriös am Berg, und ich hatte das gleiche Gefühl wie vor Jahren, als ich mich auf dem französischen Jakobsweg von Roncesvalles in den Pyrenäen nach Santiago de
Compostela Pamplona näherte: im Mittelalter zu wandern. Die
Gebäude gehörten zu einem Kloster, einem großen Kloster ohne

Mönche, nur umgeben von den Ruinen der Burg San Salvador und der Kirche Santa Elena in einiger Entfernung. Ein totes Kloster, aufgegeben, geplündert, zerstört, nun restauriert, soweit es wieder aufzubauen gewesen war. Eines der frühesten und größten Klöster Kataloniens und Spaniens, erstmals dokumentiert im 9. Jahrhundert, aber mit Überresten älterer Gebäude. Es war ein spirituelles Zentrum und Wallfahrtsziel schon vor Santiago de Compostela gewesen, nun ganz im Gegensatz zu Santiago nur von ein paar französischen Autotouristen besucht. Ich ging durch die burgähnliche Anlage mit hohen Mauern und Türmen und Zinnen, durch die präromanisch-romanische Basilika und den doppelstöckigen Kreuzgang, ich sah durch Mauerlöcher in den Himmel und hätte mich nicht gewundert, Sean Connery in Mönchskutte wie im Film durch einen Mauergang huschen zu sehen.

Der Legende zufolge gelangten im Jahr 610 drei Kirchenmänner aus dem bedrohten Rom mit einem Schatz ans Cap de Creus, den Papst Bonifatius IV. nicht in die Hände der Lombarden fallen lassen wollte. Es handelte sich nicht um Gold, Silber oder Edelsteine, sondern um den Kopf und den rechten Arm des Apostels Petrus, eine Blase mit dem Blut Christi, eine Handvoll Erde, auf die Jesus seinen Fuß gesetzt, und den Stein, den er als Steigbügel entfremdet hatte, als er den Esel bestieg. Als Versteck für die Reliquien wählten die drei Kleriker das unwegsame, unwirtliche Hinterland des Kaps und diesen strategischen Punkt, von dem aus das Meer zu übersehen ist. Im Laufe der Zeit wuchs aus wenigen Mönchszellen eine Benedektiner-Abtei heran. Dem Kloster Sant Pere de Rodes unterstanden schließlich das waldreiche Bergland hinter dem Kap und die Tiefebene der Aiguamolls, und die Mönche widmeten sich der gigantischen Aufgabe, die ganze Gegend abholzen zu lassen, davon lebten sie hauptsächlich. Als das Titanenwerk vollbracht war und die Rentenrendite dahinschmolz, zogen sie in andere Gefilde und überließen die Berge den Jahrhunderten der Erosion.

Sie hatten es genauso gemacht, dachte ich, wie es heutzutage die Spekulationsjünger und säkularisierten Landfresser tun, nur umgekehrt: Letztere ziehen woandershin und vererben ihr Werk den Jahrhunderten, wenn sie eine Gegend mit Apartments zugepflanzt haben. In beiden Fällen ist es Raubbau an der Natur, bei der modernen Variante kommt verschärfend hinzu, dass der Bebauung manchmal Brandrodung vorausgeht, um die Umwandlung in Bauland zu erleichtern. Auch ist wohl kaum mit dem schuldmindernden Umstand zu rechnen, dass nach tausend Jahren in den Ruinen der Bauwut Köfferchen voller Fünfhundert-Euro-Scheine aufzufinden sein werden. In Sant Pere dagegen war man fündig geworden. Die Mönche hatten nicht nur den unschätzbar wertvollen Reliquienschatz mitzunehmen vergessen, der in der Krypta unter dem Hauptaltar der Klosterkirche eingemauert war. Auch ein Keramikbehälter unter dem Fußboden im Haus des Abts wurde entdeckt, der dreihundertfünfzig Gold- und dreihundertzwanzig Silbermünzen enthielt, geprägt in Österreich, Schweden, Frankreich, Ungarn, Italien, Portugal und Katalonien. So paradiesisch war es nahe dem Himmel gewesen.

TOD AN DER GRENZE

Ich stieg in die Küstengefilde nach Llançà hinab und fuhr am nächsten Tag über die kurvenreiche Küstenstraße Richtung Grenze. Letzte Station: Portbou. Josep vom Naturpark Aiguamolls hatte mir gesagt, der Ort sei eine Geisterstadt. Mit den Schengener Abkommen habe er zwei Drittel seiner Einwohner verloren, alle Zollbeamten seien versetzt worden und hätten nicht nur ihre Familien mitgenommen, sondern auch andere Leute mitgezogen. Ich erwartete, ein trostloses, deprimiertes Dorf vorzufinden, dessen alternder Körper viel zu groß war für das bisschen Leben, das in ihm noch zirkulierte, und deshalb austrocknete, Falten warf und verfiel. Und es gab auch Geschäfte, die nicht mehr aufwachten, verfallende Gebäude, deren Haut sich löste, verrammelte Restaurants und vergammelnde Gasthöfe, die einen Mief der Verwesung verströmten, als wäre er mit Augen zu riechen gewesen. Die Kaserne der Guardia Civil zerbröckelte, nur nicht der obligate Spruch »Alles für das Vaterland«. Das monumentale Eisen- und Glasgewölbe über den Bahnsteigen des großen Grenzbahnhofs, der früher Hunderte Passagiere für die Zeit des Spurweitenwechsels in den Ort geschickt hatte, starrte an den Enden aus offenen, erloschenen Augen ins Licht. Da war kein Mensch auf den Bahnsteigen, kein Zug im Bahnhof, der nur noch Endstation des Regionalzugs aus Barcelona war und von den grenzüberschreitenden, automatisch im Fahren umgespurten Zügen links liegen gelassen wurde. Das Gebäude mit der Aufschrift »Sanidad Nacional – Estación Sanitaria Fronteriza« lag in Quarantäne, und auf den Abstellgleisen waren Güterwaggons beigesetzt. In Portbou zerrann die Zeit, auch wenn die Uhren nicht wie Camembert oder Wachs zerflossen, sondern einfach nur stehen blieben.

Doch da waren auch Gassen mit Laubbäumen und Blumenkübeln und kleinen Straßencafés und Läden von gestern und Leuten, die einkaufen gingen oder einen Milchkaffee tranken und die Zeitung von heute lasen. Da gab es kleine Plätze mit Marktständen unter einer großen Akazie, eine Rambla, über die Platanen ihren Schirm hielten, und eine Promenade mit Caféterrassen und auf Zulauf wartenden Kellnern. Portbou war schon sehr französisch und überraschend heiter, hatte ich den Eindruck, heiter-resigniert, als wäre es zufrieden damit, seine Mission erfüllt zu haben und sich nun in fröhlicher Dekadenz dem Ruhestand widmen zu können. Oder als freute es sich, zum Normalzustand zurückgekehrt, wieder ein ganz normaler Ort geworden zu sein, ein anormal-normaler Ort an der Mittelmeerküste, nicht schön, aber er selbst, authentisch. Das einzig Besondere waren die Gedenkta-

feln an Hauswänden und auf Bürgersteigen, die an Walter Benjamin erinnerten, dessen Leben in Portbou abgelaufen war, bevor
das Leben aus Portbou wich.

Das irdische Paradies lag gar nicht so weit weg, wie Kolumbus
gedacht hatte. Sondern nebenan, wie Cees Nooteboom meinte,
der sein eigenes Paradies auf der Baleareninsel Menorca fand.
Benjamin entdeckte es auf Ibiza. Mit dem Enkel Paul Gauguins
und anderen Frühaussteigern wanderte er durch »die unberührteste Landschaft, die ich jemals gefunden habe«, wie er im Sommer 1932 schrieb. Er erfrischte sich an der aus der Armut geborenen Frugalität der Häuser, des Lebens, des Denkens, an der
Kargheit des Lebensraums, in dem ein Baststuhl, ein Strohhut,
Fischernetz und Kupferkessel, Ruder und Amphore Kostbarkeiten waren, und kontrastierte sie mit dem Überdruss an Erfahrung des Menschen in den Metropolen der modernen Welt.
Doch Ibiza verlor seine Unschuld mit ebenden Künstlern und
Intellektuellen, die es in Reaktion auf die Moderne und – ungewollt – zur Verwertung durch die Moderne entdeckten. Arkadien büßte seinen Charme auch schon ganz handfest durch die villenbauenden Kleinbürger ein, von denen viele Nazis waren, und
durch die deutschen Spitzel, sodass es immer ungemütlicher
wurde im Paradies und die Insel sich immer weniger als Asyl eignete, wie Benjamin im Sommer 1933 schrieb. Die Barbarei der
Macht invadierte das positive Barbarentum des Naturzustandes, der böse Wilde den guten. Benjamin ging nach Paris, arbeitete dort hauptsächlich an seinem »Passagen-Werk«, diesem
Konvolut von Fragment, welches es blieb, weil Deutschland
Frankreich besetzte. Benjamin gelang es, nach Marseille zu fliehen, aber nicht, sich einzuschiffen. Er wandte sich der spanischen Grenze zu, um über Lissabon nach Amerika zu gelangen.
Mit Hilfe einer ebenfalls jüdischen Fluchthelferin und ebenfalls
jüdischen Mitflüchtlingen schleppte der herzkranke Benjamin

sich und seine schwarze Aktentasche, die ein neues Manuskript enthielt, das ihm wichtiger war als sein Leben, auf Schleichwegen über die Pyrenäenausläufer und erreichte an einem der letzten Septembertage des Jahres 1940 Portbou.

Das schmale Haus, in dem er in der Nacht starb, hatte nun einen Anstrich in blassem Rot. Das ehemalige Hotel de Francia war jetzt ein Wohnhaus mit dem Charme einer Garage, ein metallenes Garagentor zu ebener Erde nahm zwei Drittel seiner Fassadenbreite ein. Im Zimmer Nummer vier des zweiten Stocks hatte sich Benjamin erschöpft aufs Bett fallen lassen. Er hatte keine Hoffnung mehr. Er besaß ein Einreisevisum für die Vereinigten Staaten, das Max Horkheimer ihm besorgt hatte, und Durchreisevisa für Spanien und Portugal. Die spanische Grenzpolizei hatte ihm die Einreise dennoch verwehrt, weil wenige Tage zuvor die Anordnung eingegangen war, Staatenlosen – wie den expatriierten deutschen Juden – nicht länger Transit zu gewähren. Die Polizei hatte ihn postwendend nach Frankreich zurückschicken wollen, aber angesichts seines Zustandes eine Ausnahme gemacht und ihm – unter Bewachung – eine Nacht im Hotel zugestanden. Da lag er nun auf seinem Bett wie in einer Falle. Morgen würde er abgeschoben und von den Franzosen an die Gestapo ausgeliefert werden. Da lag er auf seinem Zimmer, in die Enge getrieben wie ein Stück Jagdwild, und starrte gebannt auf die Tür wie ein Tier auf seine Häscher. Ihm waren alle Türen verschlossen, bis auf die Gefängnistüren der Gestapo und die Tore eines Konzentrationslagers. Ihm blieb nur der Sprung in den Abgrund, wie einem Steinbock. Am Ende lag das Paradies im Jenseits.

Benjamin nahm eine Überdosis Morphium, wie eine Mitflüchtige bezeugte, der er einen Abschiedsbrief an Theodor W. Adorno gab. »In dieser ausweglosen Lage habe ich keine andere Wahl als Schluss zu machen. In einem kleinen Dorf der Pyrenäen, in dem mich niemand kennt, endet mein Leben.« Ein Arzt stellte die

Sterbeurkunde aus und trug Gehirnblutung als Todesursache ein. Das Hotel *de mala muerte*, Avenida del General Mola Nummer fünf, Telefonnummer neun, stellte dem »heute verstorbenen Señor Don Benjamín Walter« eine Rechnung über vier Nächte, fünf Zitronensprudel, vier Telefonate, Leichentuch, Matratzenreinigung, Desinfektion und Streichen des Zimmers aus, als Benjamin schon längst in einer Nische des katholischen Friedhofs beigesetzt war, die seine Mitflüchtige für fünf Jahre mietete. Danach kamen seine Überreste in ein Sammelgrab, und vier Jahrzehnte nach seinem Tod erhielt Benjamin einen Gedenkstein an der inneren Friedhofsmauer.

Ich ging zum Friedhof hinauf, der am südlichen Ortsrand über der Bucht von Portbou im Berg lag. Benjamins symbolisches Grab bestand aus einem Kieselsteinhaufen und einem Felsen vor der weißen Friedhofsmauer. An den Felsbrocken lehnte sich der Grabstein, in den ein Benjamin-Zitat gemeißelt war: »Es ist niemals ein Dokument der Kultur, ohne zugleich ein solches der Barbarei zu sein.« Vom Friedhofsvorplatz führte ein rostiger Treppenschacht ein Stück weit durch den Boden und weiter den Steilhang hinab, eine begehbare Landschaftsinstallation des israelischen Künstlers Dani Karavan, ein beklemmender Tunnel in die Unterwelt. Am Ende starrte der Schacht aus totem Auge auf die sonnenbeschienenen Felsen am Ufer und das grünblaue Meer.

Vom Friedhofsvorplatz blickte ich über die Bucht auf die gegenüberliegenden, grün überzogenen Felsenberge. Dort hatte sich vor ein, zwei Jahren ein Franzose mit seiner fünfzehnjährigen Tochter in den Tod gestürzt. Ein Buschbrand versperrte ihnen den Weg, sie ließen den Wagen auf der Nationalstraße stehen, flohen vor den Flammen den steilen Felshang hinunter ans Meer, sprangen in die Tiefe und schlugen auf Felsen. Dann trieben ihre Körper im Wasser, in Stille.

LETZTE PASSAGE

So konnte ich meine Tour und Geschichte nicht enden lassen. Nicht in dieser Dunkelheit von Verzweiflung und Trauer. Ich sträubte mich dagegen, durch die Rutsche der Resignation ins Meer zu sinken, gleich dem alten Arm des Iber weigerte ich mich, ins Ziel zu fließen. Ich ging zurück in den Ort und setzte mich in ein Straßencafé unter den Platanen der Rambla und bewegte mich nicht vom Fleck, am wenigsten auf die Grenze zu. Vielleicht hatte ich in Spanien ja doch etwas Lebenslust gelernt. Zwei Tische weiter lachten verhalten zwei Frauen mittleren Alters; nicht ihr Català, wohl aber ihr Mienenspiel verriet mir, dass sie über Pikantes sprachen. Junge Paare und eine Gruppe parlierender Männer schlenderten über die Rambla, eine Großmutter saß auf einer Bank, warf ihrem unermüdlichen Enkel unermüdlich den Ball zurück und lächelte. So betrachtete ich das Dorfleben und schaute in die Weltgeschichte, bis mein Kopf mich fragte: Was tust du eigentlich hier? Nichts, antwortete ich, damit tue ich wenigstens keinem weh. Ist das dein Paradies?, fragte er weiter. Da musste ich zugeben, dass ich es mir nicht ganz so vorgestellt hatte. Mein Kopf erinnerte mich an den Fischer von Aguiño, der – als ich erwog, zu den Atlantischen Inseln zu paddeln – mir gesagt hatte, man brauche eine Genehmigung der Paradiesverwaltung und ich solle nach zwei, drei Monaten wiederkommen. Da wusste ich, was ich wollte.

Ich rief Sabrina in Moaña an. Es dauerte einen Augenblick, bis sie schaltete:

»Wo bist du?«

»In Katalonien. Ich möchte dich etwas fragen: Fährst du noch zu der Muschelinsel?«

»Es sind keine Touristen mehr da.«

»Und zum Strand?«

»Es ist Regenwetter.«

»Das macht nichts.«

Da verstand sie:

»Ja, ich fahre noch.«

Ich fuhr einmal quer durch Iberien nach Westen und versuchte, die Sonne einzuholen. Ich fuhr auf kürzestem Wege über Zaragoza, Burgos, León, das waren dreizehnhundert Kilometer. Nach fünfzehn Stunden erreichte ich Moaña. Für mich war es die Insel Ogygia.

Quellennachweis

Für den fingierten Dialog von Dichtern und Denkern wie Goethe und Chatwin, Nooteboom und Fontane zum Thema Reisen (S. 157–165) wurden aus deren Originaltexten einzelne Wörter, Satzteile oder ganze Sätze entliehen oder zitiert. Bei fremdsprachigen Titeln stammen die abgedruckten Übersetzungen, wenn nicht anders vermerkt, von Rolf Neuhaus. Die entsprechenden Quellen sind hier gelistet. Das Gleiche gilt für das Unterkapitel »Mit Platon am Strand« (S. 180ff.).

Ernst Bloch, Das Prinzip Hoffnung, Suhrkamp Taschenbuch Verlag, 4. Aufl., Frankfurt a.M. 1977, Bd. 1, Bd. 2

Bruce Chatwin, Traumpfade, übers. v. Anna Kamp, Carl Hanser Verlag, München, 1990

Theodor Fontane, Der Stechlin, in: ders., Romane, Parkland Verlag, 2. Aufl., Stuttgart o.J.

Johann Wolfgang Goethe, Die italienische Reise, in: Goethes Werke, hrsg. V. Hans Schimank, Julius Schuster u. Hermann Tiemann, Gutenberg-Verlag, Hamburg o.J.

Ders., Wilhelm Meisters theatralische Sendung, Deutscher Taschenbuch Verlag, München 1962

Hermann Hesse, Lektüre für Minuten, Suhrkamp Taschenbuch Verlag, 11. Aufl., Frankfurt a.M. 1977

Gottfried Keller, Der grüne Heinrich, Insel Verlag, Frankfurt a.M. 1978

Thomas Mann, Buddenbrooks, Deutsche Buch-Gemeinschaft, Berlin o.J.

W. Somerset Maugham, Andalucía, rd editores, Sevilla 2005 (Originaltitel: Andalusia. Sketches and Impressions, New York 1930)

Karl Philipp Moritz, Anton Reiser, Insel Verlag, Frankfurt a.M. 1979

Friedrich Nietzsche, Die fröhliche Wissenschaft, Insel Verlag, Frankfurt a.M. 1982

Cees Nooteboom, Nootebooms Hotel, übers. v. Helga van Beuningen, Suhrkamp Taschenbuch Verlag, Frankfurt a.M. 2002

Ders., Das Paradies ist nebenan, übers. v. Josef Tichy, Suhrkamp Taschenbuch Verlag, Frankfurt a.M. 1992

José Ortega y Gasset, Notas de andar y ver, Alianza Editorial, Madrid 1988

Platon, Kritias, in: Sämtliche Werke, nach der Übers. von Friedrich Schleiermacher und Hieronymus Müller mit der Stephanus-Numerierung hrsg. v. Walter F. Otto, Ernesto Grassi und Gert Plamböck, Rowohlt Verlag, Reinbek bei Hamburg 1959, Bd. 5

Marcel Proust, Auf der Suche nach der verlorenen Zeit, übers. v. Eva Rechel-Mertens, Suhrkamp Taschenbuch Verlag, Frankfurt a.M. 2000, Bd. 1, Bd. 2, Bd. 3

George Sand, Ein Winter auf Mallorca, übers. v. Ulrich C. A. Krebs, Deutscher Taschenbuch-Verlag, 3. Aufl., München 1986

Arthur Schopenhauer, Aphorismen zur Lebensweisheit, Insel Verlag, Frankfurt a.M. 1976

Paul Theroux, Die glücklichen Inseln Ozeaniens, übers. v. Erica Ruetz, Hoffmann und Campe Verlag, Hamburg 1993

Kurt Tucholsky, Ein Pyrenäenbuch, Rowohlt Taschenbuch Verlag, Reinbek bei Hamburg 1962

Iwan S. Turgenjew, Väter und Söhne, übers. v. Manfred von der Ropp, Deutscher Taschenbuch Verlag, 3. Aufl., München 1987

Weitere Reiseabenteuer bei DuMont ...

Über die Anden bis ans Ende der Welt
8000 Kilometer Motorrad extrem
von Thomas Aders
Paperback, 312 Seiten, ISBN 978-3-7701-8254-1
Preis 14,99 € [D]/15,50 € [A], auch als E-Book erhältlich

Als Spion am Nil
4500 Kilometer ägyptische Wirklichkeit
von Gerald Drißner
Paperback, 280 Seiten, ISBN 978-3-7701-8252-7
Preis 14,99 € [D]/15,50 € [A], auch als E-Book erhältlich

Empire Antarctica
Eis, Totenstille, Kaiserpinguine
von Gavin Francis
übersetzt von Christina Schmutz und Frithwin Wagner-Lippok
Paperback, 376 Seiten, ISBN 978-3-7701-8256-5
Preis 14,99 € [D]/15,50 € [A], auch als E-Book erhältlich

Die Suche nach Indien
Eine Reise in die Geheimnisse Bharat Matas
von Dennis Freischlad
Paperback, 336 Seiten, ISBN 978-3-7701-8250-3
Preis 14,99 € [D]/15,50 € [A], auch als E-Book erhältlich

Wolkenpfad
Zu Fuß durch das Herzland der Inka
von John Harrison
übersetzt von Christina Schmutz und Frithwin Wagner-Lippok
Paperback, 456 Seiten, ISBN 978-3-7701-8257-2
Preis 16,99 € [D]/17,50 € [A], auch als E-Book erhältlich

Der Mann, der den Tod auslacht
Begegnungen auf meiner Reise durch Äthiopien
von Philipp Hedemann
Paperback, 272 Seiten, ISBN 978-3-7701-8251-0
Preis 14,99 € [D]/15,50 € [A], auch als E-Book erhältlich

Das verlorene Paradies
Eine Reise durch Haiti und die Dominikanische Republik
von Philipp Lichterbeck
Paperback, 256 Seiten, ISBN 978-3-7701-8253-4
Preis 14,99 € [D]/15,50 € [A], auch als E-Book erhältlich

Mein Russisches Abenteuer
Auf der Suche nach der wahren russischen Seele
von Jens Mühling
Paperback, 384 Seiten, ISBN 978-3-7701-8258-9
Preis 14,99 € [D]/15,50 € [A]

Im Schatten der Seidenstraße
Entlang der historischen Handelsroute von China nach Kurdistan
von Colin Thubron
übersetzt von Werner Löcher-Lawrence
Paperback, 472 Seiten, ISBN 978-3-7701-8259-6
Preis 16,99 € [D]/17,50 € [A], auch als E-Book erhältlich

Ein Berg in Tibet
Zu Fuß durch den Himalaya zum heiligen Berg Kailash
von Colin Thubron
übersetzt von Werner Löcher-Lawrence
Paperback, Seiten, ISBN 978-3-7701-8261-9
Preis 14,99 € [D]/15,50 € [A], auch als E-Book erhältlich